Adrian Bosshard

Luca Cadalora

Loris Capirossi & Sylvia

Carlos Checa

Alex Crivillé

Michael Doohan & Selina

Jürgen Fuchs & Ralf Waldmann

Sete Gibernau

Tetsuya Harada

Friedemann Kirn

MOTORRAD WM ´96

MOTORBUCH VERLAG STUTTGART

Inhalt

Einbandgestaltung: Anita Ament

Fotos von Friedemann Kirn, Rolf Zimmermann, Buenos Dias (Gerhard Rudolph), Reinhold Trescher, Yves Jamotte, Henk Keulemans, Waldemar da Rin, Lothar Kutschera, Phil Olivares, LMP, Delta Tre Informatica, Luciano Vior, Lydia Guglielmi-Kirn

Mit besonderem Dank an Rolf Zimmermann, Manfred Arnold und Andreas Schulz

ISBN 3-613-01777-6

1. Auflage 1996

DTP: IPa, Vaihingen/Enz
Druck: Bechtle Druck, Esslingen
Bindung: Riethmüller, Stuttgart
Printed in Germany

Krönung light

Tadayuki Okada fuhr Weltmeister Michael Doohan bei Vorsaisontests auf und davon – und stahl den bärenstarken Vierzylindern der Königsklasse mit seiner flinken Leicht-500er die Show.

Eine Reihe spektakulärer Transfers belebte die Königsklasse vor Saisonbeginn 1996, doch nichts sorgte für größere Schlagzeilen als das, was der Japaner Tadayuki Okada mit der brandneuen Zweizylinder-Honda NSR 500 V aufführte. Bei Tests im malaysischen Shah Alam Ende Januar war er an vier aufeinanderfolgenden Tagen klar der Schnellste, brach John Kocinskis alten Streckenrekord und fuhr auch dem überlegenen Weltmeister Michael Doohan um zwei Zehntelsekunden davon, ohne in der schwülen Tropenglut auf der kurvigen 3,5 Kilometer-Piste nennenswert ins Schwitzen zu geraten.

Eine Woche später, auf der Sentul-Rennstrecke im indonesischen Jakarta, die eine rund einen Kilometer lange Gerade aufwies, schlug Doohan dank der schieren 200 PS-Urgewalt seiner Vierzylinder-NSR 500 zurück und war eine Sekunde schneller als Okada. Doch der prinzipielle Beweis, daß handliche Leichtgewichte mit den Fahreigenschaften einer 250er, aber zusätzlicher Power den monströsen V 4-Maschinen auf winkligen Strecken zu Leibe rücken können, war Okada nicht mehr zu nehmen.

Der Italiener Loris Reggiani hatte die Schlagkraft einer flinken Zweizylinder-500er schon mit dem sechsten Trainingsplatz bei der Premiere der Aprilia RSV 400 1994 in Jerez angedeutet, worauf Honda an einer eigenen Light-Version ihrer NSR 500-Serie zu arbeiten begann.

Schon beim Saisonfinale 1995 wurden der Öffentlichkeit erste Fotos der neuen NSR 500 V präsentiert und erste technische Eckdaten veröffentlicht. Anders als der Motor der Aprilia RSV 400, der auf dem Gehäuse der 250er basierte und bei etwa 410 Kubikzentimetern an seine Kapazitätsgrenze stieß, war die Honda eine selbständige Entwicklung, die das Limit von 500 ccm vollständig ausschöpfte. Im Gegensatz zur aggressiv schreienden Aprilia, deren Motor wie die

Sensationelle Rundenzeiten in Shah Alam:
Tadayuki Okada in der Boxenstraße und vor Honda-Tester Tsujimoto

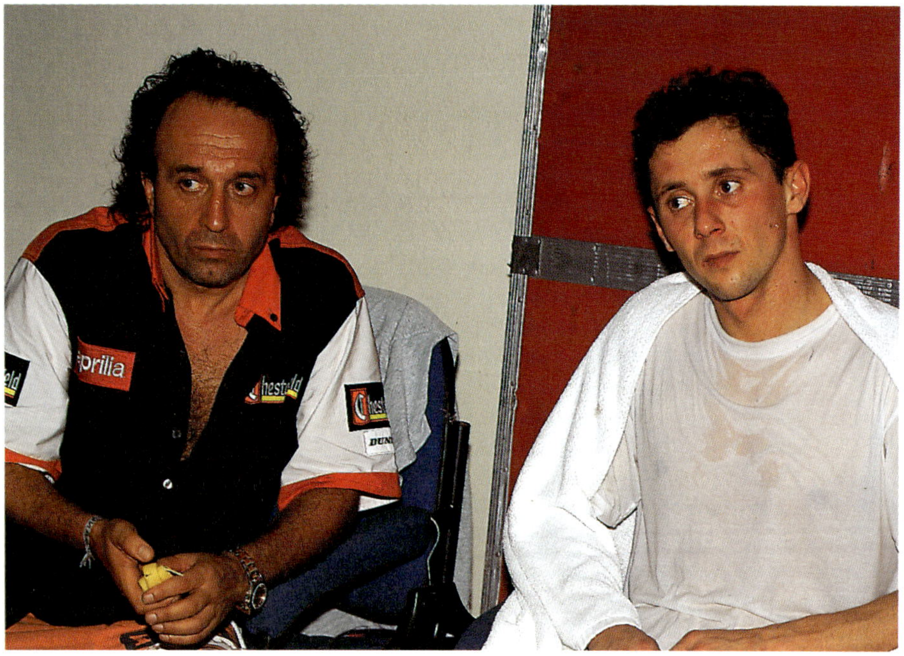

Doriano Romboni, Aprilia-Teamdirektor Carlo Pernat: »Jetzt herrscht Krieg«

250 ccm-Weltmeistermaschine von Kohlefaser-Drehschiebern beatmet wurde, verfügte die sonor klingende NSR 500 V über Einlaßmembranen, die bei Honda zum Standard gehörten, seit der weltgrößte Zweiradhersteller Anfang der 80er Jahre erstmals mit Zweitakt-Rennmaschinen an die Grand Prix-Strecken kam.

Für die ab 1997 geplante Produktions-Version der NSR 500 V wurde ein Trockengewicht von rund 110 kg angepeilt, und obwohl Okadas Maschine dank kostbarer Materialien wie der Auspuffanlage aus Titan deutlich näher an das 100 kg-Mindestgewicht herankam, waren seine Superzeiten bereits zu jenem Zeitpunkt allerbeste Werbung für die neuen Modelle. »So ein Motorrad würde mir auch Spaß machen«, anerkannte Beobachter Ralf Waldmann am Streckenrand beeindruckt. »Was Tady da draußen aufführt, ist vom Allerfeinsten, da kann sich Aprilia in acht nehmen. Wenn das Motorrad hält, was es verspricht und für einen vernünftigen Preis zu haben ist, können die Konkurrenten im Markt für Production Racer, Firmen wie ROC, Harris und Swissauto, allesamt einpacken«, mutmaßte der deutsche HB-Honda-Star.

»Jetzt herrscht Krieg«, räumte auch Aprilia-Teamdirektor Carlo Pernat unumwunden ein, dessen Halbliterteam in seiner zweijährigen Geschichte nie über den ersten Achtungserfolg bei der Premiere in Jerez hinausgekommen war. Immer wieder fuhr Reggiani hinterher oder blieb mit geplatztem Motor stehen, am Ende wurde der 36jährige aus Altersgründen ausgemustert und der neun Jahre jüngere 250 ccm-Star Doriano Romboni als Nachfolger verpflichtet.

Doch trotz seines aggressiven, furchtlosen Fahrstils verlor Romboni mit der mittlerweile auf schlanke 102 kg abgespeckten Aprilia fast anderthalb Sekunden auf Okada und sorgte in seinem Team für lange Gesichter. »Ich muß mich erst einmal eingewöhnen«, entschuldigte sich Romboni. Daß er zuletzt eine 250 ccm-Honda mit Membraneinlaß gesteuert hatte und die Umstellung auf den schlagartig zupackenden Drehschiebermotor zu bewältigen hatte, war freilich nur die halbe Wahrheit: Obwohl Dunlop nach dem Wechsel von Yamaha zu Michelin bei den 500ern nur noch Aprilia zu betreuen hatte und sich ganz auf die Zweizylinder-Spezialreifen konzentrieren konnte, kam es zu altbekannten Problemen mit mysteriösen Qualitätsschwankungen. »Die Reifenleute müssen ihre Hausaufgaben machen«, seufzte Carlo Pernat, nachdem Romboni immer wieder mit sorgenvoller Miene an die Box zurückkam.

Tadayuki Okada strahlte hingegen über beide Backen. »Als die Chance kam, dieses Motorrad zu fahren, habe ich sie sofort beim Schopf gepackt und keine Sekunde gezögert. Ich fuhr es zum ersten Mal im November in Suzuka, und jetzt, nach 4000 Testkilometern, zeigt es allmählich sein wirkliches Potential«, berichtete der Japaner, der 1994 nur knapp am 250 ccm-Titel scheiterte, 1995 wegen ständiger Fahrwerksprobleme aber eine enttäuschende letzte 250 ccm-Saison hinter sich brachte. »Die 500 V fühlt sich genau wie eine 250er an, hat beim Gasgeben aber Kraft genug, um den großen Vierzylindern auf den Fersen zu bleiben. Auf der Geraden verliere ich nur zehn km/h auf Doohan. Die Beschleunigung liegt irgendwo zwischen einer 250er und einer 500er, ist aber sehr gut kontrollierbar. Das ganze Motorrad hat ein gutes Handling und ist leicht beherrschbar, ich habe ständig genügend Feedback, um zu einer guten Abstimmung zu finden«, schwärmte Okada. »Ich komme auch mit den neuen Spezial-Hinterreifen mit 170 mm Breite, die Michelin für dieses Motorrad geliefert hat, sehr gut zurecht. Wenn du mich fragst, so sind die Michelin-Reifen zu schwer für eine 250er. Doch dank ihrem stabilen Aufbau sind sie in der Halbliterklasse überlegen. Ich kann sehr schnell durch die Kurve fahren, die Drifts beim Beschleunigen sind leicht kontrollierbar. Wenn wir weiter solche Fortschritte machen, können wir auf engen Strecken wie hier, in Jerez oder in Donington um den Sieg mitfahren«.

Insgesamt gab es nur wenige Schwachstellen an der neuen Maschine. »Wenn ich ein Problem nennen soll, dann vielleicht die Tendenz zu Wheelies beim Beschleunigen, die schon Loris Reggiani mit der 400er Aprilia zu schaffen machte. Leistung ist mithin nicht das Problem, noch mehr PS würden uns nicht entscheidend weiterhelfen – erst einmal müssen wir einen Weg finden, das Vorderrad am Boden zu halten«.

Auch Michael Doohan hatte den V 2 im November bereits einmal kurz ausprobiert, teilte die Euphorie seines Repsol-Teamkollegen jedoch nicht. »Ich bevorzuge meinen Vierzylinder, denn das ist ein richtiges Motorrad«, brummte er. »Die NSR 500 V verhält sich, als habe man zwei CR 250-Crossmotoren aneinandergekoppelt. Sie hat eine Menge Punch aus dem Drehzahlkeller, riegelt aber schon bei 10000 Umdrehungen ab«.

Anders als die Honda-Leasingkunden ging Doohan mit einer unveränderten 1995er Werksmaschine zu den Wintertests, weil das Werk erst einmal die Erfahrungen der anderen Teams auswerten wollte, bevor die aktuelle Version von Doohans Werksmaschine in Angriff genommen wurde. Doch obwohl der Weltmeister auch mit der alten Maschine dicht dran war an Okadas Fabelzeiten und sich mit ein paar technischen Verbesserungen sicher noch gesteigert hätte, war er keineswegs begeistert von der neuen Zweizylinder-Konkurrenz. »Das größte Problem, das wir mit den Vierzylindern haben, ist das Gewicht. Wenn wir es reduzieren dürften, wären wir schneller. Von 1984 bis 1991 sind die Rundenzeiten ständig besser geworden. Seit wir die neue Gewichtsformel haben und mit dem 130 kg-Handicap leben müssen, sind die Rundenzeiten trotz besserer Reifen und besserer Federelemente stabil ge-

Michael Doohan: »Mir ist mein Vierzylinder lieber«

blieben. Deshalb sage ich: Wir müssen nicht die Motorräder umkonstruieren, sondern die Zusatzgewichte abnehmen, dann machen wir wieder Tempo«, meinte der Weltmeister. »Ich denke, wenn wir die Halbliterklasse revitalisieren und die Zuschauer interessiert halten wollen, dann müssen wir etwas mit den Vierzylindern unternehmen. Ich hoffte, wir hätten in diesem Jahr eine kleine Gewichtsreduktion, doch nichts dergleichen geschah. Wenn wir statt dessen nun alle auf Zweizylinder umsteigen, dann laufen uns die Zuschauer davon. Denn dann gibt es zwar vielleicht immer noch guten Rennsport mit möglicherweise sogar noch engeren Pulks, weil wir im Prinzip alle auf denselben Maschinen sitzen. Doch der Sport wäre nicht mehr spektakulär. Du würdest keine durchdrehenden Hinterräder sehen, keine mächtigen Wheelies. Die Leute würden denken: Das, was die hier vorführen, das kann ich auch, wenn ich am Sonntagnachmittag in die Berge fahre. Die japanische Meisterschaft ist der beste Beweis: Als nur noch 250er und Superbikes antraten, liefen die Fans davon. Jetzt soll die Halbliterklasse wieder eingeführt werden«.

Um sich nicht weiter aufregen zu müssen, fügte Doohan hinzu, im Rennen seien die Zweizylinder sowieso leichte Beute. »Eine schnelle fliegende Runde hinzutricksen, ist eine Sache. Ein Rennen ist eine andere: Auf den Geraden werden die Zweizylinder von den schnellen V 4-Maschinen verschluckt, und das können sie nicht in jeder Kurve wettmachen, weil die Ideallinie meist blockiert ist. So werden sie nach hinten durchgereicht«.

Diese Ansicht hatte so ziemlich jeder im Fahrerlager, nur Luca Cadalora lachte und schüttelte den Kopf. »Um Okada zu überholen, muß ihn Doohan erst einmal erwischen. Wenn Okada auf winkligen Strecken alles richtig macht, fährt er über alle Berge auf und davon«.

Der Italiener leistete sich seit jeher seine eigenen Ansichten über die Halbliterklasse. Während die meisten anderen Stars ihr Heil darin suchten, möglichst kurz und scharf in ein Eck abzubiegen und möglichst früh mit radierendem Hinterrad wieder herauszubeschleunigen, suchte Cadalora nach einer Feinabstimmung, mit der er im Gesamtablauf von

Champagnerlaune: Luca Cadalora trommelte sein altes Traumteam zusammen

Bremsen und Abwinkeln bis zum Beschleunigen am Kurvenausgang an die Reifenhaftgrenze beider Räder herangehen konnte, ohne mit wilden Drifts oder einem bockenden Fahrwerk kämpfen zu müssen.

Dort, wo ihm eine solche Abstimmung mißlang, kam es zu niederschmetternden Resultaten und Streits mit Teamchef Kenny Roberts, der zu seiner aktiven Zeit so manchen eigentlich unfahrbaren Prototyp zu Siegen gepeitscht hatte und forderte, ein hochbezahlter Profi müsse auch mit einer 90prozentigen Maschine 100 Prozent Einsatz geben.

Doch Cadalora konnte nun einmal nur dort wirklich schnell fahren, wo er sein Motorrad mit zwei Fingern dirigieren konnte. In seinen drei Jahren als Star des Marlboro-Yamaha-Teams schaffte er sechs Siege und eine Vizeweltmeisterschaft, war 1995 aber mehr wegen seiner unerfüllten Forderung nach einem Wechsel von Dunlop zu Michelin in den Schlagzeilen und sah die Zusammenarbeit nach der mißlungenen Machtprobe mit Roberts als beendet an. »Kenny hatte kein Vertrauen mehr zu mir. Wenn das Vertrauen zwischen Teamchef und Fahrer zerstört ist, gibt es keine Basis mehr«, erklärte Luca. »1996 hört Kenny offensichtlich auf seine Fahrer und wechselte zu Michelin. Meine Dunlops haben mir im letzten Jahr den Weg zum Titel versperrt, doch ich habe vergeblich darum gekämpft, an bessere Reifen zu kommen. Statt dessen wollte Kenny, daß ich meinen Fahrstil umstelle und mehr mit dem Hinterrad lenke. Er forderte, ich müsse auch in aussichtslosen Rennen härter am Gas drehen. Doch es ist mein Arbeitsprinzip, keine sinnlosen Stürze und Verletzungen zu riskieren. Wenn dein Chef plötzlich sagen würde, du sollst anders schreiben, wie würdest du reagieren?«

Cadalora und die Cowboymentalität des Roberts-Teams hatten nie richtig zusammengepaßt, und Luca sehnte sich seit Anbeginn nach seinem früheren Teamchef Erv Kanemoto zurück, mit dem sich beim Durchmarsch zu den 250 ccm-Titeln 1991 und 1992 eine tiefe Freundschaft und blindes gegenseitiges Vertrauen entwickelt hatten.

Nicht nur menschlich, sondern auch technisch war Cadalora vollkommen überzeugt, daß seine Traumkombination aus Kanemoto, Honda-Werksmaschinen und Michelin-Reifen auch in der Halbliterklasse die beste Wahl sei und ihm endlich den langersehnten Titel bescheren würde. Weil er mittlerweile ein paar Millionen Dollar verdient hatte, war ihm sogar das Geld egal. Obwohl er monatelang mit einem neuen Vertrag hofiert wurde und bei Yamaha hätte alt werden können, schrieb er seinen Job in den Wind und trommelte sein altes Traumteam zusammen.

Daß der erhoffte Hauptsponsor im Februar absprang und nur ein paar Ausrüsterverträge und ein kleiner Zuschuß von Marlboro übrigblieb, beeinträchtigte die glänzende Laune und den strahlenden Optimismus im Team genausowenig wie die anhaltenden Fahrwerksschwierigkeiten bei ersten Tests. »Ich wußte, daß die Suche nach dem richtigen Fahrwerks-Set Up nicht einfach werden würde, denn mein Fahrstil unterscheidet sich grundlegend von dem der anderen Halbliter-Piloten. Die Showa-Leute haben mir für die 250er einst eine ganz andere Gabelfederung gebaut, und ich bin überzeugt, daß wir auch für die 500er noch eine brauchbare Lösung finden werden«, erklärte Cadalora und gab kühne Saisonerwartungen zum Besten. »Wenn mein Motorrad gut funktioniert, kann ich schneller fahren als jeder andere. Unter anderen Bedingungen wäre ich schon vor zwei Jahren Weltmeister geworden, aber manchmal mußt du eben warten, bis die Zeit reif ist. Ich bin überzeugt, daß wir Doohan schlagen können. Zu 99 Prozent werde ich neuer Champion!«

Soviel Selbstsicherheit demonstrierte nicht einmal der Vizeweltmeister Daryl Beattie. »Luca setzt sich mit solchen Sprüchen gewaltig unter Druck. Ich bin gespannt, ob er dem standhalten kann«, meinte der Suzuki-Star. Abgesehen von einer Jagd-Safari mit seinem Freund Kevin Schwantz in Tansania, bei dem sich die Millionäre den zweifelhaften Spaß gönnten, Löwen, Leoparden, Antilopen und anderes Großwild zu erschießen, hatte der Australier nicht viel Urlaub hinter sich. Nachdem Beattie bei seinem Le Mans-Sturz 1994 alle fünf Zehen des linken Fußes verloren hatte, mußte er sich im November in Amerika an Sehnen operieren lassen, die die verkümmerten Stümpfe zu Klauen nach oben zogen.

Weil die Wunden nicht verheilen wollten, wurde Wochen später in Brisbane eine Arterie und Muskelgewebe aus Beatties linkem Arm in den Fuß verpflanzt, um die Blutzirkulation zu verbessern. »Die Prozedur war erfolgreich. Jetzt endlich ist mein Fuß verheilt«, erklärte Beattie bei den Januartests, hielt sich auf der ohnehin kaum modifizierten Werks-Suzuki jedoch mit Großtaten zurück.

Wenigstens war er pünktlich zur Stelle. Sein Teamkollege Scott Russell nämlich, der schon im Herbst 1995 ein Rennen in Sugo unentschuldigt hatte sausen lassen, ließ das ganze Team zwei Tage warten, angeblich, weil er versäumt hatte, sich rechtzeitig um ein Visum zu kümmern.

Doch auch danach beeilte er sich nicht besonders, sondern verlor mehr als eine Sekunde auf die Bestzeit seines Teamkollegen. »Eine 500er ist schwierig zu fahren. Mir geht nichts von der Hand, ich bin weit von der nötigen Form entfernt«, gab der Superbike-Weltmeister von 1993 zu. »Auf einem Superbike ist es ein Kinderspiel, schnell zu fahren, deshalb kämpfen in jedem Rennen 12 Mann um den Sieg. Doch der Grand Prix-Rennsport ist eine ganz andere Welt, in der du die Siegfahrer an einer Hand abzählen kannst. Mein Job ist es, zügig an jenen Level heranzukommen«.

Suzuki-Stars Daryl Beattie, Scott Russell (links): Beim Testen keine übertriebene Eile

Das war auch die Aufgabe des elf-Swissauto-Teams, das bereits vier Monate nach der allerersten öffentlichen Premiere der »elf 500« als offizielles GP-Team mit zwei Fahrern in den Kampf um WM-Punkte ging. Dank einer neuen Auslaßsteuerung wurde das Ansprechverhalten der Maschine entscheidend verbessert, Motorenkonstrukteur Urs Wenger, Fahrwerksspezialist Serge Rosset und Teamchef Michel Métraux begannen während der Wintertests in Le Castellet und Jerez, bei den Rückständen ihrer immer schneller werdenden Fahrer Adrian Bosshard und Juan Borja auch die Zehntelsekunden zu berücksichtigen.

Ähnliche Fortschritte machten auch die vier Marlboro-Yamaha-Fahrer, die allein in dieser Klasse antraten. Drei davon, Norifumi Abe, Kenny Roberts junior und Jean-Michel Bayle, waren bei Kenny Roberts senior unter Vertrag, der offiziell behauptete, junge Talente aufzubauen sei das, was er am besten könne und ihm am meisten Spaß mache.

Freilich blieb ihm auch gar nichts anderes übrig, nachdem die Verhandlungen mit den auf dem Transfermarkt befindlichen Topfahrern gescheitert waren. Um sich im Stil eines Weltstars aus der Yamaha-Affäre ziehen zu können, hatte Luca Cadalora mal eben drei Millionen Dollar Gage gefordert und sich die erhoffte Abfuhr geholt. Der 1995 arbeitslose John Kocinski, der sich eigentlich brennend für den Job im Yamaha-Team interessierte, hörte von dieser Summe, zog die falschen Schlüsse und forderte

Norifume Abe: Der erfahrenste Mann im Newcomer-Team von Kenny Roberts

denselben Betrag, worauf er sich mit einem Ducati-Vertrag für die World Superbike-Serie begnügen mußte.

Die Verhandlungen mit Michael Doohan, der Mitte 1995 kurz davor stand, für Wayne Rainey zu unterschreiben, scheiterten ebenfalls, als sich Kenny Roberts einmischte und die fette Beute vereinnahmen wollte, und am Ende mußte Roberts nehmen, was ihm vorgesetzt wurde: Yamaha bestand auf die Weiterbeschäftigung von Norifumi Abe, Philip Morris bugsierte den früheren Chesterfield-Aprilia-Star Jean-Michel Bayle als Halbliter-Neuling ins Team, der einzige Mann von Roberts eigener Wahl war sein Sohn Kenny junior, der in der 250 ccm-Klasse 1995 Platz acht erzielt hatte. Kaum, daß er seine Driftkünste endlich an einer Vierzylindermaschine erproben durfte, ereilte Little Kenny jedoch das Pech. Bei einem Sturz am dritten Testtag in Malaysia trug er einen Unterschenkelbruch davon und wurde sofort zu einer Operation nach Amerika geflogen.

Trotz Kenny Roberts´ riesigen Aufgebots hatte Wayne Rainey, von Roberts´ bestem Freund zu einem harten Rivalen im Kampf um die Futtertöpfe von Philip Morris mutiert, mit seinem einzigen Halbliterpiloten Loris Capirossi ein genauso heißes Eisen im Feuer, das schon bei den ersten Tests bis auf eine Sekunde an die Zeiten von Weltmeister Doohan herankam und seinem neuen Teamchef und Mentor jedes Wort von den Lippen ablas. »Es ist ein ganz neues Leben«, strahlte der 23jährige und hakte die sechsjährige Ära als Star des italienischen Pileri-Honda-Teams endgültig ab. »Ich mag Francesco Pileri und erlebte eine großartige Zeit. Ich gewann 1990 und 1991 den 125 ccm-Titel mit diesem Team, fuhr drei Jahre ganz vorn um die 250 ccm-Weltmeisterschaft mit, und wenn ich jetzt auf mein erstes 500er Jahr zurückblicke, fehlte mir und meinen Mechanikern schlicht die Erfahrung im Umgang mit diesen heiklen Geräten. Ideallinien, Bremspunkte, Getriebe und Federungs-Set Up dieser Biester sind völlig anders als bei einer 250er, und wir waren das ganze Jahr über auf der Suche. Manchmal schaffte ich eine schnelle Runde, aber das hieß noch lange nicht, daß die Abstimmung für ein ganzes Rennen taugte«.

Doch jetzt hatte er Wayne Rainey hinter sich, der ihm mehr über den modernen Halbliter-Rennsport erzählen konnte als irgendjemand sonst im Fahrerlager. »Er ist der beste Lehrer, den ich mir nur wünschen konnte«, erklärte Capirossi, der den halben Winter in Raineys schmuckem Zuhause in den Bergen von Monterey zubrachte, um geheime Tricks zu lernen und sich mental besser auf seine Arbeit vorzubereiten. »Er krempelte mich völlig um. Jetzt mache ich die Arbeit vorher und sehe die eigentlichen Rennen als den leichtesten Teil des Ganzen, wie eine Art Urlaub. Früher war´s umgekehrt«, verdeutlichte der Italiener, der vor lauter Begeisterung in nur vier Wochen Amerika ein recht verständliches Englisch gelernt hatte.

Wayne Rainey machte die Arbeit mit seinem neuen Schützling genauso Spaß. »Er ist ein großartiger kleiner Kerl. Er war zweimal Weltmeister, will wieder Weltmeister werden, und ich versuche, ihm meine Philosophie für dieses Ziel zu vermitteln«, erklärte der dreifache Weltmeister, der es schon immer als einen enormen Vorteil angesehen hatte, sich nach der Saison vom Starrummel in Europa zum ungestörten Wintertraining nach Amerika zurückziehen zu können, wo jeder über Football und Basketball, aber kaum einer über die Motorradweltmeisterschaft Bescheid wußte. »Die Leute erkennen dich nicht, und das bedeutet, daß du alle Freiheit hast, um dich ganz aufs Training zu konzentrieren. Von frühmorgens bis spätabends hatte alles, was wir taten, mit Rennfahren zu tun. Zwei Wochen lang gingen wir zum Dirt Track-Fahren, doch die ganze andere Vorbereitung erledigten wir bei mir zuhause«.

Raineys Heim thronte majestätisch über den Hügeln der Monterey-Halbinsel, doch neben der atemberaubenden Aussicht auf den Pazifischen Ozean war es vor allem groß und abgelegen genug, um völlig privat bleiben zu können. »Wir setzten uns Tagesziele und arbeiteten«. erklärte Wayne. »Alles im Rennsport hängt von deiner mentalen Vorbereitung ab. Du kannst Fehler vermeiden lernen, ohne überhaupt an die Rennstrecke zu gehen, wenn du hart und zielstrebig genug arbeitest«.

In seiner aktiven Laufbahn war Rainey berühmt für seine mentalen Fähigkeiten, die vom systematischen Training der Wahrnehmung aus den Augenwinkeln bis zum bewußten Vorausdenken und Vorausfühlen bei der eigentlichen Fahrt reichten. Nach seinem schweren Sturz 1993 in Misano war der Umgang mit seiner Behinderung und das Leben im Rollstuhl nur ein Teil der neuen Herausforderung. Mindestens ebenso schwer machte ihm zu schaffen, daß er nicht mehr fahren konnte.

Daß er jetzt als Teamchef wieder in die Halbliterklasse zurückkehren und sein Wissen an ein junges Talent weitergeben konnte, gab ihm etwas von der persönlichen Erfüllung zurück, die er seit dem Unfall vermißt hatte.

Und Yamaha strengte sich gewaltig an, die Motorräder noch besser zu machen. Der österreichische Motorentuner Harald Bartol, bei Yamaha für die Herstellung schneller Zylinder unter Vertrag, hatte an seinem Strömungsprüfstand schon zwei Jahre zuvor die Überlegenheit des quadratischen Bohrung-Hub-Verhältnisses nachgewiesen. Jetzt nahm das Yamaha-Werk endlich Abschied vom Kurzhub-Prinzip mit 56 mm Bohrung und 50,6 mm Hub und rekonfigurierte die Straßenrennmotoren nach dem Vorbild der Konkurrenz mit 54 x 54,5 mm quer durch alle Klassen neu.

250 ccm: Haradas Seekuh

Bei der exklusiv gebauten Yamaha YZR 250 von Tetsuya Harada, die schon zum Saisonfinale 1995 mit einem solchen quadratisch ausgelegten Motor gelaufen war, brachte die neue Konfiguration zwar nur ein PS an Spitzenleistung, doch beschleunigte das Aggregat nun besser über den gesamten Drehzahlbereich.

Loris Capirossi, Wayne Rainey: Gemeinsames Training geheimer Spezialtricks

Seekuh oder Kloschüssel? Harada bei der ersten Ausfahrt auf der neuen YZR 250

Katastrophe. Obwohl die Mechaniker und ein ratloser Showa-Techniker alle nur denkbaren Abstimmungsvarianten für Fahrwerk und Federung durchprobiert hatten, setzte das Motorrad in Schräglage auf, um sich dann aufzubäumen und heftige Schaukelbewegungen aufzuführen, die immer bösartiger zu werden schienen, anstatt sich zu beruhigen. »Mein neues Motorrad ist absolut unfahrbar. Der Wahnsinn«, schüttelte Waldi den Kopf. »Ich komme nicht einmal an meine Zeiten mit der alten Maschine heran, weil ich nirgends früh genug ans Gas gehen kann. Wir vermuten eine falsche Progression des Hebelsystems, denn das Motorrad reagiert auf keinerlei Einstellungen. Die könnten mir eine Eisenstange reinschrauben, und ich würde nix spüren. Die neue Honda ist eine Fehlkonstruktion«, beschwerte sich Waldi über den Prototypen, bei dem das Federbein nicht mehr senkrecht, sondern plötzlich schräg nach vorne liegend eingebaut war.

Außerdem riegelte der Motor nicht mehr bei 12800/min ab, sondern überdrehte willig bis rund 13500/min, was die Getriebeabstufung auf vielen Strecken erleichterte - zum Beispiel bereits in Malaysia, wo die schnelle Gegengerade einen leichten Rechtsknick aufwiest, in dem die Motorräder bei Topspeed in Schräglage gingen und wegen des geringeren Raddurchmessers an den Reifenflanken deutlich überdrehten.

Der Experimentalmotor mit Drehschiebersteuerung, in der Saison 1995 immer wieder angekündigt und wegen anhaltender technischer Schwierigkeiten dann doch nie der Öffentlichkeit präsentiert, wurde zugunsten des modifizierten Membranmotors endgültig schubladisiert. Doch Gesprächsstoff bot die YZR 250 von Tetsuya Harada trotzdem noch mehr als genug: Erstens war da der Wechsel von Dunlop zu Michelin, den Yamaha nach Cadaloras ständiger Nörgelei und nach den Negativschlagzeilen des letzten Jahres für das gesamte Werksteam vollzog und dem sich auch Tetsuya Harada mit der 250er anschließen mußte. Und zweitens präsentierte Yamaha eine neue, angeblich aerodynamisch überlegene Sitzbank, die unelegant und dickbackig bis zum Hinterrad heruntergezogen wurde. »Ich würde mich weigern, eine solche Sehkuh zu reiten«, grinste Michael Doohan. »Auch wenn es eine halbe Sekunde pro Runde bringt: Es sollte per Reglement verboten sein, eine solche Kloschüssel an ein Motorrad zu schrauben«, drückte sich der Schweizer Aprilia-Werksfahrer Eskil Suter aus.

Der große Aprilia-Star und Weltmeister Max Biaggi unterbot bei seinen Wintertests jedenfalls auch mit einer herkömmlichen Sitzbank sämtliche Rekorde und stand schon längst vor Saisonbeginn als neuer Topfavorit fest. Das deutsche HB-Honda-Team mit dem WM-Dritten Ralf Waldmann und dem mit einer Honda-Werksmaschine vom bevorstehenden Wechsel zu Aprilia abgehaltenen Jürgen Fuchs mußte die hochgesteckten Ziele, gegen Biaggi von Anfang an frech um den Titel mitzukämpfen, frühzeitig korrigieren.

Denn anstatt bei den Malaysia-Tests tüchtig mitzufahren und von den Rundenzeiten her wenigstens im Windschatten zu bleiben, entpuppte sich ein neuer Prototyp der Honda NSR 250 als mittlere

Teammanager Dieter Stappert flog nach den niederschmetternden Malaysia-Tests sofort mit Cheftechniker Sepp Schlögl nach Japan, um mit den Honda-Managern Fraktur zu reden. Doch statt einer Neukonstruktion setzte es zunächst einmal eine Standpauke von Honda Deutschland. Ralf Waldmann wurde von Honda Deutschland-Sportchef Hanns Eisner nach Offenbach zitiert und gerügt, weil er der Presse gegenüber die Wahrheit gesagt hatte.

So eingeschüchtert, war die Welt bei den traditionellen Tests der Teamvereinigung IRTA in Jerez plötzlich wieder in Ordnung. Weil sich die Fahrwerksschächen auf dem südspanischen Kurs nicht ganz so stark bemerkbar machten, kam Waldi plötzlich bis auf drei Zehntelsekunden an die Zeiten von Max Biaggi

Freude über die Werksmaschine: Waldis HB-Teamkollege Jürgen Fuchs, Gattin Tini

heran und behauptete, die Maschine liege nun wie angenagelt. Wer Einzelheiten zu der wundersamen Verwandlung des Motorrads wissen wollte, wurde aufs Glatteis geführt: Um wegen der mißglückten Malaysia-Tests, die Honda exklusiv für Waldmann anberaumt hatte, nicht als Versagerteam dazustehen, behauptete Manager Dieter Stappert, das Motorrad von Jerez sei in manchen Fahrwerksdimensionen ein ganz anderes als jenes, das man drei Wochen zuvor in Malaysia getestet hatte. »Solche Prototypen-Tests mach´ ich nimmer«, hakte Schlögl die Sache ab.

125 ccm: Pfundskur für Leichtgewichte

Schienen die technischen Schwierigkeiten für die Honda 250-Teams überwunden, so fingen sie für die Honda 125-Fahrer in Jerez erst richtig an. Eine Woche zuvor hatte der von Dunlop zu Michelin gewechselte Dirk Raudies seinen Werkskit mit programmierbarer Zündanlage erhalten, erst in Jerez selbst bekam er die nötige Computersoftware. »Keine Beschleunigung, keine Endgeschwindigkeit«, zeterte er nach drei aufreibenden Test-Tagen.

Auch Aprilia-Star Peter Öttl kam nicht soviel zum Fahren, wie er es sich gewünscht hätte. Seine insgesamt sechswöchige Saisonvorbereitung in Spanien wurde durch einen schweren Sturz in Cartagena jäh unterbrochen. Öttl trug eine Gehirnerschütterung davon und war auch bei den Jerez-Tests noch so angeschlagen, daß er frühzeitig das Handtuch warf und seinem Teamkollegen Manfred Geissler den Vortritt ließ.

Deutlich schneller war Ditter-Plastic-Star Masaki Tokudome. »Die neue Werks-Aprilia hat mich von Anfang an überzeugt, der Rahmen ist im Bereich von Lenkkopf und Schwingenaufnahme deutlich stabiler geworden«, berichtete er nach drei Testtagen, in denen er sich kontinuierlich steigerte und am Schluß nur noch von dem furchtlosen, von Yamaha zu Aprilia gewechselten vierfachen Weltmeister Jorge Martínez übertroffen wurde.

Der Spanier, bankrott und wegen Schulden von Rechtsanwälten verfolgt, bewies sich damit nicht nur als nervenstarker Rennfahrer, sondern auch als Überlebenskünstler. Ähnlich wie Stefan Prein: Einst fast 125 ccm-Weltmeister, dann als HB 250-Star gescheitert und nach Rückkehr in die 125 ccm-Klasse auf Honda und Yamaha nie mehr richtig in Schwung gekommen, war er als Manager des holländischen Docshop-Teams mit Nobby Ueda und Akira Saito wieder

Ärger mit dem hinteren Federbein: Waldis Tests verliefen katastrophal

Waldi in Jerez: Plötzlich war die Welt wieder in Ordnung

obenauf und von allen Mißerfolgen regeneriert. Stefan Prein: »Wie eine Pflanze, die sich den Weg durch den Asphalt zur Sonne bricht...«

Wegen des Mangels an neuen deutschen Talenten auf Grand Prix-Niveau hatten auffallend viele deutsche 125 ccm-Teams Fahrer aus dem Ausland unter Vertrag. Neben Prein mit Ueda und Saito und dem Ditter-Team mit Tokudome und dem kleinen Engländer Darren Barton, der als Yamaha-Wild Card in Donington 1995 für Furore gesorgt hatte, ging das »United Grey«-Team des deutschen Importgenies Ralf Schindler mit dem früheren F.C.C.-Piloten Tomomi Manako ins Gefecht. Manager und Techniker der Truppe war ein Oberschwabe von altem Schrot und Korn: Mario Rubatto, der als Fahrwerksspezialist schon den Grundstein zum Weltmeistertitel von Dirk Raudies 1993 gelegt hatte. Außerdem wagte der schwäbische Yamaha-Händler Hermann Kurz, bislang vor allem in Moto Cross-Kreisen berühmt, mit den Japanern Youichi Ui und Yoshiaki Katoh sowie mit den bewährten GP-Technikern Harald Bartol und Heinz Röhrich den Sprung ins GP-Geschäft.

Neuer Trend: Deutsche Teams, japanische Fahrer

Hatten die 125 ccm-Piloten in den letzten Jahren vor allem damit zu tun, Diät zu leben, um mit den vergleichsweise schwachbrüstigen 46 PS-Motoren jedes Quentchen an Beschleunigungskraft nutzen zu können, so lebten etliche der 50 kg-Jockeys über Winter in Saus und Braus und legten so manche Pfunde zu. Denn statt wie früher nur das Maschinengewicht zugrundezulegen, schrieb die IRTA nun ein neues 130 kg-Mindestgewicht von Maschine plus Fahrer mit Bekleidung vor. Während lange Kerls wie der schlaksige Weltmeister Haruchika Aoki damit keine Probleme hatten, legte der frühere 49 kg-Mann Dirk Raudies um vier Kilogramm zu, schleppte statt des anfälligen Generators eine schwere Batterie am Motorrad mit und mußte trotzdem noch Bleigewichte anhängen, um die erforderlichen 130 kg auf die Waage zu bringen.

Die meisten der 125 ccm-Stars, die beim Fahren sowieso keinen großen Unterschied feststellen konnten, bezeichneten die neue Regel als eine unsinnige Schikane, die den technischen Fortschritt behindere. Andere, wie etwa Peter Öttl, hielten die Idee für gut genug, sie auch bei den 250ern einzuführen. »Bloß nicht«, wehrte Tetsuya Harada ab. »Beim Basketball kommt ja auch keiner auf die Idee, den längsten Kerls aus lauter Gerechtigkeit die Beine kurzzusägen...«

Beeindruckt von der neuen Werks-Aprilia: Ditter Plastic-Piloten Masaki Tokudome (links), Darren Barton

Teams und Fahrer 1996

500 ccm:

Nr.	Fahrer	Team	Marke	Nation
1	Michael Doohan	Team Repsol Honda	Honda	AUS
2	Daryl Beattie	Lucky Strike Suzuki	Suzuki	AUS
3	Luca Cadalora	Kanemoto Honda	Honda	I
4	Alex Crivillé	Team Repsol Honda	Honda	E
6	Tadayuki Okada	Team Repsol Honda	Honda	J
7	Alexandre Barros	Honda Pileri	Honda	BR
8	Juan Borja	elf 500 ROC	elf 500	E
9	Norifumi Abe	Marlboro Team Roberts	Yamaha	J
10	Kenny Roberts jr.	Marlboro Team Roberts	Yamaha	USA
11	Scott Russel	Lucky Strike Suzuki	Suzuki	USA
12	Jean-Michel Bayle	Marlboro Team Roberts	Yamaha	F
13	Jeremy McWilliams	QuB Team Optimum	ROC-Yamaha	GB
14	Adrian Bosshard	elf 500 ROC	elf 500	CH
15	Doriano Ramboni	IP Aprilia Racing Team	Aprilia	I
16	Laurent Naveau	Team Naveau ROC	ROC-Yamaha	B
17	Alberto Puig	Fortuna Honda Pons	Honda	E
18	James Haydon	W.C.M	ROC-Yamaha	GB
19	Sean Emmett	Harris Grand Prix	Harris-Yamaha	GB
20	Toshi Arakaki	Padgetts Racing Team	Harris-Yamaha	J
22	Lucio Pedercini	Team Pedercini	ROC-Yamaha	I
23	Eugene McManus	Millar Racing	Yamaha	GB
24	Carlos Checa	Fortuna Honda Pons	Honda	E
27	Frederic Protat	Soverex FP Racing	ROC-Yamaha	F
41	Shinichi Itoh	Team Repsol Honda	Honda	J
51	Jean Pierre Jeandat	Team Paton	PATON	F
65	Loris Capirossi	Marlboro Team Rainey	Yamaha	I

250 ccm:

Nr.	Fahrer	Team	Marke	Nation
1	Max Biaggi	Chesterfield-Aprilia	Aprilia	I
3	Ralf Waldmann	HB Honda Germany	Honda	D
5	Jean Philippe Ruggia	Chesterfield elf Tech 3	Honda	F
6	Nobuatsu Aoki	Arie Moenaar Racing	Honda	J
7	Luis dÁnatin	MX Honda - S.S.P. Comp.	Honda	E
8	Cristiano Migliorati	AXO San Patrignano	Honda	I
9	Yasumasa Hatakeyama	F.C.C. Technical Sports	Honda	J
10	Tohru Ukawa	Team Benetton Honda	Honda	J
11	Jürgen Fuchs	HB Honda Germany	Honda	D
12	Jürgen vd. Goorbergh	Team M.Q.P. Racing	Honda	NL
14	Eskil Suter	Mohag Aprilia	Aprilia	CH
15	Gianluigi Scalvini	Team Pileri	Honda	I
16	Sete Gibernau	AXO San Patrignano	Honda	E
18	Roberto Locatelli	Nastro Azzuro Aprilia	Aprilia	I
19	Olivier Jacque	Chesterfield elf Tech 3	Honda	F
20	Luca Boscoscuro	Scuderia AGV	Aprilia	I
21	Massimo Ottobre	FGF Guidotti	Aprilia	I
22	Oliver Petrucciani	Mohag Aprilia	Aprilia	CH
23	Christian Boudinot	Promoto Sport	Aprilia	F
25	Davide Bulega	Team Italia	Aprilia	I
26	Takeshi Tsujimura	F.C.C. Technical Sports	Honda	J
27	Sebastian Porco	PR2 Aprilia YPF-Esco	Aprilia	ARG
28	Christophe Cogan	Team AJP	Honda	F
29	Osamu Miyazaki	EDO Racing	Aprilia	J
30	Jose Luis Cardoso	Sherry Repsol Aprilia	Aprilia	E
31	Tetsuya Harada	Marlboro Team Rainey	Yamaha	J
41	Jamie Robinson	Docshop Racing	Aprilia	GB
55	Regis Barresi	Tecmas Racing Team	Honda	F
96	Jose Barresi	Marlboro Venemotos Team	Yamaha	VEN

125 ccm:

Nr.	Fahrer	Team	Marke	Nation
1	Haruchika Aoki	Arie Molenaar Racing	Honda	J
2	Kazuto Sakata	Team Krona-Aprilia	Aprilia	J
3	Emilio Alzamora	Cepsa Effeuno Matteoni	Honda	E
4	Akira Saito	Docshop Racing	Honda	J
5	Dirk Raudies	HB Team Raudies	Honda	D
6	Stefano Perugini	Nastro Azzurro Aprilia	Aprilia	I
7	Masaki Tokudome	Team Ditter Plastic	Aprilia	J
8	Tomomi Manako	Team UGT Europa	Honda	J
10	Peter Öttl	Marlboro Aprilia Eckl	Aprilia	D
11	Herri Torrontegui	Team Pileri	Honda	E
12	Noboru Ueda	Docshop Racing	Honda	J
13	Lucio Cecchinello	Honda Team GP3	Honda	I
14	Yoshiaki Katoh	Tcam Yamaha Kurz	Yamaha	J
15	Manfred Geissler	Marlboro Aprilia Eckl	Aprilia	D
17	Darren Barton	Team Ditter Plastic	Aprilia	GB
19	Youchi Ui	Team Yamaha Kurz	Yamaha	J
21	Andrea Ballerini	Team Italia	Aprilia	I
23	Frederic Petit	Team RMS	Honda	F
24	Jaroslav Hules	Team Pileri	Honda	CZ
25	Jose David de Gea	Axo San Patrignano	Honda	E
26	Ivan Goi	Cepsa Effeuno Matteoni	Honda	I
27	Gabriele Debbia	Debbia Racing Team	Yamaha	I
30	Stefano Cruciani	Team Kron-Aprilia	Aprilia	I
35	Loek Bodelier	Mobil 1 TNT-LB Racing	Honda	NL
37	Josep Sarda	Mobil 1 TNT-LB Racing	Honda	E
46	Valentino Rossi	Scuderia AGV	Aprilia	I
55	Jorge Martínez	Team Airtel Aspar	Aprilia	E
72	Garry McCoy	Scuderia Alfa Briefe	Aprilia	AUS
88	Angel Nieto	Team Airtel Aspar	Aprilia	E

HB
J. Fuchs

Toreros in der Welt-Arena: Ralf Waldmann und Jürgen Fuchs packten den Stier an allen Fronten an den Hörnern. Die HB-Honda-Stars kämpften nicht nur gegen Weltmeister Biaggi und den überraschend starken Franzosen Olivier Jacque, sondern überwanden dank der Umbauten von Cheftechniker Sepp Schlögl auch die Fahrwerksschwierigkeiten ihrer Honda NSR 250. Und feierten just dann ihre größten Erfolge, als die traurigste Hiobsbotschaft eingetroffen war: Hauptsponsor HB zog sich nach 15 turbulenten und tollen Jahren aus der Motorrad-Weltmeisterschaft zurück.

SHOEI
MANAKO
Team
UGT
Europa
南海部品
BRIDGESTONE
EUROPA
Manako
secret

rauer bringt Farbe ins Spiel: Das United Grey Team des 'radhändlers Ralf Schindler stieg erst in letzter Minute in 'eltmeisterschaft ein, sorgte mit Fahrer Tomomi Manako, echniker Mario Rubatto und dem Energiedrink »top t« aber für eine Menge Wirbel - und fuhr den etablierten chen Teams am Ende davon. Peter Öttl zählte nach sei- Sieg in Mugello zwar noch zu den WM-Kandidaten, kam aber durch Stürze außer Tritt. Und Dirk Raudies (5) stand immer wieder am Startplatz vorn, wurde aber durch tech- e Tücken aufgehalten.

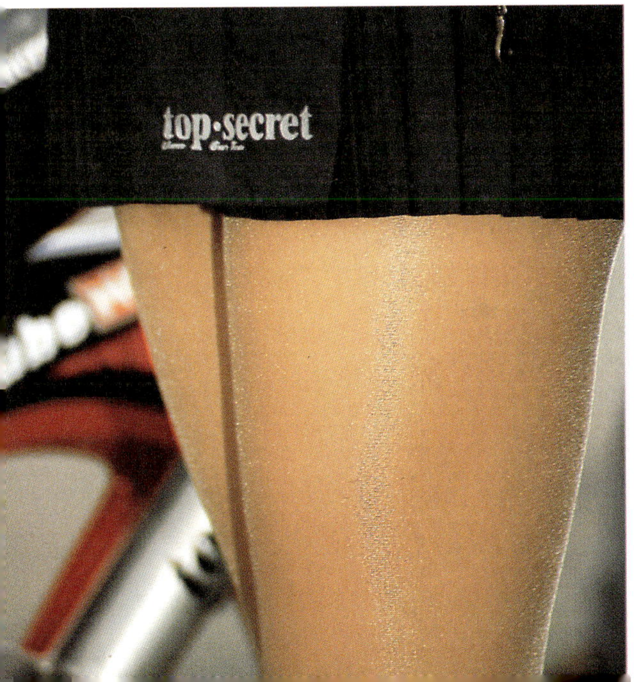

7
TEAM
DITTER
PLASTIC
aprilia

46
agv
DUNLOP
7
DITTER
PLASTIC
TEAM
DITTER
PLASTIC
MICHELIN
aprilia

Schwarz und stark: So wie HB-Honda bei den 250ern setzte sich das Team Ditter Plastic mit Besitzer Rolf-Peter Ditter und Cheftechniker Lucas Schmid als stärkster Herausforderer bei den 125ern in Szene. Darren Barton (17) freundete sich zwar nie richtig mit der Werks-Aprilia an, doch Masaki Tokudome (7) fuhr immer wieder souverän voraus. Nur wegen technischer Defekte mußte er den Erfolg mit anderen wie Valentino Rossi (46) oder Emilio Alzamora (3) teilen - und den Titel im Finale dann doch Haruchika Aoki (mit Garry McCoy auf dem Podest) überlassen.

Luca Cadalora vor Mick Doohan:
Der Außenseiter narrte den Weltmeister

31. 3. 1996: Grand Prix Malaysia in Shah Alam

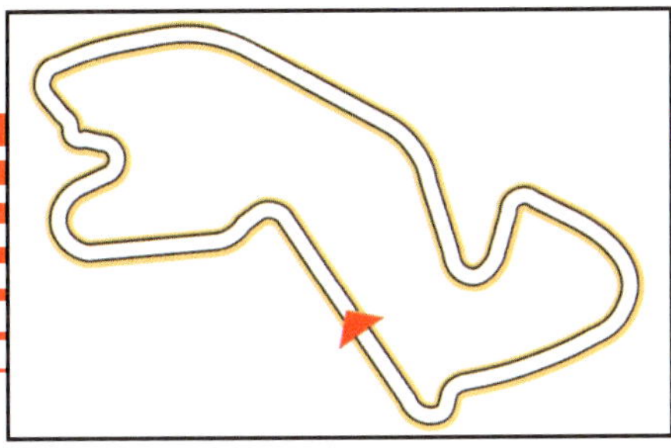

Der weiße Hai

Luca Cadalora stieß wie der weiße Hai aus der Tiefe nach vorn - und machte auch ohne reichen Sponsor fette Beute.

Die Tigerstaaten zeigten der westlichen Welt wirtschaftlich die Krallen, und wegen der wachsenden Bedeutung des pazifischen Raums wurde die Motorrad-Weltmeisterschaft erstmals mit einer Südostasien-Tournee eröffnet.

Dampfbadbedingungen mit bis zu 40 Grad Hitze bei 90 Prozent Luftfeuchtigkeit bedeuteten eine körperliche Extrembelastung und forderten schon bei den letzten offiziellen Tests in Shah Alam, einer Generalprobe in der Woche vor dem eigentlichen Trainingsbeginn, zwei prominente Opfer.

Eines davon war Ralf Waldmann. Weil die Honda-Motoren, so Cheftechniker Sepp Schlögl, »heuer sehr schwer abzustimmen sind« und weil außerdem auch noch verschiedene Benzinsorten durchprobiert werden mußten, ereignete sich einer der unter Schlögls Regie höchst seltenen Kolbenklemmer. Waldi hatte die Finger ein paar Sekundenbruchteile zu spät an der Kupplung, geriet auf die Randsteine, stürzte schwer und war eine Zeitlang bewußtlos.

Schlimmer noch war der Bruch des linken Schlüsselbeins. Um Zeit zu sparen, wurde gleich in Malaysia, im Krankenhaus des Kuala Lumpur-Vororts Subang Jaya, unter Aufsicht eines Arztes aus dem Team von Dr. Claudio Costa, eine Platte eingebaut. Am Samstagmorgen, drei Tage nach dem Sturz, durfte Waldi wieder ins Hotel umziehen, am Montag traf dann der eiligst engagierte Physiotherapeut Andreas Kos ein, um eine Therapie zu beginnen.

Weitere fünf Tage später, beim ersten freien GP-Training auf der Shah Alam-Piste, schwang sich Waldi wieder in den Sattel, gab aber nach insgesamt zwölf unter heftigen Schmerzen absolvierten Runden wieder auf. »Es hat keinen Zweck«, meinte er desillusioniert. Die Hoffnung, mit Biaggi um die Wette fahren und von Anfang an um den Titel mitkämpfen zu können, war mit einem Schlag dahin. »Ich bin der am besten bezahlte Zuschauer hier«, versuchte Waldi zu scherzen, doch die Stimmung im Gute Laune-Team blieb unterkühlt.

Denn neben dem sportlichen Rückschlag sorgten auch noch schwer zu vertuschende Spannungen mit Waldis Teamkollegen Jürgen Fuchs für atmosphärischen Tiefdruck. Waldi wollte seinen Erfahrungsvorsprung bei der Abstimmung des Werks-Renners für sich behalten und untersagte seinem Data Recording-Mann Thomas Thimm, Fuchs Fahrwerksinformationen weiterzugeben. Eine kurze, lautstarke Auseinandersetzung zwischen Fuchs und Dieter Stappert folgte, nach der der Teamchef den Streit gären ließ, statt ihn zu schlichten. Anstatt die teaminterne Strategie ein- für allemal zu klären, wurde Fuchs oberflächlich beschwichtigt, er habe alles falsch verstanden. Die Dissonanzen gerieten in die Presse, und aus einer vermeidbaren Kleinigkeit war plötzlich ein Problem geworden.

Wenig ruhmreich war auch die Geschichte des Suzuki-Halbliterteams, das die Strecke für das Wochenende vor dem Grand Prix gebucht hatte. Von Scott Rus-

Der bestbezahlte Zuschauer: Waldi und das operierte Schlüsselbein

Jürgen Fuchs, Data-Recording-Spezialist Thomas Thimm: Zusammenarbeit mit Grenzen

sell, der schon im Herbst 1995 einen Sugo-Auftritt geschwänzt hatte, weil er dringend zu einer Hochzeit mußte, und der im Januar 1996 dann zwei Testtage wegen eines fehlenden Visums verpaßte, fehlte schon wieder jede Spur. Als er zum Grand Prix-Wochenende endlich eintraf, grummelte der Amerikaner, er habe wegen des durch Schlechtwetter um eine Woche verlängerten Einsatzes bei den 200 Meilen von Daytona ein paar Tage Extra-Urlaub gebraucht. »Vielleicht mußte er nach Platz zwei seinen Rausch ausschlafen«, kochte Teammanager Garry Taylor vor Wut, weil er es satt hatte, daumendrehend auf seinen launenhaften Star zu warten.

Doch auch Vizeweltmeister Daryl Beattie kam nicht viel zum Fahren. Den ersten Testtag verpaßte er, weil er ohne Lederkombi angereist war und auch das Team keine Arbeitskleidung für ihn parat hatte. Am Sonntag stürzte er dann wie Ralf Waldmann wegen eines Kolbenklemmers, trug eine heftige Gehirnerschütterung davon und sagte den GP-Einsatz am darauffolgenden Donnerstag kurzfristig ab.

Weil durch den Aufprall auch der hinter dem Gehör sitzende Gleichgewichtssinn aus dem Takt gebracht worden war, hatte Beattie Schwindelgefühle und Koordinationsschwierigkeiten und jettete nach Australien zurück, um seinen Freund Kevin Schwantz bei einem Autorennen in Surfer´s Paradise zu bewundern. »Natürlich bin ich verärgert, denn das ist der schlimmste Saisonstart, den man sich vorstellen kann. Aber ich muß mir klarmachen, daß noch 14 Rennen ausstehen und daß es keinen Sinn hat, die ganze Saison aufs Spiel zu setzen, indem ich hier antrete, ohne richtig fit zu sein«.

Am Samstag wurde Beattie durch den eilends eingeflogenen Japaner Katsuaki Fujiwara ersetzt, der 1995 beim Acht-Stunden-Rennen in Suzuka Platz drei erobert hatte. Doch im Abschlußtraining ging die Suzuki abermals fest, Fujiwara zog sich bei seinem Sturz eine schmerzhafte Verletzung der rechten Schulter sowie eine Bänderzerrung im Knie zu und mußte ebenfalls absagen.

Russell krebste mittlerweile an 13. Stelle umher und murmelte, das Bike hasse die Strecke genauso sehr wie er selbst. Garry Taylor ätzte, Russell werde vielleicht künftig die Wichtigkeit von Tests einsehen. Eigentlich war das Wochenende abgeschrieben.

500 ccm: Absturz für die Zweizylinder

Bis Russell dann doch noch ein Happy-End zustandebrachte. Im Rennen

Sturz im Nieselregen:
Loris Capirossi

war er zunächst Sechster, und als einer der in dieser Gegend häufigen tropischen Regengüsse dann in Runde elf für eine Unterbrechung sorgte, nutzte er die Pause, um sich selbst ins Gewissen zu reden und zusätzliche Motivation zu tanken. Nach dem zweiten Start fuhr er heldenhaft auf Rang vier und hätte um ein Haar sogar Platz drei erbeutet, wenn Norifumi Abe ihn nicht in der letzten Runde mit einer für sein eigenes Gesamtresultat unnötigen Aktion abgedrängt hätte. »Abe lag im ersten Lauf eine halbe Runde zurück und hatte in der Addition überhaupt nichts von dieser Attacke. Mich hat sie Platz drei gekostet. Aber so ist der Rennsport eben: Jeder für sich und allein gegen alle. Ich hoffe nur, daß ich ihm den Gefallen bald zurückzahlen kann«, knirschte Russell.

Doch dieses Drama ging fast schon unter angesichts eines Rennens, in dem sich die Ereignisse überschlugen. Luca Cadalora, der trotz Sorgen mit seiner Showa-Gabel den zweiten Startplatz erbeutet hatte, schoß als Erster los und verteidigte einen knappen Vorsprung von 0,44 Sekunden vor Weltmeister Michael Doohan, als das Rennen nach zehn Runden wegen Regens unterbrochen wurde.

Beim zweiten Start nach etwa einstündiger Pause hätte sich der Italiener nur in Doohans Windschatten halten müssen, um die Gesamtwertung zu gewinnen. Doch als sich Doohans Hinterreifen aufzulösen begann, zog Cadalora abermals vorbei in Führung und gewann schließlich mit stolzen 4,7 Sekunden Vorsprung.

Sieger Luca Cadalora: »Der schönste Moment meiner Karriere«

Cadalora ließ sich nicht viel Zeit auf seiner Ehrenrunde, sondern gönnte dem Publikum nur die nötigsten Höflichkeitsbezeugungen und sauste schnurstracks ins Fahrerlager zurück. Denn dort wartete sein Freund Erv Kanemoto, zu Tränen gerührt, und die beiden lagen sich für lange Zeit in den Armen, bevor Cadalora endlich das erste Siegerinterview zum Besten gab. »Dies ist der schönste Moment meiner Karriere. Ich bin überglücklich«, strahlte der Italiener. »Als es im ersten Lauf zu regnen anfing, wäre ich um ein Haar ausgerutscht, und ich hatte auch im zweiten Lauf etliche gemeine Slides. Deshalb richtete ich mich auch darauf ein, in Doohans Windschatten zu bleiben und sicher über die Runden zu kommen. Doch als er langsamer wurde, hatte ich keine Wahl und mußte vorbei. Ich habe überholt und mit Erfolg versucht, wegzufahren. Jetzt sind wir so happy wie nie zuvor, denn nach all unseren Schwierigkeiten hätten wir nie im Leben mit einem solchen Erfolg gerechnet«.

Denn nicht nur die Fahrwerksabstimmung, sondern auch die Budgetplanung war nach dem optimistischen Beginn bei den Wintertests aus dem Ruder gelaufen. Weil »Benetton« Ende Februar endgültig absagte und lieber den japanischen 250 ccm-Piloten Tohru Ukawa unterstützte, mußte Cadalora mit 800000 Dollar von Castrol, 400000 Dollar von Marlboro und einer Serie kleinerer Beträge von weiteren Ausrüstern haushalten. »Mir gefällt mein weißes Motorrad zwar nicht, doch ich werde die Werbefläche auch nicht verschleudern. Alles hat seinen Preis«, hielt Cadalora fest und verzichtete sogar auf seine Gage, weshalb ihm der teure Champagner in Malaysia doppelt gut schmeckte.

So ausgelassen, wie bei Cadalora

Carlos Checa (24) vor Scott Russell (11): Sattelfestigkeit zahlt sich aus

und Kanemoto gefeiert wurde, so fröhlich tanzte auch die Crew des italienischen Pileri-Rennstalls im Kreis. Alexandre Barros und Francesco Pileri waren nach einem für beide enttäuschenden Jahr 1995 eine Notgemeinschaft eingegangen, um überhaupt im Geschäft zu bleiben. Neue Sponsoren wie ein norditalienischer Schmuckbetrieb, vor allem aber der brasilianische Honda-Importeur, der am Erfolg des einzigen südamerikanischen Stars ein vitales Interesse hatte, halfen Barros, den Kopf über Wasser zu halten. Eigentlich waren nach dem sechsten Trainingsplatz in Malaysia keine Großtaten zu erwarten. Umso überraschender war, wie der Brasilianer die Rennrunden in seinem feuchtheißen Lieblingsklima mit der Unerschütterlichkeit einer Dampflokomotive herunterspulte und am Ende Platz zwei erreichte.

Daß sich Sattelfestigkeit auszahlt, stellte auch Carlos Checa fest. Der junge Spanier, erst kurz vor Saisonauftakt von seinen Zahnspangen befreit, war 1995 als Vertreter des verletzten Alberto Puig auf die Fortuna-Honda 500 aufgerückt und hatte mit seiner überlegenen Führung und einem anschließenden Crash beim Saisonausklang, Barcelona-Grand Prix , für Furore gesorgt. Jetzt, nach Platz drei in Malaysia und seinem ersten Grand Prix-Podest insgesamt, war er der neue Joker im Team von Sito Pons.

Denn der eigentliche Star des Teams kurvte immer noch als Schatten seiner selbst an siebter Stelle umher, schwer gezeichnet von dem Beinbruch in Le Mans, bei dem auch ein wichtiger Nervenstrang verletzt worden war. »Du könntest eine Zigarette auf dem Bein ausdrücken und ich würde nichts spüren«, verdeutlichte Alberto Puig, der trotzdem nicht aufgab und wie einst Michael Doohan mit zusammengebissenen Zähnen über die Behinderung hinwegkommen wollte. »Viele Leute sagen mir, ich sei auf dem richtigen Weg, doch natürlich bin ich nicht glücklich mit diesem Resultat. Ich bin ungeduldig und will so schnell wie möglich zurück nach oben«.

Und das wollten auch viele andere nach einem enttäuschenden Sonntagnachmittag. Michael Doohan führte im zweiten Lauf, wurde aber plötzlich langsamer und fiel auf Platz fünf zurück. »Ich spürte Vibrationen und dachte, vielleicht hat sich der Reifen auf der Felge gedreht. Doch in Rechtskurven brach der Hinterreifen plötzlich aus, und ich mußte Luca vorbeilassen. Ich konnte nichts dagegen tun und überlegte mir nur, was passieren würde, wenn der Reifen in Fetzen fliegt. Aber ich wollte ein paar Punkte retten und fuhr so sachte wie möglich nach Hause«.

Doohan wurde schon im Training ernsthaft herausgefordert, als Tadayuki Okada mit der neuen Zweizylinder-

Pech bei der Premiere: Nach Okada kippte auch Itoh um

Honda eine souveräne Pole Position vorlegte. »Beim Einbiegen in die Kurve muß er mit 30 Kilogramm weniger fertig werden als ich. Wenn du diesen Vorteil in jedem Eck zusammenzählst, kommt eine gute Rundenzeit heraus«, analysierte Doohan. »Solange das Gewichtslimit nicht geändert wird, wird es auf engen Strecken von nun an hart für die Vierzylinder«.

Okada bestätigte das mit strahlendem Lächeln. »Diese Rennstrecke hat jede Menge Kurven und kaum Geraden. Ich wußte, daß wir hier gut aussehen würden«, meinte der Japaner, der schon bei Tests alle bestehenden Rekorde hinweggefegt hatte.

Die Vierzylinder-Piloten waren gedemütigt und setzten nur noch darauf, Okada gleich beim Rennstart mit ihrer überlegenen Beschleunigungskraft zu erledigen. Doch auch diese Hoffnung war trügerisch: Okada war schon in Runde eins als Sechster mitten im Pulk und brauchte danach gerade noch weitere sechs Runden, um in Führung zu gehen.

Als es zu nieseln begann, hatte er einen bösartigen Ausritt und fiel auf Platz sieben zurück, doch nach dem zweiten Start fuhr er alsbald von Neuem frech an allen 200 PS-Raketen vorbei. Okada hätte das Rennen wohl gewonnen, wurde aber zu übermütig und warf sein 135 PS-Fliegengewicht am Ende der Zielgeraden ins Kiesbett. »Ich ging zu schnell in die Kurve, bevor die Reifenflanke richtig warm war«, bedauerte er.

Teamkollege Shinichi Itoh teilte seine Trauer mit einem Sturz fünf Runden vor Schluß, und damit war auch die letzte Zweizylinder-500er von der Bildfläche verschwunden. Doriano Romboni hatte mit seiner Aprilia RSV 400 nämlich auf den Start verzichten müssen: Wegen anhaltender Reifenprobleme nur Achter im Training, stürzte der einzige Dunlop-Pilot des Halbliter-Feldes im Warm-Up am Sonntagmorgen und zog sich eine schmerzhafte Muskelzerrung in der Wade zu.

Der Spanier Alex Crivillé war nach dem Start hoffnungsvoller Dritter, ging jedoch nach drei Runden zu Boden und zog sich eine schwere Hautabschürfung und eine Sehnenverletzung an der linken Hand zu. Auch Loris Capirossi hatte kein Glück: Im Training bereits Schnellster aller Yamaha-Piloten, kämpfte Capirossi um Platz fünf im Rennen und rutschte aus, als es zu nieseln begann. »Ich bog in die Kurve ein und vor mir war die Piste naß. Ich hatte keine Chance«, meinte Loris und humpelte mit verstauchtem linkem Knöchel von dannen.

Tadayuki Okada vor Cadalora und Doohan: Ein Sturz verhinderte die Sensation

Ein schlechter Start – und dann Vergaserprobleme: Harada kam Biaggi nicht nach

Während Kenny Roberts junior wegen seines Beinbruchs bis zur Europasaison pausierte, retteten wenigstens Jean-Michel Bayle und Norifumi Abe im Team von Roberts senior die Yamaha-Ehre. Halbliter-Neuling Bayle kämpfte im ersten Lauf mit Leistungsverlust, schnappte sich dank der Regenunterbrechung die Ersatzmaschine und wurde immerhin Gesamt-Sechster. Abe wurde im ersten Lauf von Checa in den Kies gedrängt und war nur 16., zettelte in Lauf zwei aber eine Aufholjagd an und wurde noch Gesamt-Achter.

Auch das elf 500-Team erlebte beim Renn-Debüt des europäischen Joint Venture aus Schweizer Motorentechnik und französischem Fahrwerks-Know-how das erste Erfolgserlebnis. Obwohl das Fahrwerk sich aufbäumte wie ein Wildpferd, obwohl die Motorleistung auch mit einer neuentwickelten Auslaßsteuerung noch zu rüde einsetzte und die Reifen dahinschmolzen wie Butter in der Sonne, kämpfte sich der Spanier Juan Borja auf Rang sieben vor und rutschte nur deshalb wieder auf den zehnten Platz ab, weil ein Auspuff abbrach. »Der reißt anständig am Kabel«, lobte Swissauto-Motorenkonstrukteur Urs Wenger die Leistung des Spaniers. Adrian Bosshard, die Nummer zwei im Team, fuhr dagegen schon im Training mit Platz 24 hinterher und wurde im Rennen wegen zwei überfluteter Vergaser von seinen schweren Fahrwerkssorgen erlöst. »Wir haben Schwierigkeiten, die Maschine auf meinen Fahrstil abzustimmen. Ich bremse überall 50 Meter früher als mit meiner alten ROC-Yamaha und habe trotzdem allergrößte Mühe, die nächste Kurve zu erwischen«, grübelte er.

250 ccm: Haradas müde Maschine

Größere Siegchancen wurden Tetsuya Harada in der 250 ccm-Klasse eingeräumt, weil Yamaha hoffte, daß er mit dem kräftiger gewordenen, längerhubigen Motor zumindest auf kurvigen Pisten besser mit Weltmeister Max Biaggi würde mithalten können. »Es stimmt, wir haben deutliche Fortschritte gemacht. Doch die anderen haben über Winter auch nicht geschlafen«, meinte Harada diplomatisch.

Denn schon im Abschlußtraining zeichnete sich ab, wie Biaggi anderntags mit der Konkurrenz umgehen würde. Als seine Aprilia streikte, schob er sie in der Gluthitze an die Box zurück, wartete eine halbe Stunde, bis die Mechaniker einen neuen Motor eingebaut hatte und räumte in den Schlußminuten noch mal eben die Pole Position ab.

Im Rennen glänzte er mit einem lupenreinen Start-Ziel-Sieg, drehte wie schon 1994 und 1995 eine neue Rekordrunde und hatte bei alledem genügend Zeit und Vorsprung für die fröhlichsten Wheelies. Nach dem Zieleinlauf parkte er seine Maschine, hüpfte über die Mauer auf die Zielgerade und schleuderte seinen Helm ins Publikum. »Ein pefektes Rennen«, strahlte er. »Ich wählte weiche Reifen, machte am Anfang ordentlich Druck und ließ es dann ruhiger angehen. Ich hatte nur Sorgen, weil ich wie im Training wieder seltsame Motorgeräusche hörte. Doch offensichtlich war alles in Ordnung«.

Harada verpatzte den Start und

machte so die vage Hoffnung zunichte, wenigstens in Biaggis Windschatten bleiben zu können. Der Japaner brauchte fünf Runden, um sich von Platz sechs auf Platz zwei vorzuarbeiten, danach war sein Erzrivale über alle Berge. »Doch ich hätte auch mit einem guten Start kaum an Biaggi dranbleiben können. Mein Motor lief in den ersten beiden Runden schlecht, ich hatte kaum Speed auf der Geraden. Ich denke, es war ein Vergaserproblem, das nie richtig besser wurde«.

Harada erreichte das Ziel fast 15 Sekunden nach Biaggi, weitere 19 Sekunden später traf der Überraschungs-Dritte Luis d´Antin ein. Auf Platz vier gönnte sich Olivier Jacque den ersten Erfolg als Werksfahrer noch vor seinem erfahrenen Teamgefährten Jean-Philippe Ruggia.

Für den zweiten Werksfahrer-Neuling Jürgen Fuchs war hingegen nicht mehr drin als der siebte Platz. Nach einem Sturz im Abschlußtraining mit Prellungen übersät, kämpfte er mit einer schlecht abgestimmten Maschine. »Ich habe mich abgerackert wie noch nie. Von dem Highsider gestern tat mir alles weh, und wenn ich die Kurven nur anbremste, hat das Motorrad schon zu wackeln und zu schlenkern angefangen. Ein furchtbar einsames Rennen.«

Sieben ist eine Glückszahl: Luis d´Antin wurde Überraschungs-Zweiter

125 ccm: Öttl tankt Selbstvertrauen

Da hatte es Peter Öttl im 125 ccm-Lauf schon geselliger. Mit einem Trick bei der Vergasereinstellung kam der Aprilia Deutschland-Star besonders gut aus den Startlöchern, zischte aus der dritten Reihe wie eine Rakete nach vorn, schnappte sich Emilio Alzamora aus dem Windschatten und war im Nu Zweiter hintere Stefano Perugini.

Dirk Raudies, der schon im Training mit den Tücken des Honda-Schaltautomaten gekämpft hatte und auf ein KLS-System umrüstete, rollte mit gebrochener Kurbelwelle aus, doch Peter Öttl verteidigte seine Position eisern und ging im letzten Renndrittel sogar zeitweilig in Führung. »Perugini und ich konnten uns absetzen. Als es acht Runden vor Schluß zu nieseln begann, habe ich gesehen, wie unser Vorsprung auf zwei Sekunden zusammenschrumpfte. Deshalb habe ich die Spitze übernommen und das Tempo forciert«.

Doch weil viel Trainingszeit wegen technischer Probleme verstrichen und das Set-Up nicht ganz optimal war, hatte Öttl »unheimliche Rutscher« und mußte sich am Ende doch noch gegen Perugini und Weltmeister Haruchika Aoki geschlagen geben. »Ich war eingangs der letzten Runde Zweiter und wollte Perugini schnappen, machte aber einen Fehler auf der Gegengeraden und verlor wertvollen Speed, so daß mich Aoki noch erwischte. Nach meiner Verletzung im Winter und nach all den Problemen bei Tests und im Training bin ich aber trotzdem glücklich - jetzt ist das alte Selbstvertrauen wieder da!«

Teamkollege Tex Geissler ließ hingegen den Kopf hängen. »Ich kam hervorragend vom Start weg und war überrascht, wie locker ich in der Verfolgergruppe mitfahren konnte. Ich schonte meine Reifen und wollte am Schluß attackieren. Doch dann ging der Motor fest - ich konnte nur

Ein perfektes Rennen: Max Biaggi gewann trotz seltsamer Motorgeräusche

mit Glück einen Sturz vermeiden!«

Vizeweltmeister Kazuto Sakata hatte sich bei einem Sturz im Warm Up am Sonntagmorgen den fünften Mittelfußknochen gebrochen und derart das Knie angeschlagen, daß er aus dem Streckenspital getragen werden mußte, schwang sich aber trotzdem in den Sattel und wurde tapferer Zehnter. Rubatto-Schützling Tomomi Manako kämpfte sich trotz eines unterlegenen Motors und eines wackelnden Fahrweks auf Rang sieben, dagegen wurde das Yamaha-Team von Hermann Kurz vorzeitig aufgerieben: Youichi Ui erlebte wegen der ständig festgehenden Motoren den dritten Sturz des Wochenendes und zog sich eine böse Fingerverletzung zu, Yoshiaki Katoh rollte ebenfalls wegen eines Kolbenklemmers aus.

Durchhalten hieß die Devise im deutschen Ditter Plastic-Team mit Masaki Tokudome und dem kleinen Engländer Darren Barton. Weil nach anhaltendem Schlechtwetter bei den Wintertests für die neuen statt bei Rotax nun im Aprilia-Werk selbst gefertigten Werksmotoren kaum Einstelldaten vorlagen, gingen beide Maschinen schon im ersten freien Traiing fest. Im ersten Zeittraining kollabierte Bartons Motorrad mit Pleuelbruch, Tokudomes Motor fehlten 500 Umdrehungen, und als es am Samstagvormittag auch noch regnete, rüstete Cheftechniker Lucas Schmid sicherheitshalber auf bewährte Vorjahres-Motoren um und rettete, was zu retten war.

Barton stürzte nach zwei Trainings-Crashs zwar im Rennen erneut, dafür kämpfte sich Masaki Tokudome von Trainingsrang neun in Windeseile auf Rang drei und verpaßte das Podest nur deshalb, weil die wilde Jagd seine Reifen überansprucht hatten. »Ich bin trotzdem happy, mit einem solchen Resultat hätte ich nach all dem Ärger nicht gerechnet«, atmete Tokudome auf.

Ebenso happy war auch der 21jährige Perugini, nachdem er im Vorjahr so

Mit geballter Faust: Dirk Raudies ärgert sich über den Kurbelwellenbruch

Ein furchtbar einsames Rennen: Jürgen Fuchs erreichte Platz sieben

manchen möglichen Triumph verspielt hatte, nun aber endlich einmal bis zum Schluß fehlerlos blieb.

Es war ein wahrhaft kosmischer Tag für die Italiener, die Siege in allen drei Klassen eingestrichen hatten. Nur der exzentrische Max Biaggi sorgte am Schluß des Tages noch einmal für Aufregung. Als italienische Reporter ihn zu einem gemeinsamen Siegerfoto mit Cadalora und Perugini stellen wollten, stahl er sich davon wie eine beleidigte Filmdiva - weil er allein im Rampenlicht stehen wollte.

Rechts: Die Hand zum Gruß: Öttl wurde trotz »unheimlicher Rutscher« Dritter

Unten: Masaki Tokudome (7) vor Tomomi Manako (8): Die deutsch-japanischen Teams retteten, was zu retten war

Sieg über den Weltmeister:
Tetsuya Harada vor Max Biaggi

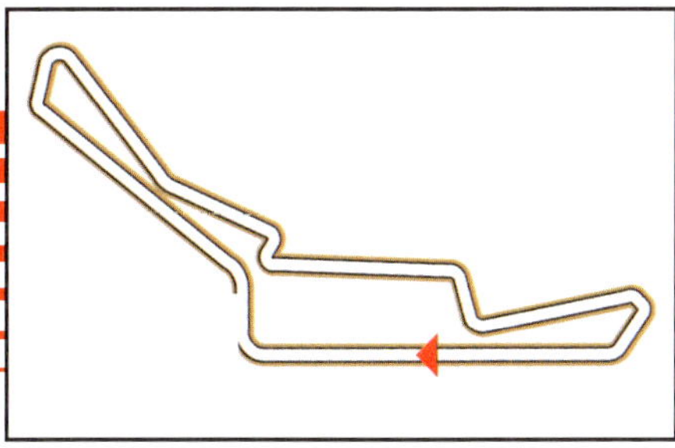

Schach dem König

Beim ersten Grand Prix im Inselreich Indonesien feierten die Herausforderer: Tetsuya Harada hielt Weltmeister Max Biaggi bei den 250ern in Schach, Masaki Tokudome huschte im Herzschlagfinale der 125er an Weltmeister Haruchika Aoki vorbei.

In Europa gab es immer weniger Geld von Seiten der Veranstalter und immer mehr Restriktionen in Sachen Tabakwerbung, und so machten sich die Goldgräber der Grand Prix-Organisation auf die Suche nach einem neuen Eldorado, in dem die Schatztruhen reich gefüllt und die Plakatwände von Marlboro und Lucky Strike noch hochwillkommen waren.

Sie stießen auf Indonesien, ein exotisches Reich mit 6000 Inseln und 200 Millionen Einwohnern, dessen boomende Wirtschaft schon lange nach einem Einstieg in den prestigeträchtigen, weltweit im Fernsehen ausgestrahlten Spitzensport suchte und der Motorrad-Weltmeisterschaft den roten Teppich ausrollte.

Tommy Suharto, Sohn des indonesischen Präsidenten und Alleinherrscher über die Automobil- und Luftfahrtindustrie des Landes, hatte sich bereits einen Teil der italienischen Flammini Group einverleibt, um in der Superbike-Weltmeisterschaft mitbestimmen zu können; jetzt tat er alles, um auch in der höchsten Liga des Motorradsports Eindruck zu machen.

Seinen 1991 als Autorennstrecke gebauten Sentul-Kurs, 42 Kilometer südlich der Hauptstadt Jakarta zwischen malerische Hügel und Reisfelder gebettet, ließ er für 20 Millionen Dollar modernisieren und auf die Anforderungen des Motorradsports hintrimmen.

Hauptproblem blieb nicht nur das relativ langweilige Streckenlayout, sondern das viele Regenwasser, das trotz neuer Drainagen nur schlecht von der Piste ablief. Weil Sentul und das benachbarte Bogor, was auf deutsch »Regenstadt« bedeutet, in einer der niederschlagsreichsten Regionen von ganz Asien lag, wurden vorsichtshalber drei »Pawang Hujans«, traditionelle Regenmeister, engagiert, die wochenlang rund um die Uhr damit beschäftigt waren, aufkommende Gewitterwolken zu den nächstgelegenen Dörfern zu verfrachten. Mit erstaunlichem Erfolg: Während der Trainings und der einzelnen Rennen blieb es bis auf die erste 250 ccm-Qualifikation knochentrocken; die nachmittags fälligen schwarzen Wolken warteten geduldig, bis die Veranstaltung vorüber war.

Die Verhältnisse waren allerdings auch bei Sonnenschein schwierig genug für die Piloten, denn obwohl Jakarta

Tänze zur Feier des Grand Prix – und für trockenes Wetter

Ralf Waldmann: Schmerzen, Techniksorgen – und trotzdem schnell

1300 Kilometer südlich von Kuala Lumpur jenseits des Äquators gelegen ist, fühlte sich die Hitze mit 35 Grad im Schatten und 90 Prozent Luftfeuchtigkeit immer noch genauso bleiern an.

Am härtesten war der Job für die Fahrer, die sich am Wochenende zuvor in Malaysia verletzt hatten. Alex Crivillés beschädigte Sehnen der linken Hand waren gerade mal vier Tage vor Trainingsbeginn in Sentul operiert worden. Qualvoll und langsam streifte er sich den rund um den kleinen Finger aufgeschnittenen Handschuh über und kam am ersten Tag nicht über den elften Startplatz hinaus. »Ich bin immer noch randvoll mit Antibiotika und fühle mich schwach und elend. Es ist, als hätte ich jedes Gefühl für das Motorrad verloren«, murmelte er, war nach dem neunten Platz im Abschlußtraining aber schon wieder optimistischer.

Ähnlich erging es Loris Capirossi, der sich bei seinem Rennsturz in Shah Alam einen verstauchten linken Knöchel zugezogen hatte. »Ich kann keinen Druck auf die Fußraste ausüben und ziehe ausschließlich am Lenker, wenn ich in die Kurve einbiegen will. Das ist die falsche Methode«, berichtete er, schwang sich nach Platz sechs am ersten Tag dann aber doch zu einem beachtlichen zweiten Rang im Abschlußtraining auf.

Randvoll mit Antibiotika:
Alex Crivillé hatte Schmerzen

Dagegen wirkte Malaysia-Sieger Luca Cadalora wie ein Schatten seiner selbst. »Diese Strecke ist völlig anders als die Shah Alam-Piste. Sie stellt technisch geringe Ansprüche und hat nichts als ein paar Vollbremsungen und blöde Ecken, aus denen man das Motorrad mit frühem Vollgas herausfeuern muß. Das sollte Doohan entgegenkommen«, spottete der Italiener, der sich mit einem eingeklemmten Nackennerv und einem stempelnden Vorderrad abplagte und mit Ach und Krach den fünften Trainingsrang erreichte.

Suzuki-Star Daryl Beattie war gleich gar nicht da. Weil er sich noch nicht von seinen Gleichgewichtsstörungen erholt hatte, schonte er sich weiter und beschloß, lieber bis zum für Suzuki immens wichtigen Japan-GP zu warten. Weil Vertreter Katsuaki Fujiwara an jenem Wochenende seiner Hauptarbeit in der japanischen Superbike-Meisterschaft nachgehen mußte, war Scott Russell wieder auf sich selbst gestellt, kam aber nicht über den elften Trainingsplatz hinaus. »Das Motorrad ist beim Einlenken zu unruhig. Wenn ich schneller fahre, lande ich auf der Nase«, grübelte Russell und hatte wie Cadalora nur wenig Gutes über die Strecke zu sagen.

Anders als in Malaysia wurde das Suzuki-Team von Beatties Abwesenheit diesmal voll in der Magengrube getroffen. Denn Cadaloras Favoritentip Michael Doohan war tatsächlich obenauf und hatte nach der Pole Position sogar genügend Zeit und Laune, mit seinem Freund Max Biaggi in der Box über die Vor- und Nachteile der einzelnen Halbliter-Maschinen zu plaudern. Wegen seines Superstargehabes mit Aprilia-Teamdirektor Carlo Pernat zerstritten, schaute sich der Römer nach Alternativen in der Halbliterklasse um, sondierte dabei freilich nicht nur die Technik, sondern auch den finanziellen Spielraum möglicher Arbeitgeber - unter 3,5 Millionen Dollar Jahresgage wollte er sich auf keinen Fall verkaufen.

Daß er mit seiner 250er in Sentul keineswegs so überlegen war wie eine Woche zuvor in Malaysia und die Pole Po-

Alte Fahrwerksprobleme in neuem Ambiente: Suzuki-Star Scott Russell

Plauderstunde in der Box: Weltmeister Mick Doohan, Max Biaggi

HB 125-Star Dirk Raudies wunderte sich, warum Stappert seine vom Jogging verschwitzte Sportkleidung ausgerechnet in seiner Box zum Trocknen aufhing, hatte aber noch ganz andere Sorgen. Am Freitag erreichte er nur die zehntbeste Zeit und verlor vier km/h Topspeed auf die Schnellsten. Spät in der Nacht wurde ein fehlerhafter Werks-Zylinder als Übeltäter entlarvt, worauf er sich im Abschlußtraining wenigstens noch auf den vierten Platz steigern konnte.

Materialfehler waren bei den Honda-Teams dieser Kategorie keine Seltenheit. Sogar der Kurbelwellenbruch, der Raudies aus dem Malaysia-Rennen geworfen hatte, wiederholte sich beim Freitagstraining von Sentul in Mario Rubattos United Grey Team. Und das, ob-

sition an Tetsuya Harada verlor, wischte er beiseite. »Man kann nicht überall vorne sein. Dieser Kurs stellt keine fahrerischen Ansprüche. Wer am härtesten bremsen kann und die beste Beschleunigung hat, ist vorn«, meinte Max.

Erzrivale Harada drängelte sich dank neuer Michelin-Reifen, die sich im Grenzbereich mehr wie die gutmütigeren alten Dunlops anfühlten, wenige Minuten vor dem Abwinken mit der Bestzeit nach vorn und genoß seinen kleinen Vorteil im großen Duell mit diebischer Freude. »Ich bin sehr, sehr happy«, sprudelte er. »Die Zeit ist mir nicht schwer gefallen, Fahrwerk und Reifen sind okay. Das einzige Problem ist immer noch die Vergaserabstimmung - der Motor nimmt nach dem Hochschalten nur unsauber Gas an«.

Die Honda-Teams waren wie schon in Malaysia reines Kanonenfutter. Friedlich und mit gehörigem Respektabstand von mehr als einer halben Sekunde reihten sie sich hinter dem Duo Biaggi-Harada auf den Plätzen drei bis neun auf, wobei sich Ralf Waldmann mit seinem frisch operierten Schlüsselbein schon im Training als Dritter eine Tapferkeitsmedaille verdiente.

Trotzdem war die Stimmung im HB-Team weiterhin trübe. Denn erstens waren die Honda-Kunden verärgert, weil sie für teures Geld nur drittklassiges Material erhielten. »Früher war eine Werks-Honda ein Heiligtum, das nur auserwählte Fahrer bekommen konnten. Heute kann sie jeder kriegen, wenn er nur genug Geld hinblättert«, kritisierte Ralf Waldmann mit wehmütigem Seitenblick zu Harada und Biaggi, die von Yamaha und Aprilia topexklusiv betreut wurden.

Außerdem schwelte im HB-Team der Konflikt zwischen Jürgen Fuchs und Teamchef Dieter Stappert weiter, der in Malaysia erstmals offen zutage getreten war. Statt einer offenen Teamdiskussion nach Feierabend wurde Fuchs von Stappert lautstark zur Rede gestellt, warum die Teaminterna bereits in der Presse breitgetreten wurden. Neben der Form der Auseinandersetzung sorgte auch der von Stappert gewählte Zeitpunkt für verbreitetes Kopfschütteln: Er schreckte Fuchs unmittelbar vor Trainingsbeginn aus der Konzentration. Wahrscheinlich, weil der Nachmittag für den Mittagsschlaf auf einer Biertischbank mitten im Fahrerlager reserviert war.

Trainingssturz übers Vorderrad: Peter Öttl

wohl die Honda RS 125 keinen Deut schneller liefen als im Vorjahr.

Aprilia hatte dagegen auch in der kleinsten Klasse einen gewaltigen Sprung nach vorn gemacht, worüber die Trainingsbestzeit des trickreichen Haruchika Aoki nicht hinwegtäuschen konnte. Obwohl beide Aprilia Deutschland-Piloten im Abschlußtraining wegen ihrer ungewohnten Michelin-Reifen übers Vorderrad stürzten, erkämpften Peter Öttl und Manfred Geissler die Trainingsränge zwei und zehn, Ditter Plastic-Star Masaki Tokudome erbeutete Startplatz drei und strahlte: »Mein Motorrad läuft wie eine Rakete«.

125 ccm: Öttls zweiter Podestplatz

Nur über die richtige Reifenwahl zerbrach er sich noch den Kopf. »Eine härtere Gummimischung hält zwar über die ganze Renndistanz, hat aber zuwenig Grip. Der nächstweichere Reifen klebt wie Kaugummi, fängt aber nach 13, 14 Runden an, wegzuschmieren«, wog er die Alternativen gegeneinander ab.

Weil das Rennen am späten Vormittag gestartet wurde, wo der Asphalt noch nicht ganz so glühendheiß war wie im Abschlußtraining des frühen Nachmittags, entschied sich Tokudome für die weichere Mischung - und landete einen Volltreffer. Vom Start weg ging er in Führung, verteidigte sich gegen seinen deutschen Markengefährten Peter Öttl und gegen Weltmeister Haruchika Aoki bis zur neunten Runde.

Dann ließ er sich für drei Runden hinter Aoki zurückfallen, um seine Linien von hinten zu studieren, übernahm jedoch ab Runde 12 wieder das Kommando. Aoki hing wie eine Klette in Tokudomes Windschatten, doch der Ditter Plastic-Star hielt das Geschehen fehlerfrei unter Kontrolle. Bis zur vorletzten Runde: »Beim Anbremsen der Schikane hatte ich plötzlich einen langen Vorderradrutscher und wäre um Haaresbreite gestürzt. Zum Glück gelang es mir, im Sattel zu bleiben und meine Führung zu verteidigen, doch ab diesem Moment war mir klar, daß Aoki für ein Überholmanöver kurz vor Schluß alles in die Waagschale werfen würde«.

HB-Teamchef Dieter Stappert: Das Training läuft

Tatsächlich gelang es dem Weltmeister in der letzten Runde, sich an Tokudome vorbeizuschieben. »Ich hatte mir fest vorgenommen, die volle Konzentration zu bewahren und mich in jeder Kurve breit zu machen wie ein Kleiderschrank. Doch wegen der Hitze rann mir der Schweiß in Strömen über das Gesicht und direkt ins rechte Auge. Es brannte so sehr, daß ich es zukneifen mußte und nur noch aus dem linken Auge herausblinzeln konnte. Dadurch hat mich Aoki erwischt«.

Doch in der letzten Kurve riß Tokudome das Ruder nochmals herum und bescherte sich selbst und Teambesitzer Rolf-Peter Ditter ein fröhliches Happy-End. Der hatte auf den völlig verstopften Zufahrtsstraßen drei Stunden im Stau gesteckt und den Schutz des klimatisierten Mietwagens zu Rennbeginn schließlich aufgegeben. Unter sengender Sonne rannte er Richtung Strecke, wurde per Handy über das Renngeschehen auf dem Laufen gehalten und traf gerade noch rechtzeitig im Fahrerlager ein, um das packende Finale live mitzuerleben. »Aoki hatte einen mächtigen Slide. Ich konnte mir die Chance natürlich nicht entgehen lassen, huschte vorbei und gewann um eine Zehntelsekunde«, strahlte Tokudome über seinen zweiten Grand Prix-Sieg nach dem Triumph in Brasilien 1995. »Doch ohne meinen schnellen Motor wäre mir dieses Manöver nicht geglückt - mein besonderer Dank gilt deshalb Cheftechniker Lucas Schmidt und dem ganzen Team, das großartige Arbeit geleistet hat.«

Peter Öttl hatte ebenfalls auf eine Schlußattacke hingearbeitet, verpaßte den möglichen Sieg aber wegen nachlassender Motorleistung und mußte sich wie schon in Malaysia mit dem dritten Platz zufriedengeben. Zunächst Zweiter hinter Tokudome, ließ sich der Aprilia Deutschland-Star hinter Aoki und Stefano Perugini zurückfallen, um die Sachlage in sicherem Windschatten studieren zu können. »Perugini war mir dann zu langsam, so daß ich wieder vorbeiging und Platz drei übernahm. Leider lief mein Motorrad

Volltreffer bei der Reifenwahl: Masaki Tokudome hatte seine 125 ccm-Rivalen sicher unter Kontrolle

zum Ende hin nicht mehr so gut, vielleicht war die Hitze schuld. Am Schluß hatte ich jedenfalls keine Chance mehr, die Lücke zu schließen«, berichtete Öttl. »Ich bin auch nicht ganz so locker gefahren wie auf meinen schnellsten Trainingsrunden. Ich habe immer noch mit der Umstellung von Bridgestone auf Michelin zu tun«.

So wie sein Teamkollege Tex Geissler, für den die ungewohnten Reifen im Rennen die nächste mißliche Überraschung parathielten. »Ich lag komfortabel vor Perugini an vierter Stelle, wollte eigentlich nur in meinem Rhythmus zu Ende fahren und hätte ihn sogar vorbeigelassen, wenn er plötzlich energisch Druck gemacht hätte. Trotzdem ist mir beim Rausbeschleunigen zwei Runden vor Schluß urplötzlich das Hinterrad weggerutscht. An einer Stelle, wo es normalerweise gut kontrollierbar ist, ging es schlagartig weg«, wunderte sich der Aprilia Deutschland-Nachwuchsmann. Malaysia-Sieger Perugini, der sich schon zu Beginn des Rennens einen Ausritt geleistet hatte, kam durch den Zwischenfall zum zweiten Mal aus dem Rhythmus und fiel auf Rang acht zurück.

Dirk Raudies war der lachende Dritte und sahnte den vierten Platz ab. »Ich bin froh, daß ich diesmal wenigstens das Ziel erreichte«, meinte Raudies. »Doch der Karren lief immer noch nicht richtig. Die Aprilias zogen mir gnadenlos davon«.

Nur die von Kazuto Sakata nicht: Mittlerweile hatten die Ärzte vier Brüche in seinem Fuß entdeckt. Der tapfere Japaner fuhr im Rollstuhl durchs Fahrerlager, ließ sich das Fahren aber trotzdem nicht nehmen und rettete zwei Punkte.

Während Rubatto-Schützling Tomomi Manako trotz ungelöster Probleme mit dem hinteren Federbein Rang sieben erkämpfte, fehlte von den Yamaha-Fahrern jede Spur. Sowohl die Yamaha-Kurz-Piloten Yoshiaki Katoh und der 16jährige Spanier José Ramon Ramirez, als Ersatz für den verletzten Youichi Ui eingeflogen, als auch der Italiener Gabriele Debbia wurden wegen Kolbenklemmern aus dem Rennen radiert.

250 ccm: Waldis Karrussellfahrt

Dafür glühte Tetsuya Harada mit der 250 ccm-Yamaha vom Start weg voraus und hatte zunächst den mutigen Franzosen Olivier Jacque im Schlepptau.

Max Biaggi war auf der Hut und ließ seinen Erzrivalen nicht entwischen. Binnen zwei Runden hatte er zu der Werks-Yamaha aufgeschlossen, dann setzten sich die beiden gemeinsam ab, und in Runde sieben gelang es dem Weltmeister erstmals, sich an der Werks-Yamaha vorbeizuquetschen.

Doch der unerhört kämpferisch aufgelegte Harada ließ sich nicht ins Bockshorn jagen, war in der nächsten Kurve wieder vorn und wußte auch danach auf jede Attacke eine Antwort. Manchmal, wenn Biaggi es schaffte, vor dem Japaner in eine Kurve einzubiegen, war der feuerrote Renner schon zu Kurvenmitte wieder vorn. Am Schluß hatte Harada seinen Widersacher zermürbt, feierte den ersten Saisonsieg mit 1,8 Sekunden Vorsprung und zog genau im richtigen Moment vor dem Japan-Grand Prix an der Tabellen-

Kazuto Sakata (vor Frederic Protat): Sieg über den Schmerz

spitze gleich mit Biaggi. »Meine Taktik hieß: Volle Kraft voraus«, schmunzelte Harada und lobte seine neue Maschine und die Michelin-Reifen über den grünen Klee.

Der geschlagene Biaggi wirkte hingegen nachdenklich. »Ich habe mein Bestes gegeben, doch mein Hinterreifen rutschte in den letzten Runden immer unkontrollierbarer. Haradas Reifen halten länger, und sein Motorrad wird Tag für Tag besser. Ich denke, vor uns liegt eine Menge Arbeit«.

Der Rückstand der offiziellen Werks-Honda war für Ralf Waldmann an diesem Tage zweitrangig - denn er hatte als Dritter zwar das Rennen und zwölf Sekunden verloren, aber einen entscheidenden Kampf gegen sich selbst gewonnen. Zehn Tage nach seinem Test-Sturz in Malaysia drehte er schon wieder am Gas wie zu den besten Zeiten, und das, obwohl er wegen seiner Gehirnerschütterung beim Losfahren einen Schwindelanfall hatte und obwohl das operierte linke Schlüsselbein in den engen Schikanen immer noch Schmerzen verursachte. »Dieser dritte Platz ist wie ein Sieg«, jubelte Waldi begeistert. »Wegen der Beschleunigung drehte sich am Start plötzlich die Welt vor meinen Augen, erst, als ich kurz vom Gas ging, wurde es wieder besser. Dank Sepp Schlögl war meine Honda wieder mal die schnellste von allen. Es fiel mir leicht, die anderen Honda-Werksfahrer zu überholen. Jetzt muß ich vor dem Japan-Grand Prix hart an mir arbeiten. Denn wenn ich fit bin, geht es bestimmt noch eine halbe Sekunde schneller pro Runde«.

Darauf hoffte auch Jürgen Fuchs, der sich im Training mit einem eingeklemmten Rückennerv abplagte. »Am Anfang fand ich meinen Rhythmus nicht und verbremste mich dreimal in den ersten drei Runden. Doch dann holte ich wieder auf - und schlug Ukawa am Ende um drei Tausendstelsekunden«, schilderte er nach Platz sechs erleichtert.

500 ccm: Barros Tabellenführer

Auch Luca Cadalora klagte über seinen eingeklemmten Nerv und fuhr im Halbliter-Rennen einem einsamen sechsten Platz entgegen. »Heute morgen ging es mir besser, worauf ich auf eine Spritze verzichtete. Ein klarer Fehler: Die Schmerzen kamen zurück und machten mich so schwach, daß ich nichts ausrichten konnte«, bekannte er - und verschwieg, daß die Showa-Leute und sein Kanemoto-Team bei diesem Rennen vergeblich nach einem tauglichen Set-Up für die Vorderradgabel gesucht hatten.

Dafür trumpften andere stark auf. Michael Doohan hatte zwar mit einer auf ein mechanisches und hydraulisches Innenleben von Öhlins umgebauten Gabel seine Trainingsbestzeit erbeutet, griff fürs Rennen aber auf die Showa-Standardgabel zurück und bewies mit seinem ersten Saisonsieg, daß man auch damit schnell fahren konnte. »Die Maschine benahm sich beim Bremsen besser, auch sonst fühlte ich mich mit der bewährten Gabel komfortabler«, berichtete der Weltmeister. »Mein Plan war, nach einem guten Start auf- und davonzubrausen. Weil das nicht geklappt hat, beschloß ich, mich für den größten Teil des Rennens dem Tempo meiner Verfolger anzupassen und erst am Schluß nochmals zuzuschlagen. Und das hat wunderbar geklappt«.

Statt Cadalora fuhr diesmal Alexandre Barros als zweiter Schatten hinter ihm her. Der Brasilianer holte nicht nur abermals den erstaunlichen zweiten Platz, sondern riß auch die WM-Führung der Halbliterklasse an sich, einen Überaschungserfolg, den er ohne besonderen Freudentaumel quittierte. »Natürlich bin ich zufrieden, doch erstens hat die Weltmeisterschaft gerade erst begonnen. Und zweitens liegt mir nichts ferner, als mich mit zweiten Plätzen zufriedenzugeben. Mein Ziel ist, der Beste zu weden, und gerade hier hätte ich gerne gewonnen«, meinte der Brasilianer, der als einziger Südamerikaner von Weltrang von seinem Landesimporteur nicht nur mit Maschinen und Ersatzteilen, sondern darüber hinaus mit satten 1,5 Millionen Dollar unterstützt wurde. »Ich versuchte, Doohan unter Druck zu setzen, doch ich glaube, mein Hinterreifen hat sich auf der Felge gedreht. Plötzlich ratterte es gewaltig im Fahrwerk, und ich hatte keine Chance mehr, an ihm dranzubleiben«.

Überglücklich war dagegen Loris Capirossi, der nach einem Blitzstart lange mit dem Honda-Duo an der Spitze mithielt. Erst in der Schlußphase fiel Wayne Raineys neuer Star wegen eines verbrauchten Vorderreifens zurück, verteidigte den zweiten Podestplatz seiner Halbliterkarriere aber trotz seiner Fer-

Glückliche Helden: 250 ccm-Sieger Harada (links), Halbliter-Tabellenführer Barros

Der traurige Held: Okadas Motor klemmte

senverletzung energisch gegen die von hinten anrückenden Spanier Alex Crivillé und Carlos Checa. »Ins Ziel zu kommen, war nach dem Sturz am letzten Wochenende am Wichtigsten«, strahlte der Italiener, der seine Markengefährten Jean-Michel Bayle und Norifumi Abe nach Kräften abduschte.

Bayle verschaltete sich gleich in der Schikane der ersten Runde, fiel zurück und wurde am Ende hinter Scott Russell Achter. Abe hatte Mühe, den um seine Form kämpfenden Alberto Puig zu besiegen und lief als Neunter ein. Teamchef Kenny Roberts hatte ihm schon vorher in aller Offenheit einen Mangel and Körpertraining und Professionalismus unterstellt - wer nach zwei, drei Runden in der Hitze an die Box zurückkomme und über Erschöpfungszustände stöhne, sei, so King Kenny, in einem hochdekorierten GP-Team eigentlich deplaziert.

Daß die Zweizylinder-Fans vergeblich auf einen großen Auftritt warteten, hatte technische Gründe. Trotz der langen Geraden hatte Tadayuki Okada den imponierenden dritten Trainingsplatz erbeutet und lag nach drei Runden schon wieder aufdringlich an dritter Stelle. Doch dann wurde der Motor in der Windschattenschlacht zu heiß und ging brachial fest. Shinichi Itoh hatte sich bei seinem Malaysia-Sturz die rechte Hand verletzt, konnte Gas und Bremse nicht koordinieren und landete abgeschlagen auf Rang 13. Aprilia-Star Doriano Romboni erwischte einen katastrophalen Start, wurde von den Vierzylindern nach Strich und Faden aufgeschnupft, ruinierte bei der Aufholjagd seine Reifen und wurde Elfter.

Ganz aufgerieben wurde das elf 500-Team: Borja scheiterte an einer steckengebliebenen Auslaßsteuerung, Bosshard wegen Getriebeschadens.

Von Startplatz elf zur Unsterblichkeit:
Sieger Norifumi Abe

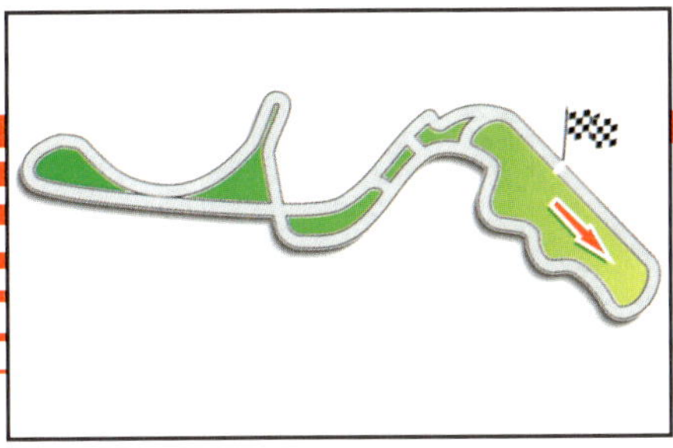

21. April 1996: Grand Prix Japan in Suzuka

Abe bitte mit Fahne

Beim Suzuka-GP 1994 fuhr Norifumi Abe trotz Sturz in die Weltelite. Beim Suzuka-GP 1996 fuhr er mit einem Sieg in die Unsterblichkeit.

Längst vorbei waren die Zeiten, in denen die japanischen Firmen nur als Zulieferer für die millionenschweren Superstars aus Europa und Amerika auftraten und japanische Wild Card-Piloten als demütige Außenseiter der großen Show geduldet wurden.

Denn nach dem technischen hatte Japans Motorradbranche auch einen sportlichen Boom erlebt, und mittlerweile strömten die Zuschauer nicht mehr an die Strecke, um ausländische Langnasen zu bewundern, sondern um ihr eigenen Helden siegen zu sehen.

Am ehrgeizigsten stritten sich die Japaner in der 125 ccm-Klasse. Nicht weniger als fünf Lokalmatadoren, Nobby Ueda vor Haruchika Aoki, Masaki Tokudome, Kazuto Sakata und Akira Saito, setzten sich im Training an die Spitze des Feldes und schirmten Jorge Martínez als besten Europäer ab. Daß die Helden des schwäbischen Yamaha-Kurz-Teams, Yoshiaki Katoh und der nach seiner Verletzungspause mit genageltem kleinem Finger auftretende Youichi Ui unter ferner liefen auftraten, hatte nichts mit mangelndem Fahrtalent zu tun: Noch immer plagten sich die Techniker Heinz Röhrich und Harald Bartol mit ständig festgehenden Motoren ab und steckten in einer technischen Krise, die auch der erstmals zu einem Live-Auftritt seines Teams angereiste Hermann Kurz nicht kurzfristig aus der Welt schaffen konnte.

Bei den 250ern sicherte sich Tetsuya Harada die Pole Position und hielt Weltmeister Max Biaggi um den Hauch von neun Tausendstelsekunden auf Distanz. »Wir müssen die Federung verbessern und das Motorrad für solche Rundenzeiten bequemer hinkriegen«, meinte er. »An Wegfahren ist nicht zu denken, ich rechne vielmehr mit einem engen, harten Kampf. Denn neben Biaggi und Olivier Jacque werden auch meine Landsleute Numata, Kato und Nanba zur Stelle sein«.

Und dieser Hinweis war mehr als japanische Höflichkeit. Der 30jährige Noriyasu Numata, Vater eines Sohnes und einer Tochter sowie japanischer 250 ccm-

Suzuka 1996: Im Land des Lächelns

Meister auf Suzuki, zeigte beim einzigen internationalen Auftritt der RGV 250 des Jahres auf beeindruckende Weise, wie konkurrenzfähig das auch nach dem GP-Rückzug stetig weiterentwickelte Motorrad war. Zweiter im nassen Freitagstraining, hielt er sich auch im trockenen Abschlußtraining als Dritter in der ersten Startreihe und tat sein Bestes, um das Werk von einem Grand Prix-Comeback in dieser Klasse zu überzeugen. »Meine erste Pflicht ist es, den Titel in der All-Japan Championship zu verteidigen, doch gleichzeitig hoffe ich auf einen GP-Start in der nächsten Saison. Deshalb will ich zeigen, was in mir steckt«, deklamierte Numata.

Eine Fahrergeneration jünger war der 19jährige Daijiro Kato, der 1993 sein erstes Rennen bestritten hatte, schon 1994 Werksunterstützung erhielt und mit Tohru Ukawas GP-Einstieg als einziger offizieller HRC-Pilot in der japanischen 250 ccm-Meisterschaft übrigblieb. Ohne Scheu vor großen Namen qualifizierte er sich bei seinem GP-Debüt als Fünfter und stellte fest, die fahrerischen Qualitäten der WM-Stars seien auch nicht besser als die der Kollegen in der japanischen Meisterschaft.

Ritt auf dem Wildpferd: Katsuaki Fujiwara erreichte die erste Startreihe

Hinter ihm reichte Yamaha-Werksfahrer Kyoji Nanba Platz sechs, mußte dabei aber mit einem besonderen Handicap fertigwerden: Während Nanba in der japanischen Meisterschaft auf Dunlop-Reifen fuhr, ließ er für dieses Rennen Michelins aufziehen, um Tetsuya Harada bei der Abstimmung helfen zu können.

In der Halbliterklasse meldete sich Katsuaki Fujiwara zurück. Nachdem er als Beattie-Ersatz in Malaysia gerade acht Runden bis zu seinem Sturz zurückgelegt hatte, stellte er die Suzuki RGV 500 bei seinem Wild Card-Einsatz in Suzuka mit mehr Fortune als Vierter in die erste Startreihe. »Ich bin immer noch dabei, mich an die Power im Vergleich zum Superbike zu gewöhnen. Es ist wie der Ritt auf einem Wildpferd«, schmunzelte der stets gutgelaunte 21jährige, der 1995 mit Kawasaki japanischer Superbike-Vize geworden war und dann für rund 300000 Dollar Jahresgage die Seiten wechselte.

Ein Platz hinter ihm qualifizierte sich Honda-As Takuma Aoki, der sich schon 1995 mit Rang drei beim Suzuka-Grand Prix ins Rampenlicht geschoben hatte, von Honda aber aus markt- und sportpolitischen Gründen vorläufig noch eisern in der japanischen Superbikemeisterschaft festgehalten wurde. Der mittlere der berühmten drei Aoki-Brüder kam mit nur zwei Stunden Vorbereitungstraining auf seiner Vorjahres-NSR 500 in Suzuka an und rutschte im nassen Freitagstraining auch noch aus, brannte aber trotzdem vor Ehrgeiz, seinen Vorjahreserfolg zu wiederholen.

Auch Tadayuki Okada auf der Zweizylinder-Honda war zuversichtlich, seinen achten Trainingsplatz im Rennen verbessern zu können, nur auf den elftplazierten Norifumi Abe hätte keiner einen Pfifferling gewettet.

Denn seit seinem grandiosen Auftritt 1994, als er als 18jähriger Grünschnabel beinahe Kevin Schwantz und Michael Doohan geschlagen hätte und trotz eines epischen Sturzes binnen jener Dreiviertelstunde zum Weltstar aufstieg, war beinahe alles schiefgelaufen.

Abe kam als Ersatz für den verletzten Daryl Beattie ins Marlboro Team Roberts, stürzte gleich im Training zu seinem allerersten Einsatz in Donington und verletzte sich, weil er dem Druck der Öffentlichkeit und den Scharen gieriger Fotografen und Kameraleute im fremden Europa nicht gewachsen war.

1995 wurde es nicht viel besser, denn wo schon der erfahrene Luca Cadalora an der Kombination aus Dunlop-Reifen und der technisch hinterherhinkenden Yamaha verzweifelte, kam der Grand Prix-Neuling erst recht auf keinen grünen Zweig.

Vor der Saison 1996 sattelte das Team dann auf Michelins um. Yamaha baute neue, kräftigere Motoren, und das Team begann an der Umstellung von Abes verwegenem Fahrstil zu arbeiten. »Abe fährt mit mehr Schräglage als jeder andere, doch es ist klar, daß er nicht mehr Grip aus den Reifen herausholen kann als Leute wie Michael Doohan, für die sie konzipiert sind«, erklärte Cheftechniker Mike Sinclair. »Damit die Verkleidung nicht ständig aufsetzte, mußten wir die Federung immer sehr hoch einstellen, was das Fahrverhalten des ganzen Motorrads durcheinanderbrachte. Es wackelte, Abe konnte nur spät beschleunigen, ruinierte seine Reifen trotzdem frühzeitig und war vor lauter Arbeit binnen weniger Runden außer Puste. Jetzt versuchen wir ihm zehn Prozent weniger Schräglage anzuerziehen, damit wir das Motorrad vernünftig einstellen können«.

Doch das war nicht so einfach. Schon das Beispiel Luca Cadaloras hatte gezeigt, daß ein Teamchef einem Fahrer schlecht den eigenen Fahrstil aufzwingen konnte. Und so, wie sich das Verhältnis zwischen King Kenny und dem Italiener allmählich auf den Gefrierpunkt abkühlte, wurde auch die Stimmung zwischen Roberts und Abe immer frostiger.

Als der Japaner in den ersten Rennen der neuen Saison immer noch hinterherfuhr, zündete Roberts seine Kritik und warf Abe mangelnden Einsatz vor. »Er dachte wohl, mit dem Wechsel von Dunlop zu Michelin seien alle Probleme von selbst aus der Welt«, zürnte Kenny.

Abe blies der Wind ins Gesicht, und nach seinem Sturz im Freitagstraining von Suzuka und seinem elften Platz im Abschlußtraining im Schatten des drittplazierten Jean-Michel Bayle und des sechstplazierten Loris Capirossi war er wahrlich nicht zu beneiden.

500 ccm: Rache an Kenny

Doch dann kam einer jener seltenen, ergreifenden Momente der Sportgeschichte, in denen nicht zwei mangelnde PS oder anderthalb Sekunden Trainingsrückstand, sondern in denen das Herz und die Motivation entscheidet; jener magische Funken an Willenskraft, der in vermeintlich aussichtslosen Situationen Flügel wachsen läßt.

In der Nacht vor dem Rennen nudelte Abe die Aufzeichnung vom Suzuka-Grand Prix 1994 durch den Videorecorder, so, wie er es hundertmal getan hatte in den vergangenen beiden Jahren. »Am Ende stürzte ich auf bestialische Weise am Ende der Zielgeraden, aber letztlich war es doch das einzige Rennen, bei dem ich es wirklich schaffte, um den Sieg mitzukämpfen.«.

Im Vorjahr hatte ihm der Dauerregen in Suzuka einen Strich durch die Rechnung gemacht, doch als er nun bei seinem dritten Japan-Grand Prix am Sonntagmorgen bei strahlendem Sonnenschein unter Kirschblüten zur Strecke schlenderte, schwor er sich, ins Rampenlicht zurückzufahren und sich wieder als jener furchtlose, mitreißende Kämpfer zu zeigen, als den ihn die Zuschauer von 1994 in Erinnerung hatten. »Das erste, woran ich am Morgen dachte, war an einen Platz auf dem Podest. Ein Sieg war jenseits des Erreichbaren, außerhalb meiner Vorstellungswelt. Doch einen Podestplatz wollte ich um jeden Preis. Deshalb entschied ich mich für ein Rennen auf Leben und Tod. Als Vierter oder Fünfter durchs Ziel zu fahren, stand nicht zur Debatte. Lieber wäre ich hier gestürzt«.

Und deshalb legte er los, als sei der Teufel hinter ihm her. Nach der ersten Runde noch Vierter, räumte er Alex Crivillé und Alexandre Barros zügig beiseite, schnupfte in Runde acht schließlich Weltmeister Michael Doohan auf und machte sich ab diesem Moment auf eine imponierende Alleinfahrt, bei der er bis zum Erreichen des Zielstrichs zu keiner Sekunde das Tempo drosselte.

Daß die Reifen ab der Hälfte des Rennens sichtlich nachließen und er immer wieder in vollem Drift mit eingeschlagenem Lenker durch die Kurven radierte, brachte nur die 51000 Zuschauer rund um die Strecke zum Kochen - Abe hingegen blieb ganz cool und zeigte, daß er die Lektionen beim Dirt Track-Wintertraining gut gelernt hatte. »Alles war unter Kontrolle. Ich fühlte mich das ganze Rennen über außerordentlich sicher. Es gab keinen Grund zur Beunruhigung«, meinte er unschuldig.

Nur in der Anfangsphase, so Abe, habe er gelegentlich über seine Verhältnisse fahren müssen. »Denn es war nicht einfach, an den bärenstarken Hondas vor-

Ein Rennen auf Leben und Tod: Norifumi Abe vor Alex Crivillé

beizukommen. Dafür wußte ich, daß ich in der schnellen Kurve vor der Schikane Vorteile hatte. Das war die Schlüsselstelle des Rennens: Mir war klar, daß mich keiner mehr erwischen würde, falls es mir gelingt, in diese Kurve als erster einzubiegen«.

Einmal in Führung, schaute sich Abe nicht mehr um, sondern fuhr das Rennen im Hurra-Stil zu Ende. »Ich wußte, daß ich immer mehr Meter zwischen mich und meine Verfolger brachte. Doch wenn ich mir die Situation bewußt gemacht hätte und langsamer gefahren wäre, hätte ich wahrscheinlich einen Nervenzusammenbruch erlitten. Ich war extrem aufgeregt und fühlte mich, als nähme ich Rache für alles, was mir in den letzten beiden Jahren widerfahren war«.

Diese Rache hörte auch auf dem Podest noch nicht auf, als er Kenny Roberts in Champagner badete und lächelnd vermerkte, das sei eine einzigartige Gelegenheit, »Kenny-san zu foltern«.

Die Last auf Abes Schultern war weg, die Emotionen hatten die Oberhand. Schon etliche Runden vor dem Zieleinlauf brachte das sonst so brave japanische Publikum ihrem Helden stehende Ovationen dar, und als er unter dem Jubel von 51000 Fans aufs Podest stieg und den Siegerpokal in die Hände nahm, wurde es noch einmal seltsam still auf den Tribünen.

Denn Norifumi Abe barg plötzlich seine schwarzen Augen hinter der Hand und fing hemmungslos an zu weinen, was selbst für den abgebrühten Kenny Roberts so ergreifend war, daß er »am liebsten mitgeheult« hätte. »Es war ein heißer Ritt! Er fuhr die richtigen Linien und legte in den Kurven nicht zu weit um«, anerkannte Kenny. »Das wird seinem Selbstvertrauen den richtigen Schub nach vorn geben. Er ist noch kein Michael Doohan, aber er lernt hinzu«.

Der Weltmeister selbst war an ungewohnter siebter Stelle qualifiziert und zeigte lästigen Hinterherfahrern im Abschlußtraining den Mittelfinger. Als er im Rennen an der Spitze auftauchte, schien Doohan wieder seine Normalform erreicht zu haben, doch kurz nach Abes Überholmanöver verließ ihn abermals der Tatendrang. Diesmal hatte der Rückfall an die sechste Stelle technische Gründe: Doohan rettete sich mit einem schleichenden Plattfuß am Vorderrad und der Hälfte des üblichen Luftdrucks über die Runden. »Ich war hinter Alex Barros auf der Gegengeraden, als er beim Ausscheren hinter einem Gegner von der Strecke geriet und eine Menge Dreck aufwirbelte. Wahrscheinlich habe ich bei dieser Aktion irgendetwas mit dem Vorderrad aufgegabelt«, vermutete Doohan.

Sieger Norifumi Abe: Teamchef Roberts hätte am liebsten mitgeweint

Barros verabschiedete sich wenig später mit einem Sturz aus dem Rennen und der WM-Führung, und Luca Cadalora fuhr wegen des ständigen Untersteuerns seiner weißen Kanemoto-Honda demonstrativ zur Box. »Ich mußte so radikal vorgehen. Wenn ich um ein paar Punkte weitergekämpft hätte, wäre niemand angerannt gekommen. Doch so stand meine Box voll von Japanern, die wissen wollten, welche Probleme ich hatte«, erläuterte Cadalora.

Der neuntplazierte Alberto Puig klagte über einen schlechten Start, der zehntplazierte Fortuna-Honda Pons-Teamkollege Carlos Checa beschwerte sich über Federungsprobleme, und weil Wild Card-Star Takuma Aoki stürzte, holte von der ehedem überwältigenden Honda V 4-Armada am Schluß nur Alex Crivillé die Kohlen aus dem Feuer. »Ich hatte keine Chance, an Abe dranzubleiben, doch ich bin trotzdem happy«, strahlte der zweitplazierte Spanier, der immer noch von heftigen Schmerzen im nach dem Malaysia-Crash verletzten linken Ringfinger geplagt wurde. Die Honda und Repsol-Manager strahlten erleichtert mit, nachdem sie sich tags zuvor auf einen neuen Zwei-Jahres-Sponsorvertrag geeinigt hatten.

Diesmal machte ihnen endlich auch Tadayuki Okada die Freude, nach schnellen Trainingsrunden heil ins Ziel zu kommen. Der Honda V 2-Pilot hielt sich lange an sechster und fünfter Stelle auf, marschierte im Triumphzug am erlahmenden Doohan vorbei und wurde großartiger Vierter.

Damit stahl er seinem Zweizylinder-Rivalen Doriano Romboni die Show, der vom erstaunlichen zweiten Startplatz ins Rennen gegangen war. »Das kühle Wetter ist für uns besser als die Äquatorhitze. Der Motor setzt weniger hart ein und hat mehr Power, außerdem haben unsere Dunlop-Reifen mehr Grip«, erklärte Doriano Romboni seinen Prestigeerfolg und erreichte im Rennen immerhin Rang sieben.

Während elf-Pilot Adrian Bosshard stürzte und sein Teamkollege Juan Borja 18. und letzter wurde, schob sich ein anderer Außenseiter frech in den Vordergrund. Vier stolze Runden lang glühte Katsuaki Fujiwara überlegen voraus. Dann fing die Zündung an, verrückt zu spielen, worauf Fujiwara wieder vom Feld verschluckt wurde und nach vielen Aussetzern und der Hälfte des Rennens das Handtuch warf.

Glückwunsch von Weltmeister Doohan: Scott Russell erkämpfte Platz drei

Umgekehrt machte es Daryl Beattie. Bei Trainingsplatz 17 hatte der kahlköpfig zum Comeback erschienene Australier noch Mühe, in Schwung zu kommen, arbeitete sich im Verlauf des Rennens aber immer zielstrebiger nach vorn, lederte am Schluß seinen Landsmann Doohan ab und wurde Fünfter. Noch fröhlicher schrie Teamkollege Scott Russell auf der Auslaufrunde unter seinem Helm hervor: Nach der ersten Runde noch Siebter, buchte der frühere Superbike-Weltmeister trotz Mangel an Topspeed, aber dank viel Punch beim Beschleunigen als Dritter den ersten GP-Podestplatz seiner Karriere.

250 ccm: Haradas tiefer Fall

Noch besser lief es für Suzuki in der 250 ccm-Klasse. Wie ein geölter Blitz zuckte der japanische Meister am Start davon, führte drei Runden lang und mußte dann nur noch den überlegen auftrumpfenden Max Biaggi davonziehen lassen. Den Rest des Feldes hatte er souverän unter Kontrolle, war vor lauter Ehrgeiz mit Platz zwei aber immer noch nicht zufrieden. »Ich wollte Biaggi unbedingt schlagen, aber meine Reifen rutschten wild durch die Gegend«, klagte er, bevor er seinen Erfolg dann doch genoß und mit Biaggi auf dem Podest um die Wette strahlte.

Der erste Aprilia 250-Sieg in Suzuka kam einem Vernichtungsschlag gleich, denn Erzrivale Tetsuya Harada stolperte mit zerzauster Kombi ohne einen Punkt von der Strecke. »Mein Fehler«, gab Harada zu, als er unmittelbar nach der schnellsten Rundenzeit an dritter Stelle liegend einen Highsider produziert hatte. »In einer schnellen Bergauf-Linkskurve brach das Hinterrad aus. Es passierte zu schnell für jede Reaktion«.

Trotz des hohen Tempos und des an dieser Stelle knapp bemessenen Sturzraums kam der Vizeweltmeister mit dem Bruch eines linken Mittelhandknochens davon, was Teamchef Wayne Rainey aufatmen ließ. »Ich bin vor allem froh, daß Tetsuya okay ist. Bei einem Heim-Grand Prix ruht eine Menge Druck auf den Fahrern. Aber wir können unser Ziel immer noch erreichen«, gab er Durchhalteparolen aus. Doch es war klar, daß diese Niederlage angesichts von Biaggis Überlegenheit bereits eine Vorentscheidung für die Weltmeisterschaft bedeutete.

Auch Ralf Waldmann mußte sich damit abfinden, daß sein WM-Rivale Biaggi in der Tabelle immer deutlicher davonzog. Im sintflutartigen Regen des Vorjahres strahlender Sieger, kam er nach einem neunten Platz im Training auch im Rennen nicht über Rang acht hinaus. »So schlimm verwachst habe ich noch nie. Es ist das erste Mal, daß ich bei der Reifenwahl so richtig danebengegrif-

Ralf Waldmann (3) gegen Noriyasu Numata (52): Rutscher wie noch nie

fen habe«, stellte Waldi nach Rennende fest. »Den Start habe ich voll versiebt, bin dann aber wieder herangekommen und dachte, ich könne mich in der Spitzengruppe halten. Doch ab Runde zehn bin ich so brutal gerutscht wie noch nie«.

Teamkollege Jürgen Fuchs, der denselben Reifen verwendete, kam noch drei Plätze hinter Waldi ins Ziel und mußte mitansehen, wie der zweite Werksfahrer-Neuling Olivier Jacque hinter dem 19jährigen Wild Card-Fahrer und Honda-Star Daijiro Kato Platz vier abräumte.

Dabei verpaßte der erstaunliche Franzose das GP-Podest nur wegen eines kleinen Fehlers in der letzten Runde. »Ich stand in der S-Kurve quer und verlor die entscheidenden Meter auf Kato«, schilderte Jacque. »Doch es war ein harter Kampf gegen die Japaner. Zwischendurch zerbrach ich meine Windschutzscheibe, außerdem trug ich eine schwarze Reifenspur von Kato oder Ukawa auf meiner Kombi davon«.

Ähnlich hart war der Kampf in der 125 ccm-Klasse, und obwohl Masaki Tokudome in der letzten Runde auf Rang vier zurückfiel und nur durch eine Fügung des Schicksals wieder nach vorne kam, hatte er den zweiten Saisonsieg und Platz eins in der WM-Tabelle voll verdient.

125 ccm: Tokudomes tolle letzte Runde

15 von 18 Runden lang hatte er den Ton angegeben und die Angriffe seiner zumeist japanischen Herausforderer immer wieder erfolgreich pariert. Dann zwängten sich Aoki, Saito, Perugini und Ueda vorbei, und jetzt ging es derart drunter und drüber, dass es selbst den Eurosportkommentatoren die Sprache

verschlug und Teambesitzer Rolf-Peter Ditter am Monitor »schier einen Herzinfarkt« erlitten hätte.

Erst ließ sich Perugini in einer langgezogenen Kurve so brutal nach außen treiben, daß Saito ins Gras mußte und zu Boden ging. Später war der sonst so beherrschte Saito nur mit Mühe davon abzubringen, in die Box des Italieners einzudringen und ihm die verdienten Prügel zu verpassen.

Freilich hatte sich Perugini in der berüchtigten Schikane vor dem Erreichen des Zielstrichs bereits selbst bestraft: Ohne Feindeinwirkung brach beim Anbremsen das Hinterrad seiner Aprilia aus, Perugini kugelte sich im Kiesbett und erreichte mit letzter Kraft als 13. das Ziel.

Wenige Meter vor ihm kamen sich bei derselben Gelegenheit Aoki und Ueda in die Quere. Aoki verbremste sich und schoß um ein paar Meter übers Ziel hinaus, Ueda, der ihn eigentlich hatte außen angreifen wollen, hatte plötzlich keinen Platz mehr und verpasste die enge Rechtskurve ebenfalls.

Lachender Dritter war Masaki Tokudome. »Ich erwischte Perugini auf der Gegengeraden, hatte mich danach aber schon mit Platz drei abgefunden und konzentrierte mich nur noch auf eine möglichst enge Linie vor der Schikane, um einen eventuellen Konter abzuwehren. Das war mein Glück, denn plötzlich waren Aoki und Ueda links aus meinem Gesichtsfeld verschwunden. Ich huschte innen vorbei und hatte freie Bahn«, strahlte Tokudome. »Es ist unglaublich, daß Aoki einen solchen Fehler machte. Ich bin natürlich überglücklich und kann es nicht fassen, hier in Japan vor meinen eigenen Fans gewonnen zu haben«.

Aoki nahm seine Niederlage gewohnt trocken zur Kenntnis: Er entschuldigte sich, er habe geradeaus geschaut und keine Zeit zum Bremsen gehabt.

Sieg im Herzschlagfinale: Masaki Tokudome war der lachende Dritte

Hinter dem furchtlosen Trio erreichte Tomomi Manako, Schützling von Mario Rubatto im deutschen United Grey-Team, einen tollen vierten Platz. Fünfter wurde Manfred Geissler und buchte den bislang schönsten Erfolg seiner GP-Karriere. »Am Start liess ich die Kupplung zu früh schnalzen und fiel zurück. Bei meiner Aufholjagd kam mir noch einmal ein Japaner in die Quere und drängte mich ab. In den letzten Runden war ich so konzentriert, dass ich überhaupt nicht mitbekam, dass ich schon Fünfter war«, erzählte Tex begeistert.

Mit diesem Erfolg war der Nachwuchsmann des deutschen Marlboro Aprilia-Teams auch bester Deutscher. Denn Peter Öttl, der Star im Team, fiel nach fünf Runden toller Führung wegen gebrochener Zündkerze aus; Dirk Raudies gab nach vier Runden an aussichtsloser Stelle auf und tuckerte zur Box. »Das Hauptproblem war der Fahrer«, berichtete der Exweltmeister mit schonungsloser Selbstkritik. »Ich bin das ganze Wochenende nicht mit dem Motorrad zurechtgekommen und kann nicht einmal sagen, ob es nun an mir liegt oder an dem Karren. Wenn es so saukalt ist, wird es für mich doppelt schwierig. Ich bin brutal enttäuscht, und es tut mir leid für meine Jungs, die Tag und Nacht pausenlos gewühlt und geackert haben. Daß ich ohne technischen Ausfall nicht in die Punkteränge gekommen bin, gab´s noch nie!«

Die schwarze Serie des Kurz-Yamaha-Teams hatte ebenfalls Seltenheitswert: Yoshiaki Katoh und Youichi Ui rollten schon wieder mit Kolbenklemmern aus.

Ganz nah dran: Alex Crivillé (4) scheiterte im Kampf gegen Mick Doohan (1) erst auf den letzten Metern

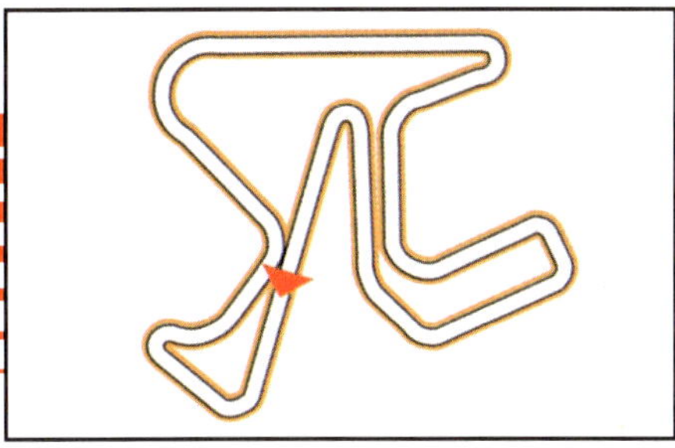

12. Mai 1996: Grand Prix Spanien in Jerez

Fatale Fiesta

Die spanischen Fans feierten eine fatale Fiesta: Im Halbliterlauf stürmten sie zu Alex Crivillé auf die Strecke - und verpatzten ihrem Helden den sicheren Sieg.

Flüchtig wie ein Komet, der für ein paar atemlose Augenblicke den Nachthimmel erhellt, blitzte Norifumi Abe in Japan durch die Weltelite, und ebenso wie der fallende Stern, der in der Atmosphäre verglüht, versank er beim ersten europäischen Grand Prix in Spanien wieder im Mittelmaß.

Als 14. mühte er sich durch die Qualifikation, fand weder das passende Set-Up noch die richtigen Reifen, und Teamchef Kenny Roberts grinste nur. »Abe ist Abe. Künftig werden wir ihn an den Trainingstagen in einen Käfig sperren und nur noch zum Rennen herauslassen...«

Sein Teamkollege Jean-Michel Bayle trumpfte am ersten Tag mit einem brillianten zweiten Platz auf, wobei er auf seiner schnellsten Runde einen mächtigen Slide nur noch auf dem rechten Knie abfangen konnte. Tags darauf verließ den Franzosen das Glück: Beim Versuch, an Michael Doohan dranzubleiben, stürzte er in der ersten Kurve nach der Zielgeraden, verletzte sich drei Finger der rechten Hand und rutschte auf Rang sieben ab.

Dafür schoben sich die Zweizylinder-Piloten in die erste Startreihe, die wie schon beim Saisonauftakt in Malaysia als heimliche Favoriten auf dieser winkligen Strecke gehandelt wurden. Doriano Romboni, mit seiner 400 ccm-Aprilia am Freitag sensationell Schnellster, erreichte im Abschlußtraining Rang vier und dürstete nach Besserem. »Das war frustrierend«, meinte er. »Die Pole Position ist nicht nur ein Prestigeerfolg, sondern zeigt auch, daß das Bike perfekt funktioniert und rennfertig ist. Mein Motorrad ist gut, würde ich sagen, aber nicht perfekt. Wenn ich schneller fahren will, wird die Vorderpartie zu leicht. Das heißt nicht unbedingt, daß ich überall auf dem Hinterrad herumfahre. Doch es bedeutet, daß ich in schnellen Kurven Stabilitätsprobleme bekomme. Und das kann fatale Folgen haben«.

Tadayuki Okada hatte sich kurz vor dem Abwinken Platz drei geschnappt und sorgte hinter Michael Doohan und Lokalmatador Alex Crivillé für eine beeindruckende Phalanx an Repsol-Hondas in der ersten Reihe. »Ich bin trotzdem nicht zufrieden«, grübelte der Japaner. »Uns fehlt Traktion auf der ganzen Linie. Eigentlich hoffte ich darauf, den Vierzylindern um die Ohren fahren zu können. Doch derzeit sieht es eher so aus, als seien die Vierzylinder sicherer, weil sie den mangelnden Grip in der Kurve durch ihre überlegene Beschleunigung ausgleichen können«.

Luca Cadalora blieb bei den Fachdiskussionen um die Zweizylinder seiner Ansicht treu, Okada müßte eigentlich vom Start weg uneinholbar auf- und davonflitzen. »Wenn er es nicht tut, macht er irgend etwas falsch«, insistierte Cadalora.

Es war ein lauer Donnerstagabend, Lucky Strike hatte soeben ein Spaß-Radrennen veranstaltet, das zwei DORNA-Kameraleute auf ihrem Tandem mit ein paar Kilometer Vorsprung vor dem besten Einzelfahrer Ralf Waldmann gewonnen hatten, und weil man endlich in Europa angelandet war und die Teams sich mit einem ganzen Dorf schmuckvoller Hospitalityzelte ausbreiten konnte, hing der Duft von Holzkohlengrills in der Luft. Bei Lucky Strike wurden die Radrenn-Sieger gefeiert, im Castrol-Zelt nebenan geriet Cadalora ins Plaudern und verteidigte seine Grundüberzeugungen. »John Kocinski ist der beste Fahrer der Superbike-WM«, meinte er über das frühere Enfant terrible der GP-Szene. »Und das bleibt er für mich auch, wenn er zufällig nicht Weltmeister wird. Und genauso ist es mit den Zweizylindern: Sie sind auf diesen Strecken überlegen, und wenn sie nicht gewinnen, dann läuft irgendetwas bei der Abstimmung falsch«.

So wie bei Luca Cadalora selbst, dem im Eigenurteil schnellsten Fahrer der Halbliterklasse. »Als ich die Honda NSR 500 erstmals probegefahren bin, war

Ein berühmter Sponsor für ein vielversprechendes Team: elf-Techniker Urs Wenger, Serge Rosset in Pepsi-Farben

mir auf Anhieb klar, wie sie gefahren werden wollte – kräftig und eng in die Ecken hineinbremsen, kurz und mit Gewalt umlegen, so schnell wie möglich leicht aufrichten und wie ein Blöder mit durchdrehendem Hinterrad auf die nächste Gerade hinausbeschleunigen. Das ist Doohans altmodischer Fahrstil par excellence, und nur der Himmel weiß, warum ihm sein Team dafür so viel Geld bezahlt«, ätzte Cadalora. »Ich versuche hingegen, mehr aus einem Motorrad herauszuholen und auch im Scheitelpunkt einer Kurve am Limit zu fahren. Dafür muß sich das Motorrad leicht einlenken lassen, sicher in der Spur bleiben und dir dabei ständig das Gefühl für den Grenzbereich vermitteln. Wenn mir das gelingt, bin ich schneller als jeder andere, weil alle nur versuchen, Doohans Fahrstil zu kopieren«.

Doch wo dies nicht gelang, fuhr er hinterher, wie zuletzt in Japan. »Ich habe den Showa-Leuten schon nach dem Malaysia-Grand Prix gesagt, daß mein Fahrwerk weit vom Optimum entfernt war. Wir haben den Technikern genau erklärt, was wir brauchen, doch wundersamerweise wurde mir nicht geholfen. Ich behaupte: Der Sieg in Malaysia hat gewissen Leuten nicht gepaßt, und unser Erfolg wurde bewußt verhindert«.

Weshalb Cadalora, der Rebell, der schon dem Marlboro-Yamaha-Team kühl den Rücken gedreht hatte, sich nun auch über die Markentreue zu den Honda-Zulieferern hinwegsetzte und mit einer Öhlins-Gabel Rang sechs im Abschlußtraining erreichte. »Jetzt ist das Motorrad um Welten besser« grinste er zuversichtlich. »Leider habe ich meine Boxensignale nicht richtig erkennen können. Sonst hätte ich womöglich sogar die Pole geschafft«.

Davon war Vorjahressieger Alberto Puig noch weiter entfernt, tröstete sich aber mit den eng beieinanderliegenden Zeiten. »Acht Zehntelsekunden auf Doohan, das ist keine Welt. Ich spüre, wie es körperlich mit mir aufwärts geht und wie mir das Fahren allmählich wieder Spaß zu machen beginnt«, behielt der in Le Mans 1995 schwer verletzte Spanier den Kopf oben.

Sein Teamkollege Carlos Checa hatte sich bei Tests in Frankreich eine Woche zuvor den linken Unterarm angeknackst, quälte sich mit einer Kunststoffschiene auf den 16. Platz und bewies ebenfalls olympischen Geist. »Mit der ruhiggestellten Hand ist es unmöglich, am Limit zu fahren. Aber ich wollte trotzdem unbedingt dabeisein. Die Fans, die aus allen Landesteilen anreisen, sollten die Chance haben, alle spanischen Fahrer

Wer zuletzt lacht: Peter Öttl und Tex Geissler waren trotz etlicher Trainingsstürze obenauf

starten zu sehen«, meinte er.

Einer von ihnen rückte sogar in buntem, strahlendem Blau statt dem bislang verwendeten düsteren Schwarz aus: Elf 500-Pilot Juan Borja, sein Schweizer Teamkollege Adi Bosshard, Teambesitzer Michel Métraux, die Techniker sowie eine Abordnung hochrangiger Pepsi-Strategen gaben sich zur feierlichen Präsentation des neuen Hauptsponsors die Ehre, der den Fans von den spektakulären Erfolgen von Kevin Schwantz auf der Pepsi-Suzuki noch in bester Erinnerung war.

Auf den neuen Suzuki-Star Scott Russell mußten die Zuschauer hingegen verzichten: Der Amerikaner, dessen Freundin T.Jaye wenige Tage zuvor ein Mädchen namens Bailey zur Welt gebracht hatte, brach sich bei den Frankreich-Tests vier Zehen in einem und weitere drei im anderen Fuß, konnte Treppen nur rückwärts bewältigen und warf wegen zu starker Schmerzen nach dem 15. Trainingsplatz das Handtuch.

Ein Mißgeschick ganz anderer Art passierte Ralf Waldmann. Kurz, bevor er mit Pflastern übersät zum Lucky Strike-Radrennen antrat, ließ er seinen hingebungsvoll auf Tempo 120 getunten Aprilia-Roller im Stand warmlaufen und bewunderte das Funktionieren der Fliehkraftkupplung, als das Kraftwerk plötzlich explodierte und die Trümmer wie Schrappnellgeschosse in alle Richtungen davonflogen. »Wahrscheinlich hatte der Motor zuviel PS. Jetzt kann ich ihn wegschmeißen«, meinte Waldi traurig.

Zwei Tage später war der Zwischenfall vergessen: Ralf Waldmann war Trainingszweiter hinter Max Biaggi und vor seinem Teamkollegen Jürgen Fuchs und hatte nur zwei Zehntelsekunden auf die Pole Position verloren. »So gut war mein Bike noch nie«, verkündete er nach einem Schelmenstreich seiner Techniker, die eine der beiden Honda-Werksmaschinen kurzentschlossen auseinandergesägt und nach Vorjahres-Art mit senkrechtstehendem Federbein wieder zusammengebaut hatten, um Platz für das ebenfalls aus dem Vorjahr bewährte Hebelumlenksystem mit anderer Progression zu schaffen. »Als Waldi in Malaysia mit seinem Schlüsselbeinbruch pausierte, hatten wir jede Mange Zeit, die anderen Fahrer vom Streckenrand aus zu beobachten. Dabei wurde uns schnell klar, daß wir etwas unternehmen mußten«, verriet Sepp Schlögl.

Nach dem Indonesien-Grand Prix wurde die Maschine unauffällig zurück nach Bayern verfrachtet, wo sich Schlögl ans Werk zu machen begann. Die Geheimhaltung klappte dabei so gut, daß nicht einmal den japanischen Technikern der Honda Racing Corporation HRC beim Betreten der Box in Suzuka auffiel, daß eins der Motorräder durch Abwesenheit glänzte. Bei den Frankreich-Tests in der Woche vor Jerez wurde der Umbau erstmals gründlich getestet und für gut befunden, in Jerez wurde Honda dann in die Sache eingeweiht.

Teamkollege Jürgen Fuchs mußte »aus Kapazitätsgründen« auf den Umbau verzichten, hätte mit nur einem einzigen Motorrad aber womöglich auch das Risiko gescheut. Alles in allem kam er mit der Standardversion mit schräggestelltem Federbein nicht schlechter zurecht, außerdem gab es Spötter im Fahrerlager, die behaupteten, die HB-Techniker Schlögl und Mike Leitner hätten sich den ganzen Aufwand bei richtigem Umgang mit dem Rechenschieber ersparen können. Das Team von Luis d´Antin zum

Endlich in die erste Startreihe: Aprilia-Star Doriano Romboni

Luis d'Antin: Andere Umlenkhebel statt aufwendigem Fahrwerksumbau

Beispiel beharrte darauf, eine anders berechnete Hebelübersetzung in seinem Motorrad habe den gleichen Effekt erzielt.

Insgesamt waren sich die Honda-Teams mit und ohne Federungs-Umbau einig, gegen Max Biaggis überlegene Aprilia wenig ausrichten zu können. Und auch Tetsuya Harada trat nicht so auf, als habe er sich vom Tiefschlag des Japan-Sturzes vollständig erholt. Bei einem Sturz im Abschlußtraining fiel er auf die bereits in Japan beschädigte Hand und rutschte auf den sechsten Platz ab, was Wayne Rainey zum Anlaß nahm, wieder einmal öffentlich über das Ersatzmaschinenverbot zu lästern. »Harada mußte wegen Einstellarbeiten 20 Minuten in der Box abwarten. Diese Art der Zeitverschwendung zwingt die Fahrer, beim Losfahren zu schnell ans Limit zu gehen, weil ihnen die Trainingszeit davonläuft. Für die Sicherheit der Fahrer ist diese Regelung unsinnig«, erklärte der Teamchef.

Auch ein Großteil der 125 ccm-Fahrer verbrachte ausgiebige Wartezeiten an der Box, weil die Einstelldaten der IRTA-Tests im Februar wegen der höheren Asphalttemperaturen nicht mehr zutrafen. »Ich hatte von Anfang an kein richtiges Gefühl für das Chassis, und was wir auch verstellten: Es wurde nicht besser«, grübelte Masaki Tokudome nach dem achten Trainingsplatz. »Vor allem in den schnellen Kurven hinter dem Fahrerlager habe ich zu kämpfen. Ich versuche, präzise einzulenken, doch das Vorderrad untersteuert und will in eine völlig andere Richtung. Eine komplette Renndistanz in diesem Tempo wäre viel zu riskant«.

Wie zum Beweis ging sein britischer Teamkollege im Training zweimal unsanft zu Boden, drei Stürze sogar verzeichnete das Marlboro Aprilia Team Eckl. Gleich zum Beginn des freien Trainings kam Peter Öttl der 17jährige, ohne besonders aufmerksame Rundumsicht auftretende Valentino Rossi in die Quere, tags darauf im Abschlußtraining stürzte er dann unmittelbar nach einem Ausbremsmanöver gegen Kazuto Sakata, kam aber insgesamt mit einem lädierten rechten Ellbogen, Genickschmerzen und Prellungen am rechten Bein noch glimpflich davon. Teamkollege Tex Geissler wurde drei Minuten vor Trainingsschluß von einer unerwarteten Windbö erwischt.

Ganz andere Probleme hatte Dirk Raudies: Obwohl er in den Trainingstagen alle nur erdenklichen Umbaumaßnahmen von Kupplung über Getriebewellen und Zündbox bis hin zu den Schaltautomaten von HRC und KLS durchprobierte und zu jedem Training mit einem anderen Set von Getrieberädern erschien, rasteten die Gänge seiner HB-Honda nicht richtig. »Unter diesen Umständen konnte ich natürlich keine vernünftigen Zeiten fahren. Ich machte dauernd Fehler«, raufte er sich nach dem ernüchternden 14. Trainingsrang die Haare.

125 ccm: Martínez am Boden zerstört

Im Rennen rückte er dann mit der vierten Getriebegeneration des Wochenendes aus, die er sich bei Loek Bodeliers Techniker Günther Zwafink geborgt hatte. Nun funktionierte die Halbautomatik wieder halbwegs, doch am Erfolg fuhr der Weltmeister von 1993 trotzdem vorbei. Nach einer Runde noch Neunter,

Jorge Martínez: Nach entgangenem Heimsieg »am Boden zerstört«

gelang es ihm nicht, sich an den von hinten heranrückenden Haruchika Aoki anzuhängen. Statt dessen fiel er weiter zurück und beendete den Lauf an trister 13. Stelle. »Weil wir das ganze Wochenende am Getriebe rumgefummelt haben, fehlte die Zeit für das restliche Set-Up. Doch mir fehlt auch das Gefühl für das Motorrad. Schreib´ ruhig, der Fahrer taugt nix mehr«, seufzte er aus der Tiefe seiner Krise.

Doch die anderen Deutschen kamen auch nicht viel weiter. Peter Öttl vermasselte den Start und hatte bei der anschließenden Aufholjagd einen heftigen Highsider, bei dem er die Windschutzscheibe zerschlug und in den Kies ausweichen mußte. Kaum wieder im Rhythmus, starb sein Motor in einer Spitzkehre ab, worauf er erneut an Boden verlor. Als am Schluß die Reifen verbraucht waren und sich die Rutscher übers Vorderrad häuften, begnügte sich Öttl mit dem elften Platz vor seinem Teamkollegen Tex Geissler.

Aus der Verfolgergruppe schaffte es nur Aoki, den Anschluß an den Hexenkessel an der Spitze herzustellen, in dem sich bis zu zehn Fahrer unter ständigen Stellungswechseln nach allen Regeln der Kunst bekriegten.

Publikumsliebling Jorge Martínez sah zwei Runden vor Schluß in dieser Gruppe noch wie der Sieger aus, kugelte sich dann aber eingangs der schnellen Startkurve dank eines urplötzlichen Rutschers im Kiesbett. »Irgendetwas brach am Motorrad. Als wir später nachschauten, stellte sich heraus: Es war die vordere Karbonbremsscheibe«, berichtete der vierfache Weltmeister. »Kein Mensch kann sich vorstellen, wie gern ich heute gewonnen hätte. Ich bin am Boden zerstört«.

Am Schluß war es wieder einmal

Lichtblick für Yamaha-Kurz: Katoh, Ui (Bild) und Ramírez erreichten das Ziel

Ralf Waldmann vor Jürgen Fuchs: Der getunte Roller explodierte, die umgebaute Rennmaschine funktionierte problemlos

Aoki, der seinen untrüglichen siebten Sinn für den richtigen Moment zum Angriff unter Beweis stellte. Der Weltmeister mogelte sich in der Zielkurve an Volksheld Emilio Alzamora vorbei urnd gewann ein Fotofinish, bei dem die ersten fünf Fahrer binnen zwei Zehntelsekunden über die Linie flitzten. »Aoki war auf der besseren Linie. Ich konnte nichts dagegen tun«, nahm Emilio Alzamora seine Niederlage zur Kenntnis, tröstete sich aber mit etlichen Runden Führungsarbeit und seinem Podestplatz.

Nobby Ueda freute sich über die gute Abstimmung seiner Docshop-Honda und vergaß vor lauter Freude über den dritten Platz sogar die heftigen Zahnschmerzen, die ihn während der Trainingstage geplagt hatten. UGT-Pilot Tomomi Manako rückte dank seiner Beständigkeit und dem achten Platz im Rennen auf WM-Rang fünf vor, außerdem freute sich Techniker Mario Rubatto, weil seine Tochter am Wochenende ein gesundes Kind zur Welt brachte und ihn damit zum Großvater machte.

Auch das Yamaha-Kurz-Team erlebte den ersten Lichtblick. Sicherheitshalber ohne die als Auslöser für die bisherigen Kolbenklemmer verdächtigte Airbox angetreten, erreichten alle drei Fahrer das Ziel – Yoshiaki Katoh als Neunter, Wild Card José Ramon Ramírez als 15. und Youichi Ui auf Platz 17.

Dagegen war Platz sechs des sieggewohnten Masaki Tokudome eine klare Niederlage, mit der auch die WM-Führung des Teams Ditter Plastic verloren ging. »Am Anfang kam ich gut vom Fleck, doch leider ließ der Grip frühzeitig nach, und ich hatte wieder dieselben Fahrwerksprobleme wie an den Tagen zuvor«, schilderte Tokudome, der nach dem Ärger im Training zu einer weichen Reifenmischung gegriffen hatte. »Ich habe keine Ahnung, ob es an der Federung liegt oder ob der Rahmen selbst beteiligt ist. Doch ich weiß genau, daß ich eine solche Art von Rennen nicht mehr fahren will. Es war unglaublich gefährlich!«

Das war es auch für die Zuschauer: Kurz nach dem Start des 125 ccm-Rennens rollte ein herrenloser Nissan Patrol der »Guardia Civil« ohne Handbremse den Abhang hinter der ersten Spitzkehre hinunter. Der Geister-Jeep mähte einen Zaun sowie mehrere Zuschauer nieder und landete in einem Graben. Die Bilanz: Vier Verletzte, davon einer mit Becken- und Beinbrüchen.

250 ccm: Die gelbe Gefahr

Wo sie schon bei den 125ern das erwartete Volksfest mit einem spanischen Sieg verpaßt hatten, hofften die 100000

Fans rund um die Strecke nun auf eine Großtat ihres 250 ccm-Stars Luis d´Antin, der im Vorjahr einen Podestplatz erobert hatte.

Doch d´Antins Vorwärtsdrang ließ ab der dritten Runde wegen einer schlecht funktionierenden Vorderradbremse nach. Am Schluß verlor er auch

Der nächste Sieg: Max Biaggi

noch das Duell gegen den Japaner Tohru Ukawa und landete auf Platz sechs. »Kein guter Tag, aber auch kein Grund für Tränen. Immerhin bin ich noch Dritter im Gesamtklassement«, tröstete sich der Spanier.

Denn der angriffslustige Franzose Olivier Jacque kam ebenso wie sein Teamkollege Jean-Philippe Ruggia um etliche Sekunden abgeschlagen hinter d´Antin ins Ziel. Gleich am Freitagmorgen, beim Einfahren neuer Motoren, hatten sich beide elf-Chesterfield-Piloten epische Stürze geleistet. Ruggia brach sich dabei zwei Zehen im linken Fuß, Jacque demolierte die rechte Hand und seufzte bei der Startaufstellung, er würde sich am liebsten ins Bett verkriechen.

Normalerweise einer der schnellsten Honda-Piloten, überließ er das Feld der Ehre den ungleichen Teampartnern Ralf Waldmann und Jürgen Fuchs. Waldmann war zunächst Zweiter hinter dem enteilenden Max Biaggi, dann Dritter, als sich Tetsuya Harada in der achten Runde zu einem Angriff entschloß.

Von nun an schien der HB-Honda-Star seine Ruhe zu haben, denn nach hinten klaffte bereits eine gewaltige Lücke. Umso überraschter war Waldi, als sein Vorsprung in der zweiten Rennhälfte wieder zusammenschrumpfte und er in den letzten beiden Runden Gesellschaft von Jürgen Fuchs bekam. »Ich muß mich bei meinem Teamkollegen entschuldigen: Er ist am Schluß eigentlich schneller gewesen als ich. Ich mußte unfair fahren, um ihn hinter mir zu halten. Wenn ich ihn nicht blockiert hätte, hätte er überholt«, anerkannte Waldi, nachdem er sich mit Müh´ und Not und einer guten halben Sekunde Vorsprung als Dritter über die Linie gerettet hatte.

Fuchs war zwar deutlich schneller als Waldi, verzichtete jedoch bewußt auf die Attacke. »Heute paßte alles, ich hatte keine Schweißperle auf der Stirn«, sagte er über seine perfekt eingestellte Maschine, die die technische Bedeutsamkeit von Waldis Exklusiv-Fahrwerk klar in Frage stellte. »Doch wenn du auf eine gelbe Maschine und in der Zielkurve auf einen riesigen HB-Heißluftballon zubremst, denkst du dir: Wenn du jetzt einen Teamkollegen runterfährst, rappelt´s in der Kiste. Das wäre ein Kopfschuß gewesen - einfach idiotisch«, erläuterte Fuchs und ärgerte sich nur, weil er den Start verpatzt hatte.

Denn ohne dieses Mißgeschick wäre er womöglich mit Harada mitgefahren, der trotz der Schmerzen in der linken Hand als Zweiter ein Top-Resultat feierte. Nur der übermächtige Max Biaggi war für alle unantastbar - und hatte nach seinem ersten Jerez-Sieg auch das Mißgeschick mit seinem neuen amerikanischen Motorhome verdaut. Das 600000 Dollar teure Gefährt, auf Anraten von Kevin Schwantz gekauft, kam nach der Anlieferung im Hafen von Venedig keine 300 Kilometer weit und blieb bereits in Genua mit Motorschaden stehen.

500 ccm: Menschenmauer wie bei der Rallye-WM

»Cri-vi-llé, Cri-vi-llé«, skandierten die Fans und wurden vom Streckensprecher derart aufgestachelt, daß sie gellend pfiffen und noch lauter brüllten, als Michael Doohan aufs Podium kletterte und seinen Pokal in Empfang war.

Doch es war schon zu spät und nicht wieder gutzumachen, was sie ihrem traurigen Helden angetan hatten.

Alex Crivillé führte nahezu das ganze Rennen über und hielt seine 20, 30 Meter Vorsprung auch noch, als fünf Runden vor Schluß die ersten Anhänger aus der berüchtigten »Pelouse«-Kurve über die Zäune kletterten.

Bedrohlich wurde die Situation erst, als immer mehr Zuschauer die Absperrungen niederstürmten, um ihrem Idol nahezukommen. In der letzten Runde standen sie auf der Ideallinie Spalier, zündeten Raketen und feierten eine Party, bei der sie die heranfauchenden Halbliterraketen wie harmlose Gäste begrüßten.

Crivillé mußte das Tempo drosseln, verlor seinen Vorsprung und seine Konzentration, und als ihn Michael Doohan wenige hundert Meter später in der letzten Kurve innen überholte, ging nach dem Sieg auch noch der zweite Platz verloren. Crivillé gab etwas zu früh und etwas zu zornig Gas und wurde mit einem fürchterlichen Highsider von seiner Ma-

Fiesta mit Folgen: Zuschauer stürmen die Strecke, Crivillé wird nervös und stürzt

schine gewirbelt. »Es war unglaublich. Ich war voll konzentriert und damit beschäftigt, meinen Vorsprung vor Mick zu verteidigen, als ich plötzlich Kanonenschläge und Raketen auf der Fahrbahn losgehen sah. Von überall her strömten Leute auf die Piste. Wenn ich nicht gebremst und zwei Gänge heruntergeschaltet hätte, hätte ich mit Sicherheit jemanden über den Haufen gefahren«, schilderte Crivillé, nachdem er sich statt bei der Siegerzeremonie im Kinikmobil einfand, um seine Prellungen untersuchen zu lassen. »Ich verlor nicht nur meinen kleinen Vorsprung, sondern auch jegliche Konzentration. Ich verbremste mich in der letzten Kurve, und als sich Mick innen reinzwängte, habe ich voller Wut Gas gegeben und wurde abgeworfen. Mick trifft keinerlei Schuld, sondern die Leute – die sind völlig verrückt geworden!«

Doohan folgte Crivillé im Windschatten und wunderte sich, daß der Spanier das Tempo nahezu unvermindert beibehielt. »Ich war nicht ernsthaft beunruhigt, weil ich immer noch dachte, die Streckenposten würden die Fans wieder zurückdrängen. Statt dessen war es in der letzten Runde wie in der Rallye-Weltmeisterschaft, wo die Autos auf eine regelrechte Menschenmauer zurasen. Glücklicherweise sahen uns die Leute mit 200 km/h daherkommen und realisierten noch rechtzeitig, daß ein Zusammenstoß nicht nur kitzeln würde«, schilderte der Weltmeister.

Daß Alex Crivillé nach seinem Überholmanöver in der letzten Kurve verlorenging, war Doohan gar nicht bewußt. In der Auslaufrunde schaute er sich suchend nach dem Repsol-Honda-Teamkollegen um, um ihm zu Platz zwei zu gratulieren. Erst, als sich die Fans in der Pelouse wie eine drohende Mauer vor ihm aufbauten und die Feuerwerkskörper um ihn herum wie feindliches Flakfeuer einschlugen, bog er zu einer Abkürzung in die Wiese ab. »Wenn ich gewußt hätte, daß Alex hinter mir zu Boden ging, hätte ich mein Bike irgendwo geparkt und wäre zu Fuß Richtung Fahrerlager geflüchtet«, meinte Doohan, zu dem beim Schlußspurt Richtung Podest nochmals eine Salve halbvoller Bierdosen von der Haupttribüne hinabregnete.

Weil die Rennleitung hilflos zuge-

Na denn Prost: Okada wurde Dritter

schaut hatte, anstatt den Lauf rechtzeitig abzubrechen, versuchte das HRC-Team im ersten Ärger noch, den Stand der vorletzten Runde als offizielles Rennergebnis durchzudrücken, zog den Protest aber wenig später zurück.

Denn immerhin folgten zwei weitere prominente Honda-Vertreter auf den Plätzen. Tadayuki Okada feierte nach dem dritten Startplatz auch Rang drei im Rennen und damit den ersten Podestplatz für die NSR 500 V. Trotz des Erfolgs blieb er unter den hochgesteckten Erwartungen mancher Fachleute, die den ersten Zweizylinder-Sieg auf der winkligen Jerez-Piste prophezeit hatten.

Auch der Trainingsvierte Doriano Romboni verpaßte auf der Aprilia RSV 400 die mögliche Sensation, weil das Fahrwerk im Rennen plötzlich unbeherrschbar bockte. Nach einem Ausritt ins Kiesbett hatte er keine Lust mehr und hörte auf.

Dagegen schaffte sein Landsmann Luca Cadalora schon wieder das nächste Husarenstück und fuhr fröhlich auf Platz zwei. »Wir haben noch im Warm-Up an der Abstimmung herumgerätselt. Doch jetzt bin ich wieder konkurrenzfähig, auch wenn Mick und Alex an ein paar Stellen schneller waren«, rieb er sich die Hände. Vorjahressieger Puig erkämpfte den fünften Platz, Carlos Checa trotz Schmerzen Rang zehn; hinter ihm kam Juan Borja trotz Schaltschwierigkeiten und eines Ausritts als dritter Spanier in die Punkte.

Die Hoffnungsträger des letzten WM-Laufs in Suzuka wurden dagegen von Rückschlägen heimgesucht. Norifumi Abe stürzte in Runde neun, Vizeweltmeister Daryl Beattie leistete sich schon in Runde zwei den ersten Ausritt, fiel auf den vorletzten Platz zurück und begrub seine Lucky Strike-Suzuki eine Runde später endgültig im Kiesbett.

Thunderbikes: Scheschos Sorgen

Im ersten Lauf zur Thunderbike-Trophy für Serien-600er donnerte der neue Rubatto-Kawasaki-Star Stefan Scheschowitsch wegen einer schlecht abgestimmten Vordergabel nur auf den enttäuschenden elften Platz.

Das Fotofinish um den Sieg gewann der französische Honda-Pilot William Costes um eine Zehntelsekunde vor seinem Landsmann Adrien Morillas auf Yamaha. Dritter wurde der Schweizer Honda-Mann Yves Briguet.

13
46
uvex
Marlboro
10
Castrol

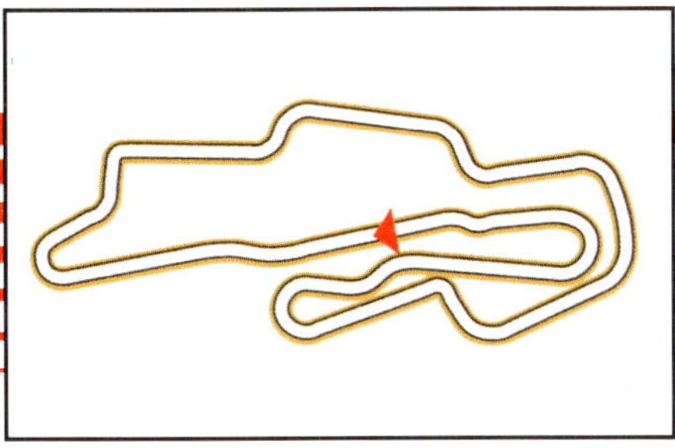

26. Mai 1996: Grand Prix Italien in Mugello

Peters Platz

Peter Öttl nahm im richtigen Moment Reißaus – und feierte nach fünf Jahren wieder einen Sieg auf seiner Lieblingsstrecke.

Dreimal hatte Scott Russell bei Test- und Renneinsätzen bereits unentschuldigt gefehlt. Beim Grand Prix in Mugello ließ er seinen für Dienstag angekündigten Flug sausen und ließ die Abholer am Flughafen von Pisa umsonst warten. Am Mittwoch stieg er ebenfalls aus keiner der in Frage kommenden Maschinen. Als er am Donnerstag immer noch durch Abwesenheit glänzte und keinem Menschen Bescheid gegeben hatte, wurde Teammanager Garry Taylor allmählich ungehalten.

Wutentbrannt griff er am Donnerstagabend zum Telefon und rief den Briten Terry Rymer an, der nur 1992 einmal als Wild Card-Fahrer einen GP, 1995 aber mehrere außerplanmäßige Tests für das Lucky Strike Suzuki-Team bestritten hatte. Rymer vernachlässigte die Bauarbeiten am Gartenhäuschen für sein kleines Töchterchen und stieg ins nächste Flugzeug.

Am Freitagmorgen absolvierte er das erste Training auf der Halbliter-Suzuki und war beeindruckt. »Die Zweizylinder-Ducati, die ich derzeit in der Superbike-WM bewege, macht dich faul, weil du ohne große Schaltmanöver alles dem enormen Drehzahlband überlassen kannst. So ein Zweitakt-Vierzylinder ist schon was anderes. Er beansprucht buchstäblich in jedem Sekundenbruchteil alle deine Sinne«, schilderte Rymer.

Peter Öttl vor Manako, Rossi (46), Raudies (5) und Cecchinello (13): Nach fünf Jahren wieder ein Sieg in Mugello

Eine Stunde später, rechtzeitig zum Lunch, traf Überraschungsgast Scott Russell im Fahrerlager ein und war fassungslos, daß bereits ein anderer seinen Arbeitsplatz übernommen hatte. Eine Pressemitteilung verlautbarte, die drei Wochen zuvor gebrochenen Zehen seien die Ursache für den Fahrertausch.

In Wirklichkeit war ein handfester Streit mit Freundin T-Jaye schuld, die ihre Siebensachen packte und samt dem vier Wochen alten Baby Bailey aus Russells Haus in Georgia auszog. »Mit dieser Frau hatte ich in den letzten zwölf Monaten mehr Probleme als in meinem ganzen Leben zuvor«, seufzte Russell. Zunächst verbarrikadierte er sich beleidigt in seinem Motorhome, überwand sein seelisches Tief jedoch bald und hatte bei einer Rollerfahrt rund um die Mugello-Piste schon wieder eine andere Schönheit dabei.

Teamkollege Daryl Beattie probte das Comeback nach seiner Jerez-Verletzung und erreichte trotz heftiger Heuschnupfen-Anfälle tränenden Auges den dritten Startplatz. »Eine reife Leistung. Was hätte er wohl geschafft, wenn er gesehen hätte, in welche Richtung er fährt?« frozzelte Garry Taylor.

Tadayuki Okada mußte wegen einer ähnlichen Pollenallergie sogar auf das Abschlußtraining am Samstagnachmittag verzichten. Als Trainings-Elfter sah er wehrlos mit an, wie Doriano Romboni auf der rivalisierenden V 2-Aprilia auf Platz vier und in die erste Startreihe flitzte. »Morgen im Rennen wird es anders aussehen. Der Weg in die erste Kurve ist lang, bis dahin werden mich die schnellen Vierzylinder reihenweise überholt haben«, dämpfte Romboni die Begeisterung der italienischen Journalisten.

Doch es waren ja noch die anderen Klassen da, in denen das kleine Aprilia-Werk groß glänzen konnte. Vor wenigen Jahren noch belächelter Außenseiter, triumphierte Aprilia bei den 250ern mittlerweile nach Belieben. Max Biaggi holte zu einer Trainingsbestzeit aus, bei der er seinen eigenen Markenkollegen, Testfahrer Marcellino Lucchi, um eine volle Sekunde abhängte. »Ich fuhr mit 110 Prozent, weil ich unbedingt der Schnellste sein will, wenn ich vor meinen eigenen Fans antrete. Ich riskierte eine Menge. In einer Kurve streifte ich sogar mit dem Ellbogen am Boden, als das Motorrad etwas unruhig wurde«, verkündete der

Römer, dessen Bestzeit bei den 500er für die erste Startreihe gereicht hätte.

Zu Platz drei und vier von Olivier Jacque und Ralf Waldmann riß Biaggi eine Lücke von über anderthalb Sekunden, worauf Waldi entmutigt von einer Zwei-Klassen-Gesellschaft zu reden begann. »Aprilia konzentriert sich ganz auf Biaggi und hat mit Lucchi noch einen starken Testfahrer, der fast genauso schnell ist und die Maschine ständig weiter verbessert. Honda verstreut die Motorräder dagegen auf einen breiten Kundenkreis, und die japanischen Testfahrer sind allesamt fünf Sekunden langsamer als ich. Wie sollen die mir da ein konkurrenzfähiges Motorrad bauen?« wiederholte Waldi seine Manöverkritik vom Saisonbeginn.

Ähnlich tief saß der Frust bei Tetsuya Harada. Am ersten Tag lief sein Motor schlecht, im glühend heißen Abschlußtraining ratterte dann das Vorderrad und warf den Yamaha-Star auf Platz neun in die dritte Startreihe zurück. »Ob ich bremse oder nicht, es rattert ständig«, beschwerte sich Harada. »Das bedeutet, daß das Motorrad in keiner Kurve ruhig liegt, und daß ich jeweils sehr lange warten muß, bis ich wieder Gas geben kann. Wenn wir das Problem nicht in den Griff kriegen, wird das Rennen morgen zur Tortur«.

Yamahas Hauptproblem, die in den kleinen Klassen zu schwachbrüstigen Motoren, war in der 125 ccm-Klasse auch durch ein perfektes Fahrwerk nicht auszugleichen und warf Yoshiaki Katoh und Youichi Ui auf die Plätze zwölf und 22 zurück. Trotz erfolgreicher Tests mit einer Benzinpumpe, die das Festgehen der mit Airbox unter zu starker Abmagerung leidenden Motoren verhindern sollte, bestanden die japanischen Techniker aus Sicherheitsgründen darauf, wie in Jerez nochmals ohne Airbox ins Rennen zu gehen. »Dadurch gehen fünf bis 10 km/h verloren, die wir dringend benötigen«, wand Teamchef Hermann Kurz vergeblich ein.

Die deutschen Honda-Teams mit United Grey-Pilot Tomomi Manako und

Stillstand auf der Pole Position: Masaki Tokudome

Exweltmeister Dirk Raudies hielten auf Startplatz drei und vier schon deutlich besser mit. Raudies plagte sich mit einem schlecht rastenden Getriebe, das weder durch die Verwendung anderer Zündunterbrechungssysteme noch durch ein komplett neues Standardgetriebe ohne die als Verursacher vermutete Spezialvergütung optimiert werden konnte.

Am Samstag wurde es den ratlosen Mechanikern zu bunt. Ignatz Bucher erklärte das Problem kurzerhand für gelöst und forderte Raudies auf, die gelegentlichen Verschalter einfach in Kauf zu nehmen.

Wie bei den 250ern waren die Aprilia-Werksfahrer auch in der kleinsten Klasse die Könige von Mugello. Masaki Tokudome hatte sein Fahrwerk nach den Problemen von Jerez neu ausbalanciert, drehte buchstäblich in den letzten Sekunden des Abschlußtrainings seine schnellste Runde und erbeutete die Pole Position. »In einer schnellen Kurve sah ich plötzlich eine Staubwolke und Streckenposten mit gelben Flaggen. Zum Glück versperrte niemand den Weg, ich verlor kaum Zeit«, berichtete der Japaner.

Aprilia Deutschland-Star Peter Öttl hatte seinen roten Renner ebenfalls komplett umgebaut und bereits im Freitag mit der vorläufigen Bestzeit ins Schwarze getroffen. »Wir änderten die Rahmengeometrie, verwendeten eine neue Generation von Michelin-Reifen und probierten ein Getriebe, das wir bereits vorher am Computer errechnet hatten. Sämtliche Änderungen waren perfekt, ich konnte mich permanent steigern«, jubelte Öttl.

Und behielt den Kopf oben, als er im Abschlußtraining auf Platz sieben zurückrutschte. »Natürlich haben sich alle in der ersten Euphorie eine Menge erwartet, doch ich wußte, daß es schwierig sein würde, mich weiter zu verbessern. Was zählt, ist meine gute Abstimmung. In Suzuka war ich auch Achter im Training - und habe das Rennen trotzdem angeführt«, blieb Öttl zuversichtlich.

125 ccm: Tokudome und der Ferrari

Öttl hatte auch am Sonntagmorgen »ein gutes Gefühl«. Teamchef Harald Eckl klopfte ihm nochmals auf die Schulter und raunte: »Heute wird dein Tag«, und tatsächlich paßte diesmal alles zusammen: Ein pfeilschnelles Motorrad, eine fehlerfreie Fahrt und ein untrüglicher Instinkt für den richtigen Moment zum Angriff.

Start noch einmal die Übersetzung verlängert hatte und das Getriebe überhaupt nicht mehr paßte, hielt sich Öttl wacker in einem wilden Haufen ehrgeiziger junger Talente, die ihn wie ein wütender Hornissenschwarm umkreisten.

zum Angriff und ging aus dem Windschatten vorbei. Bis die merkten, wie schnell man auf dieser Strecke fahren kann, hatte ich bereits 30 Meter Vorsprung«.

UGT-Pilot Manako fiel im Endspurt

Sieger Peter Öttl mit Rossi, Sakata im Ziel und mit Teamchef Harald Eckl auf dem Podest: Der größte Erfolg der Teamgeschichte

Der 17jährige Valentino Rossi sauste als Erster am Start davon und führte vor Dirk Raudies, Europameister Lucio Cecchinello und UGT-Pilot Tomomi Manako. Peter Öttl war zunächst Fünfter, preschte aber binnen drei Runden an die Spitze. Während der bedauernswerte Dirk Raudies allmählich zurückfiel und schließlich stürzte, weil er kurz vor dem

In der zehnten Runde riß er von einer Kurve zur nächsten aus dieser Gruppe aus und brachte im Handumdrehen ein paar Motorradlängen zwischen sich und seine Verfolger. »Rossi, Cecchinello und Manako haben sich vor mir erbittert bekämpft. Sie bremsten spät, doch ich war schneller in den Kurven. Nach der Hälfte des Rennens entschied ich mich

wegen eines ruinierten Hinterreifens in dieser Gruppe zurück und wurde mit gerade mal dreieinhalb Sekunden Rückstand auf den Sieger Neunter. Öttl fegte hingegen dreimal hintereinander den alten Rundenrekord hinweg, enteilte um volle drei Sekunden und blieb bis zum Ziel unantastbar, obgleich er wegen eines mächtigen Rutschers kurz vor Schluß nochmals ein paar Meter einbüßte.

Weltmeister Haruchika Aoki, in seiner typischen Manier im Endspurt noch auf Platz zwei aufgerückt, gratulierte Öttl in der Auslaufrunde ebenso begeistert wie Öttls Teamkollege Tex Geissler, der den größten Erfolg in der Geschichte des Marlboro Teams Eckl durch Platz zehn komplettierte.

Für Peter Öttl selbst war es die Wiederholung seines Triumphs von 1991, als er just auf seiner Lieblingsstrecke in Mugello mit seiner privaten Bakker-Rotax zum letzten Mal gewonnen hatte. »Entscheidend war, daß ich den richtigen Moment zum Angriff erwischt habe«, jubelte er und widmete den Sieg seinem Sohn Philipp, der drei Wochen zuvor das Licht der Welt erblickt hatte. »Nach so vielen Führungskilometern in so vielen Rennen war dieser Sieg aber auch überfällig. Im letzten Jahr wurde ich mit 24 Hundertstelsekunden Rückstand auf den Sieger Vierter. Doch heute kann ich mir auf die Schulter klopfen - ich habe alles absolut richtig gemacht«.

So sah es auch Teamchef Harald Eckl, der seinen Schützling auf dem Podest fast erdrückt hätte vor Freude. »Super. Peter hat diesen Erfolg schon lange verdient. Heute hat er sein Können endlich umsetzen können. Das wird ihm noch mehr Zuversicht und Ruhe für die kommenden Rennen geben. Fahrerisch kann er in jedem Rennen auf dem Podest stehen«, triumphierte Eckl auch über die vielen Kritiker aus den eigenen Reihen, die Öttl als zu alt und zu sturzanfällig ansahen und ihr Urteil nach dem bis dato größten deutschen Erfolg der Saison kräftig revidieren mußten.

Die Glückwünsche kamen auch von seiten des Ditter Plastic-Teams, das nach der stolzen Pole Positon von Masaki Tokudome einen rabenschwarzen Tag erlebte. Denn statt am Start mit den andern davonzuglühen, blieb Tokudomes schwarze Aprilia wegen einem später entdeckten Defekt der Kupplungslamellen nach einem kleinen Hüpfer mit abgestorbenem Motor stehen. Aus berechtigter Angst, beim Abspringen von hinten über den Haufen gefahren zu werden, paddelte der Japaner lange und mühevoll im Sattel sitzend, bis der Motor endlich wieder ansprang. Als er endlich die Verfolgung aufnehmen konnte, hetzte das Feld bereits nach der ersten Spitzkehre bergan.

Waldi vor Jacque: Die Werks-Aprilia von Biaggi und Lucchi waren unerreichbar

Trotzdem schaffte es Tokudome dank einer zornigen Aufholjagd mit Topspeedwerten von bis zu 239 Stundenkilometern, wieder den Anschluß herzustellen, wobei er auch die mit Leistungsmangel jenseits der Punkteränge kämpfenden Yoshiaki Katoh und Youichi Ui passierte. »Etwa zwölf Runden vor Schluß hatte ich die Spitzengruppe erreicht und rechnete immer noch damit, das Rennen gewinnen zu können. Ich wartete eine Weile ab und ritt acht Runden vor dem Ende die nächste Attacke. Dabei hatte ich sofort einen wilden Slide und fuhr fortan im Dirt Track-Stil durch die Kurven. Mein Hinterreifen war vollkommen aufradiert«, schilderte Tokudome, warum es am Ende doch nur zu Platz 14 reichte. »Wenigstens habe ich mit meiner Werks-Aprilia einen Ferrari überholt«, tröstete er sich mit dem Sieg über das Pace Car.

250 ccm: Waldi siegt im Honda-Cup

Ganz anders brauste Max Biaggi auf seiner 250 ccm-Aprilia auf und davon. Nach einem Blitzstart distanzierte er seinen Teamgefährten Lucchi sowie die Honda-Stars Jacque, Waldmann, Fuchs und Ruggia bereits in der ersten Runde um eine volle Sekunde, drehte dann noch stärker auf, um seinen eigenen Rundenrekord von 1994 um sagenhafte 1,2 Sekunden hinwegzufegen, und gewann am Ende mit sieben Sekunden Vorsprung, obwohl er sich in den letzten Runden bereits die Zeit mit Wheelies und anderen fröhlichen Späßchen fürs Publikum vertrieb. Auf dem Podest machte er einen Luftsprung und strahlte, die Freude über diesen Heimsieg sei noch größer als die Genugtuung, in der japanischen Höhle des Löwen gewonnen zu haben.

Zumal ihm Testfahrer Marcellino Lucchi trotz seiner 39 Jahre nach Kräften den Rücken stärkte. Trotz Unterarmkrämpfen in der zweiten Rennhälfte erreichte Lucchi ebenso einsam und unbehelligt wie Biaggi als Zweiter ins Ziel und vermerkte einen zufriedenstellenden Aufwärtstrend. »Im letzten Jahr war ich Dritter, diesmal bin ich Zweiter. Wenn Max wirklich zu Saisonende die Klasse wechselt, sehe ich keinen Grund, warum ich 1997 nicht gewinnen sollte«, grinste der Veteran, der schon seit fünf Jahren alle wichtigen Probefahrten auf der Aprilia-Hausstrecke in Mugello absolvierte.

Kam ihm im Vorjahr noch Tetsuya Harada in die Quere, so mußte sich der Japaner diesmal hinter einer dreiköpfigen Honda-Fraktion mit dem sechsten Platz abfinden. Für die meiste Zeit der 21 Runden-Veranstaltung an blasser achter Stelle, gab sich der Yamaha-Werkspilot erst im Endspurt einen Ruck, verwies Jean-Philippe Ruggia auf Rang sieben, scheiterte aber um drei Hundertstelsekunden am verbissen kämpfenden Jürgen Fuchs. »Ein Krimi von Anfang bis zum Ende«, berichtete Fuchs. »In der vorletzten Runde hatte ich einen solchen Vorderradrutscher, daß ich neben die weiße Linie geriet und Staub aufwirbelte. Mit leerem Tank hat das Fahrwerk nicht mehr richtig funktioniert, ich bin aber trotzdem weiter voll gefahren und habe mich durchgesetzt«.

Ebenso energisch ging Ralf Waldmann zur Sache. Er gewann einen spannenden Zweikampf mit Grünschnabel Olivier Jacque um drei Zehntelsekunden und war froh, sich wenigstens unter seinen Markenkollegen durchgesetzt zu haben. »Ich bin erleichtert, daß ich den Honda-Cup gewonnen habe. Ein besseres Resultat war gegen die Übermacht der Werks-Aprilia nicht drin«, meinte Waldi kurz und bündig.

500 ccm: Romboni verpatzt den Start

Nach Biaggis Erfolg hofften die Fans auf ein weiteres großes Volksfest in der Halbliterklasse, weil sowohl Loris Capirossi auf der Vierzylinder-Yamaha als auch Doriano Romboni auf der Zweizylinder-Aprilia aus der ersten Reihe antraten.

Doch Rombonis Start verlief noch schlimmer, als er es bereits vermutet hatte. Nach einer Runde nur 14., brauchte er lange, um etwas verlorenen Boden

Doohan vor Crivillé und Cadalora: Alle drei waren happy mit dem Ergebnis

zurückzugewinnen und beendete den Lauf schließlich als Neunter vor Kenny Roberts junior und Norifumi Abe. »Welch ein Elend«, seufzte Romboni. »Ich hatte Angst vor dem langen Weg in die erste Kurve, vermasselte den Start aber bereits beim Losfahren. Danach war es sehr schwierig, aufzuholen, weil mir die Vierzylinder in den Kurven ständig den Weg versperrten. Ich mußte warten, bis die Verkehrsdichte nachließ«.

Norifumi Abe hinter Alberto Puig: Kein guter Tag für das Yamaha-Team

Capirossi erwischte dagegen einen Superstart, war Dritter und brauste ehrgeizig den führenden Hondas von Mick Doohan und Alex Crivillé hinterher. In der letzten langen Rechtskurve der elften Runde überanspruchte er dann den Vorderreifen und erlebte einen spektakulären Sturz, den er bis auf etliche blaue Flecken unverletzt überstand. »Wir müssen das Motorrad weiter verbessern, es ist immer noch nicht schnell genug«, kritisierte er. »Im Windschatten kann ich mithalten, doch sowie der Sog abreißt, bin ich verloren«.

Nach seinem Sturz rückte Luca Cadalora auf und entschädigte die 55000 Fans auf den grünen Wiesen der Toskana mit dem dritten Platz, wobei er nicht nur über den von hinten anrückenden Daryl Beattie, sondern auch über seine ständigen Fahrwerkssorgen den Sieg davontrug. Nachdem er in Jerez gemeutert und eine Öhlins-Gabel eingesetzt hatte, stellte Honda den Kundenteams die Wahl ihrer Federelemente auch offiziell frei.

Doch welches Fabrikat Cadalora auch einsetzte, seine weiße Honda untersteuerte weiter. »Heute morgen im Warm-Up haben wir die besten Komponenten zusammengewürfelt. Wenigstens hielt ich Beattie unter Kontrolle und holte einen Podestplatz - das war hier bei meinem Heim-Grand Prix besonders wichtig«, zog Luca nach dem Rennen erleichtert Bilanz.

Und für Alex Crivillé war es wichtig, den Schock von Spanien mit einem guten Resultat zu überwinden. Immer wieder zeigte er seinem Repsol Honda-Teamkollegen Mick Doohan das Vorderrad und ging sogar gelegentlich für ein paar Meter in Führung, ließ den Weltmeister im letzten Renndrittel dann aber brav in Ruhe.

Doohan freute sich über seinen dritten Saisonsieg und Sieg Nummer vier in Mugello hintereinander. »Hier in Italien fühle ich mich zuhause. Hier habe ich nach meinem Beinbruch 1992 lange Zeit im Hospital zugebracht, und hier in Mugello habe ich den ersten Sieg nach meinem Comeback gefeiert«, hatte der Weltmeister nur Gutes zu berichten.

Während Vizeweltmeister Daryl Beattie seine Heuschnupfenanfälle ebenso überwand wie der siebtplazierte Tadayuki Okada, blieb Russell-Ersatz Terry Rymer mit Kolbenklemmer im Kiesbett stecken. Ein schwarzes Wochenende erlebte auch die elf 500-Truppe: Adi Bosshard verzichtete nach einem schweren Sturz am Freitagmorgen wegen eines schmerzhaften Muskelrisses zwischen den Rippen auf den Start, Juan Borja scheiterte wegen eines abgerissenen Schraubenkopfes im Getriebe.

Gespanne: Biland und die Hundehütte

Swissauto-Motorenkonstrukteur Urs Wenger hatte am Ende trotzdem einen Trost: Die Schweizer Zwillingsbrüder

Auftakt zur Gespann-WM: Rolf Biland (links) trat mit einer Hundehütte an

Paul und Charly Güdel gewannen die erste Kraftprobe mit Weltmeister Darren Dixon und dem konkurrierenden ADM-Motor, womit ein Swissauto-Team erstmals eine Weltmeisterschaft anführte. »Ohne die Power des Swissauto-Motors wäre ich nicht an Dixon vorbeigekommen«, sagte Güdel zu Wengers Genugtuung.

Eigentlich war Vizeweltmeister Rolf Biland als große Favorit angetreten, brachte Wenger aber schon während des Trainings an den Rand der Verzweiflung. Wenger eilte zu Biland und versuchte, ihn zur Rückkehr zu den bewährten Yokohama-Reifen zu überreden und einen Exklusiv-Vertrag mit Michelin rückgängig zu machen, den Biland einzig und allein des Geldes wegen unterschrieben hatte.

Weil Michelin gar keine Gespannreifen herstellte, hatte Rolf Biland nämlich kurzerhand Formel 3-Radialreifen montiert, die fünf Zentimeter mehr Durchmesser hatten als die normalen Gespannreifen und erst fahrbar wurden, als er 10 Kilogramm an Bleigewichten und eine um 15 kg schwerere Verkleidung in den LCR-Bug gehängt hatte, die, so Wenger, »wie eine Hundehütte« aussah.

Trotzdem kämpfte Biland mit solchen Fahrwerksschwierigkeiten, daß er sich bei der wilden Fahrt blutige Hände holte und Passagier Kurt Waltisperg Rippenprellungen beschwerte.

Wenigstens hielt er sein Gespann auf der Strecke, ganz im Gegensatz zu dem Australier Shane Soutar, der im Warm-Up beim Anbremsen aus vollem Speed am Ende der langen Start- und Zielgeraden schlagartig nach rechts in Richtung Begrenzungsmauer abgebogen war. Beifahrer Adolf Hänni stürzte dabei aus dem Boot, schlitterte 280 Meter weit und blieb bis auf Prellungen unverletzt.

Gespann und Fahrer schlugen hingegen mit voller Wucht in der soliden Betonmauer ein. Während das Fahrzeug in tausend Stücke zerschellte, wurde Soutar wie eine Puppe durch die Luft gewirbelt. Im Krankenhaus von Florenz stellten sich seine Verletzungen als schwer, aber nicht lebensgefährlich heraus: Gehirnerschütterung, schwere Prellungen, zwei angeknackste Wirbel, eine ausgerenkte Hüfte und ein Beinbruch.

Thunderbikes: Scheschos Schaden

Im Rennen der Thunderbikes fiel Rubatto-Star Stefan Scheschowitsch wegen Motorschadens aus. »Der Motor lief schon am Start etwas zäh, später setzten auf der Zielgeraden plötzlich zwei Zylinder aus. Schade - heute wäre ein fünfter Platz locker dringewesen«, meinte Schescho. Sieger wurde der italienische Wild Card-Fahrer Massimo Meregalli auf seinem Yamaha-Thundercat vor den Honda-Stars William Costes und Yves Briguet.

NOLAN
17
REPSOL
25

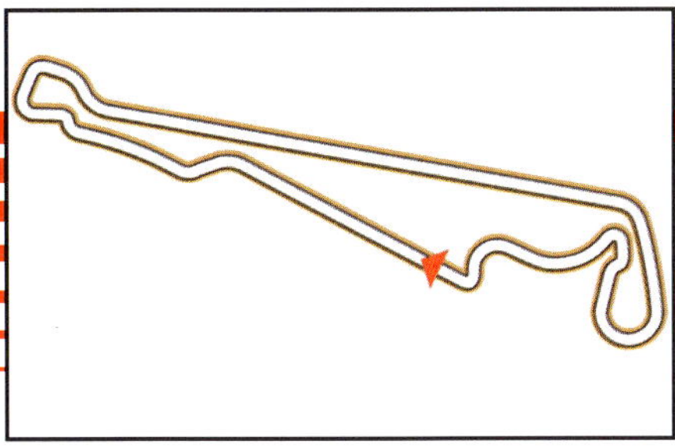

9. 6. 1996: Grand Prix Frankreich in Le Castellet

Im Kugelhagel

Luca Cadalora erlebte ein Halbliterrennen »wie im Kugelhagel«. Die deutschen Honda-Stars Ralf Waldmann, Jürgen Fuchs und Dirk Raudies wurden schon vorher schwer getroffen: Hauptsponsor HB gab den Rückzug zum Saisonende bekannt.

Nach acht Jahren mit Rennen in Le Mans, Magny-Cours und einem Jahr, in dem wegen des strikten Tabakwerbeverbots und mangelnder Geldgeber überhaupt kein Weltmeisterschaftslauf in Frankreich stattfinden konnte, kehrte der französische Grand Prix dank eines mutigen Veranstalters auf den berühmten Circuit Paul Ricard zurück.

Es gab nur wenige Schauplätze, die mit dem einzigartigen Flair dieser Rennstrecke konkurrieren konnten. Mittelalterliche Künstlerdörfer wie das berühmte Le Castellet thronten auf den Hügeln ringsum, in den Feldern zahlloser Kellereien reiften vorzügliche Rot- und Roséweine heran, aus den versteckten, aber umso erleseneren Restaurants stieg der Duft nach gegrillten Lammkeulen, Boulabaisse und all den Kräutern der Provence. Tief unter dem Hochplateau der Rennstrecke schimmerte die tiefblaue Cote d´Azur mit ihren mondänen Ferienorten, in denen sich alles für den großen, bevorstehenden Rummel der Hauptferienzeit herausputzte. Und wem das schon keine Reise wert war, so war es die Rennstrecke selbst.

Schauplatz des alljährlichen Bol´d´Or-Spektakels, des berühmtesten 24-Stunden-Rennens für Motorräder, hatte der Circuit Paul Ricard auch bei den Grand Prix stets für unvergeßliche Kämpfe und Dramen gesorgt.

Olivier Jacque war aus dem richtigen Holz geschnitzt, das Erbe der alten, abgetretenen Garde französischer GP-Stars anzutreten. Der 22jährige aus dem Provinznest Villerupt hatte dem Direktor seiner Technikerschule hohnlachend den Rücken gekehrt, als der ihm das Rennfahren verbieten wollte. Im Nu stieg er zum Star des elf-Chesterfield-Teams von Hervé Poncharral auf und verknüpfte Charme, Talent und Dreistigkeit mit einem so sicheren Instinkt, wie ihn außer ihm nur Max Biaggi innehatte.

Beflügelt vom Heimvorteil, sauste er am ersten Trainingstag hinter dem gewohnt souveränen Max Biaggi auf Platz zwei und blieb auch der gefeierte Held, als er zu Halbzeit des Abschlußtrainings stürzte und auf Rang fünf zurückrutschte. Jacque renkte seinen dislozierten linken kleinen Finger nämlich selbst wieder ein, war aber vernünftig genug, nicht nochmals auf die Strecke zu gehen. »Die Schmerzen waren zu stark«, berichtete er. »Ich bin enttäuscht, denn mein Motorrad lief perfekt, die Pole Position war in Reichweite. Hoffentlich macht mir der malträtierte Finger morgen im Rennen nicht zu viel Kummer«.

Ganz andere Sorgen hatte das HB-Honda-Team. Denn während in Frankreich mit Rückendeckung von Philip Morris und dem Mineralölkonzern elf ein neue Supermacht heranreifte, deren Motorräder im Sonnenlicht wie Silberpfeile strahlten, ging in Deutschland eine Ära zu Ende.

Am Mittwoch, unmittelbar vor der Abreise nach Frankreich, wurde HB-Teammanager Dieter Stappert zu einer Sitzung mit dem neuen British American Tobacco-Vorstandsvorsitzenden Georg C. Domizlaff nach Hamburg zitiert, bei der Dieter Stappert heftige Breitseiten wegen seiner Versäumnisse in Sachen Team- und Menschenführung frei von jeder Selbstkritik wegsteckte, den seit längerem wie ein Damoklesschwert drohenden Rückzug des Sponsors zum Saisonende aber nicht mehr abwenden konnte.

Daß die BAT-Flaggschiffmarke HB von einst über 20 Prozent Marktanteil über zwölf Prozent zum Zeitpunkt der deutschen Wiedervereinigung auf mittlerweile acht Prozent absank und der Motorsport im Zuge neuer Werbestrategien auf den Prüfstand kam, war nach außen hin der Hauptgrund für den Rückzug. 6,5 Millionen Mark Jahresbudget waren schlicht zu teuer und standen

Fahrfreude wie schon lange nicht mehr: Alberto Puig feierte Platz drei

Olivier Jacque vor Max Biaggi:
Ein neuer Held für die französischen Fans

in keinem Verhältnis zur Erfolgsbilanz Stapperts, der in zehn Jahren als Teamchef nur die Vizeweltmeisterschaften von Reinhold Roth 1987 und 1989 sowie Helmut Bradl 1991 vorzuweisen hatte.

Doch daß der Rückzug so schnell und radikal erfolgte und das gesamte Budget verlorenging, hätte, so Cheftechniker Sepp Schlögl, »sicher nicht sein müssen«. Neben Geldeinsparungen ging es vor allem darum, der Marke »weitere Peinlichkeiten zu ersparen« und den »untragbaren Zuständen ein Ende zu bereiten«, wie sich ein Firmenvertreter ausdrückte.

Denn während andere Teamchefs ständig mit Fahrern und Medien kommunizierten, beschäftigte sich Stappert am liebsten mit seiner Stoppuhr an der Boxenmauer, die auch über Wohl und Wehe der einzelnen Fahrer entschied. Statt Nachwuchsfahrer bewußt und behutsam aufzubauen, überließ sie Stappert ihrem Schicksal. Technisch und menschlich im Stich gelassen, verschwanden vielversprechende Talente wie der als Beinahe-Weltmeister der 125 ccm-Klasse für 1992 und 1993 eingekaufte Stefan Prein wieder sang- und klanglos, andere wie der weit unter WM-Form dem Feld hinterherhechelnde Volker Bähr 1994 hatten von vornherein keine Chance.

Erst Jürgen Fuchs schaffte es auf eigene Faust, sich in dem nur nach außen als Gute Laune-Team auftretenden HB-Rennstall durchzusetzen, geriet aber als Werksfahrer-Neuling im Schatten des von Stappert klar bevorzugten Ralf Waldmann in derartigen seelischen Streß, daß er sich eine Magenschleimhautentzündung zuzog. »In einem Team mit dieser Athmosphäre wird nie einer Weltmeister«, hatte Rennarzt Dr. Christoph Scholl schon ein Jahr zuvor prognostiziert.

Trotzdem wurde Arbeitgeber HB auch im Winter 1995/96 der Titel schmackhaft gemacht. Doch weil sich Ralf Waldmann vor Saisonbeginn verletzte und Aprilia-Star Max Biaggi noch überlegener auftrumpfte, als man vermuten konnte, gab es statt Siegen nur Achtungserfolge. Die Konzernführung beobachtete mit Unruhe, wie in Zeitungsmeldungen statt Jubelrufen von teaminternen Querelen die Rede war, wie Dieter Stappert Öl ins Feuer goß, statt die Konflikte aus der Welt zu räumen, und wie er die Verantwortung als Teamchef mit Privatinteressen durchsetzte.

Weil Stappert im HB-Team jahrelang nach Gutdünken regiert hatte und es keine firmeninterne Kontrollinstanz gab, die sich parallel dazu das nötige Know-how verschafft hätte, gab es zum

Sturzopfer Jacque: HB-Teamchef Stappert brachte eine Flasche Prosecco

Rückzug keine wirkliche Alternative.

Der Einzige, der nach diesem Tiefschlag von Weitermachen redete, war der Teammanager selbst. »Ich bin 1000prozentig motiviert, das Team zusammenzuhalten und mit einem neuen Sponsor in der gleichen Besetzung wie jetzt auch 1997 weiterzumachen«, erklärte Dieter Stappert kämpferisch. Doch die Fahrer sahen sich vorsichtshalber schon mal nach Alternativen um, auch wenn es keiner so kraß ausdrückte wie Jürgen Fuchs, der »lieber auf einem Tretroller« als »in solch einer Athmosphäre« weitermachen wollte.

250 ccm: Fuchs gegen Jacque

Obwohl das ganze Team, allen voran der launische Dieter Stappert, den Schock des HB-Rückzugs mit honigsüßer Freundlichkeit zu überspielen versuchten, schienen die benachbarten HB-Boxen weiterhin wie von unsichtbaren Stacheldrähten durchwoben. Als Jürgen Fuchs im Abschlußtraining Platz drei erbeutete und um zwei Zehntelsekunden schneller fuhr als sein fünftplazierter Teamkollege, kam es schon wieder zu einer kleinen Eruption, weil sich Waldi beschwerte, Fuchs habe ihn nicht in den Windschatten genommen.

Den sonst so lebenslustigen, aber auf Nestwärme besonders angewiesenen Waldmann schienen die Hiobsbotschaften am härtesten zu treffen. Obwohl er nach erfolgreichen Tests in Imola wieder sein auf ein senkrecht stehendes Federbein umgebautes Spezialfahrwerk verwendete, lief ihm das Fahren auch im Rennen schlecht von der Hand. Bis zur 16. Runde Dritter hinter dem enteilenden Max Biaggi und dem ehrgeizigen Olivier Jacque, fiel er hinter Jügen Fuchs auf Rang vier zurück und begann schon, sich auf eine Niederlage gegen den Teamrivalen einzustellen. »Meine Federung ist noch nicht der Weisheit letzter Schluß. Ab Mitte des Rennens haben Reifen und Fahrwerk spürbar nachgelassen. Ich konnte nicht schneller fahren und mußte Fuchs vorbeilassen«, berichtete Waldi. »Dann ließ ich mich sofort ein paar Meter zurückfallen, denn der Jürgen wirbelte dermaßen viel Steine auf, daß ich Angst um Kühler und Bremse bekam. Der ganze Lack am Helm ist abgeplatzt!«

Aus sicherer Entfernung beobachtete Waldi, wie Fuchs nun zur Jagd auf den entfesselt aufdrehenden, immer noch an zweiter Stelle fahrenden Olivier Jacque blies. Ein paarmal schob sich der in den langgezogenen Kurven schnellere Bayer kurz nach vorn, verlor gegen Jacque aber immer wieder auf der Querspange von Zielgerade zur Mistralgeraden und hatte wegen eines schlechter laufenden Motors Mühe, sich wieder heranzusaugen. »Deshalb wollte ich schon auf der Zielgeraden so dicht wie möglich an Jacque dranbleiben«, schilderte Fuchs.

Eingangs der 22. Runde kam es dann zu einem verhängnisvollen Zwischenfall. »Ich war einen Meter hinter ihm, wir haben exakt gleichzeitig gebremst, doch meine Anlage hatte Fading, und obwohl ich voll gezogen habe, brachte ich einfach nicht dieselbe Verzögerung zustande. Ich kam ihm immer näher und fuhr ihm schließlich direkt in den Auspuff«.

Damit waren beide Werksfahrer-Neulinge ihrer ungefährdeten Podestplätze und Jacque des großen Triumphes vor eigenem Publikum beraubt, und Waldi durfte aufatmen, weil ihm das Schicksal Platz zwei und das bislang beste Resultat der Saison in die Hand gespielt hatte. »Ich bin so motiviert wie immer und möchte meine Position als bester Honda-Fahrer verteidigen. Der zweite WM-Rang ist nicht außer Reichweite«, trug Waldi eine ungebrochene Moral zur Schau und atmete tief durch, weil der Erfolg genau im richtigen Moment Selbstvertrauen und Marktwert stärkte.

Max Biaggi, Ralf Waldmann: Dank sicherer Entfernung zum Erfolg

Fuchs brachte hingegen einen Spießrutenlauf zur Box hinter sich, bei dem die französischen Fans Flaschen und Büchsen schleuderten und den Bayern am liebsten gelyncht hätten. »Gottseidank waren die nicht bewaffnet«, grinste Fuchs mit Galgenhumor.

Es sprach für Jacque und elf-Chesterfield-Teamchef Hervé Poncharral, daß sie die Entschuldigung von Fuchs und die beiden Flaschen Prosecco von Dieter Stappert mit einem Lächeln und einem Schulterklopfen in Empfang nahmen. Denn Fuchs war eindeutig »der Dackel«, wie es Fernsehzuschauer Mario Rubatto ausdrückte. Weil dieses Bremsfading schon in Jerez aufgetreten war, gehöre ihm, so Rubatto, »gleich zweimal der Duppel gebohrt«.

125 ccm: Manako tankt Energie

Rubatto konnte sich solche Sprüche leisten, denn nach der wenig friedvollen Trennung von Seriensieger Dirk Raudies 1993 und Malaysia-Sieger McCoy 1995 hatte sich der Ex-Rennfahrer und Fahrwerksspezialist wieder zum Erfolg durchgewühlt. Diesmal als Cheftechniker des deutschen United Grey-Teams und des Japaners Tomomi Manako.

Vor den Augen des erstmals zum Grand Prix angereisten Teamchefs Ralf Schindler glühte Manako am Freitag zur vorläufigen Pole Position, und obwohl er im Abschlußtraining und im Rennen mit Kraftmangel im fünften und sechsten Gang kämpfte, war er in der letzten Rennrunde so topfit zur Stelle, als habe er sich einen »top secret« Energy-drink seins Hauptsponsors genehmigt. Auf der Mistralgeraden noch Vierter, schnappte er sich Nobby Ueda und Emilio Alzamora in den anschließenden Kurven und feierte hinter Sieger Stefano Perugini einen formidablen zweiten Platz. »Der schnellste Fahrer auf dem langsamsten Motorrad«, stellte Thunderbike-Teamchef Peter Rubatto fest und tigerte zu seinem Bruder, um zu gratulieren.

Der hatte nach fünf Rennen auf Showa-Federelementen nämlich zu einem bewährten Trick gegriffen – und das Motorrad auf die schon in der Weltmeistermaschine von Dirk Raudies vortrefflich funktionierenden Bitubo-Teile umgerüstet.

Auch das Yamaha-Team des schwäbischen Händlers Hermann Kurz feierte endlich einen Erfolg. Yoshiaki Katoh landete einen fünften Platz, Teamkollege Youichi Ui sicherte trotz eines Sturzes im Rennen als 15. noch einen Punkt. Mit den beiden atmete auch Cheftechniker Heinz Röhrich auf: Bei den IRTA-Tests in Imola unmittelbar nach dem Mugello-Grand Prix hatte das Team nochmals ein neues Airbox-System mit Benzinpumpe getestet, worauf die Motoren genügend Leistung hatten, ohne ständig wegen Benzinmangel festzugehen.

Soviel Fortune hatte Dirk Raudies nicht, auch wenn er nach zwei Ausfällen hintereinander wenigstens wieder einmal Punkte holte. »Mein Start war gut, ich habe sogar Perugini überholen können und lag für eine Weile in Führung. Doch dann fuhr einer nach dem andern auf der Geraden vorbei. Das kotzt mich an«, beschwerte er sich über einen lahmen Motor. »Manako und Katoh hätte ich in Schach halten können. Doch meine Vorderleute haben sich gerammt

Manako: Topfit in die letzte Runde

Angriff aus der Mitte: Manako (8) wurde Zweiter, Öttl (10) ging zu Boden

wie die Blöden, und ich habe aus Sicherheitsgründen kurz das Gas gelupft«.

Mugello-Sieger Peter Öttl ging hingegen aufs Ganze und schwor zu kämpfen, obwohl seine Schaltautomatik seit dem Sonntagmorgen-Warm Up nicht mehr funktionierte und er bei jedem Gangwechsel das Gas zurückdrehen mußte. »Trotzdem kam ich kontinuierlich nach vorn und war schon Vierter, als ich vor einer Kurve auf Ueda auflief und extrahart bremsen mußte. Dabei gab´s einen kleinen Ruck - und schon ist es dahingegangen«, beschrieb er seinen Ausrutscher in der 18. Runde.

Während sein Teamkollege Tex Geissler nach einer Feindberührung mit Akira Saito wenigstens Platz elf rettete, wurde das Schwarzwälder Ditter Plastic-Team vollständig aufgerieben. Masaki Tokudome startete wie schon in Mugello aus der Pole Position, ergriff hurtig die Führung, fiel aber einem abgeplatzten Stück Zylinderlauffläche zum Opfer und tuckerte deprimiert zur Box.

500 ccm: Cadaloras mißglückter Selbstmord

Die Hoffnung, daß Alberto Puig es jemals schaffen würde, in die Weltelite des Motorradrennsports zurückzufahren, war nach seinem schweren Beinbruch in Le Mans 1995 gering. Umso größer war die Erleichterung des Spaniers und seines Teams Fortuna Honda Pons, als Puig im Training Platz vier und einen Startplatz in der ersten Reihe erreichte. »Ein phantastisches Gefühl«, lächelte der sonst eher verschlossen wirkende Puig. »Ich bestreite nicht, daß ich für diesen Moment hart gearbeitet habe. Ich habe mir diesen Erfolg mit täglicher Mühsal verdient. Bis zum Rennen sind es nur noch ein paar Stunden, doch jetzt würde ich mich am liebsten entspannen und dieses Gefühl für ein paar Minuten genießen.«

Puig lehnte sich zurück und erzählte, was er seit jenem Samstag vor einem Jahr durchgemacht hatte, als er bei Tempo 270 die Kontrolle über seine Honda NSR 500 verlor und in der schnellen ersten Rechtskurve ungebremst in die Airfences und die dahinterstehende Betonmauer einschlug. Sein linkes Bein wurde übel zertrümmert und ein wichtiger Nerv durchtrennt. Kaum, daß er einen historischen Sieg in Spanien und den Anschluß an die weltbesten Stars gefeiert hatte, stand ihm nun ein dunkler Winter der Schmerzen und Operationen bevor.

Puig behielt ein steifes linkes Fußgelenk und einen bleistiftdünnen Unterschenkel zurück, weil sich das zerstörte Muskelgewebe nicht mehr regenerierte. Auch auf das Nachwachsen des unterbrochenen Nervs hoffte er bislang vergebens. Noch immer hatte er keinerlei Gefühl im Bein und vergewisserte sich beim Fahren manchmal mit einem Blick nach unten, ob sein Fuß nicht über den Asphalt streifte.

Jeder Normalbürger hätte eine Rente beantragt, doch Puig, in einer äußerst wohlhabenden Familie großgeworden, zog es vor, seinen Traum weiterzuleben. Mit einer nach rechts umgebauten Schaltung und einer im Doohan-Stil ans linke Lenkerende verlegten Hinterradbremse quälte er sich durch die Vorsaisontests und die ersten Rennen, wobei ihm der Weltmeister neben Freunden und Familie der wichtigste Rückhalt bedeutete. »Doohan ist nach außen hin hart und unnahbar, doch dahinter steckt ein weicher Kern. Weil er ähnliches durchmachte, kam er oft in mein Motorhome, um zu plaudern und mir zu er-

klären, wie ich meinen Fahrstil auf die Behinderung einstellen mußte«, verriet Puig.

Der tiefe Glaube des Spaniers, der sogar an Rennwochenenden regelmäßig nach der Gelegenheit zu einer heiligen Messe Ausschau hielt, tat ein übriges. »Ich danke Gott, daß der Frankreich-GP diesmal nicht in Le Mans stattfindet. Ich glaube nicht, daß ich es ausgehalten hätte, dort an den Start zu gehen«, erklärte Puig.

Doch in Le Castellet spürte er eine Fahrfreude wie schon lange nicht mehr. »Erstmals in diesem Jahr fuhr ich nicht für mich selbst, sondern beobachtete auch, was die Kollegen anstellten. Ich hatte das Gefühl: Jetzt bist du wieder richtig dabei.«

Und das bewies er auch im Rennen. Nach einer Runde noch Zwölfter, weil er im dichten Pulk immer noch respektvoll mit Gas und Bremse umging, machte er allmählich Boden gut, profitierte von etlichen Stürzen, überholte Scott Russell, Tadayuki Okada und Norifumi Abe und feierte schließlich hinter Sieger Mick Doohan und Alex Crivillé den ersten Podestplatz seit seinem Unfall. »Diese Strecke kam mir mit ihren vielen Rechtskurven und der langen Mistralgeraden sehr entgegen«, lächelte Puig still. »Es ist bestimmt nicht schwer, sich auszumalen, was mir ein dritter Platz beim Frankreich-GP bedeutet. Heute ist ein glücklicher Tag«, murmelte er abgekämpft und schüttete sich erst einmal eine Flasche Wasser über den Kopf.

Feierte Puig ein großes Comeback, so erlebte Daryl Beattie bereits im Abschlußtraining den nächsten herben Rückschlag. In der gefürchteten ersten Linkskurve von Le Castellet, in die die Fahrer nach zwei langen Geraden mit ausgekühlter Reifenflanke einbogen, stürzte der Suzuki-Star schwer und war

Führungskämpfe: Alex Crivillé vor Mick Doohan und Alexandre Barros

zunächst bewußtlos. Statt zu Dr. Claudio Costa, der ihn schon nach den vorhergegangenen schweren Stürzen versorgt hatte, wurde Beattie ins Streckenspital gebracht und per Helikopter ins Krankenhaus von Toulon verfrachtet.

Hinter verschlossenen Türen wurden eine schwere Gehirnerschütterung, eine Brustkorbprellung mit Blut in der Lunge und ein gebrochener linker Unterarm verarztet, ohne Dr. Costa auch nur als Berater zu akzeptieren. Beattie wurde mit Sauerstoff beatmet und fürchtete schwere innere Verletzungen, weil ihm keiner eine Diagnose stellen wollte. Niemand sprach englisch, statt den verlangten Schmerzmitteln wurde ihm eine Urinflasche gereicht.

Kommentarlos bestanden die Ärzte darauf, ihn über Nacht in der Intensivstation zu behalten. Als Beattie am Sonntagmorgen aufwachte, war sein gebrochener Unterarm genagelt, ohne daß er je ein Papier unterschrieben hätte. Statt ihn wie versprochen um neun Uhr abholen zu können, wartete Teamchef Garry Taylor bis halb drei am Nachmittag, bis die erlauchte Ärzteschaft endlich ihre Visite abstattete und Beattie ins Mietauto steigen ließ. Zu Dr. Costa gelangten die beiden deshalb noch lange nicht: Die Zufahrtsstraßen des Circuit Paul Ricard waren mittlerweile zu Einbahnstraßen für den abfließenden Verkehr abgeriegelt worden.

So versäumten sie ein Rennen, in dem Teamkollege Scott Russell den tapferen fünften Platz erbeutete. Zu verdanken hatte er dies nicht nur einem neuen Big Bang-Motor, sondern auch einer ganzen Serie prominenter Ausfälle. Aprilia-Star Doriano Romboni erlebte einen kapitalen Motorschaden, Kenny Roberts junior rollte wegen einer gebrochenen hinteren Bremsscheibe aus. Sein Yamaha-Teamkollege Jean-Michel Bayle rutschte vor den eigenen Fans würdelos ins Kiesbett, Raineys Yamaha-Star Loris Capirossi stürzte in der zweiten Runde in der Querspange nach der Zielgeraden und rettete sich mit Hechtsprüngen vor der eilends heranahenden Meute.

Verdiente Erfrischung: Alberto Puig

Das Schweizer-französische Joint Venture elf 500 erlebte ebenfalls ein schwarzes Wochenende. Wild Card-Fahrer William Costes, statt des verletzten Adi Bosshard eingesetzt, verstauchte sich im Warm-Up den Knöchel und verzichtete, Star Juan Borja stürzte im Rennen. Weil schließlich auch noch Okada, Itoh, Checa und Jeandat zu Boden gingen, wurde der aus niederschmetternder 17. Position gestartete Luca Cadalora an die sechste Stelle gespült und gab einen denkwürdigen Satz zu Protokoll: »Ich hatte eine Pistole dabei, weil ich mich erschießen wollte. Doch dann gingen die anderen im Kugelhagel unter – und ich überlebte!«

Thunderbikes: Schescho sahnt ab

Rubatto-Star Stefan Scheschowitsch eroberte im Rennen der Thunderbikes Startplatz zwei, rutschte im Rennen aber wegen eines zu weichen Fahrwerks an die sechste Stelle ab – bis er wegen der Ausfälle von Eric Mahé, Stephane Mertens und William Costes wieder auf Rang drei hinter den Franzosen Adrien Morillas und Bernard Garcia nach vorn gespült wurde. »Irgendwann mußt du ja auch einmal Glück haben«, grinste Schescho nach den zwei versiebten Läufen zum Auftakt der Saison.

Katastrophen ohne Ende: Daryl Beattie (links) stürzte im Training, Jean-Michel Bayle im Rennen

Umjubelte Sieger: Ralf Waldmann, Jürgen Fuchs feiern das beste HB-Teamergebnis aller Zeiten

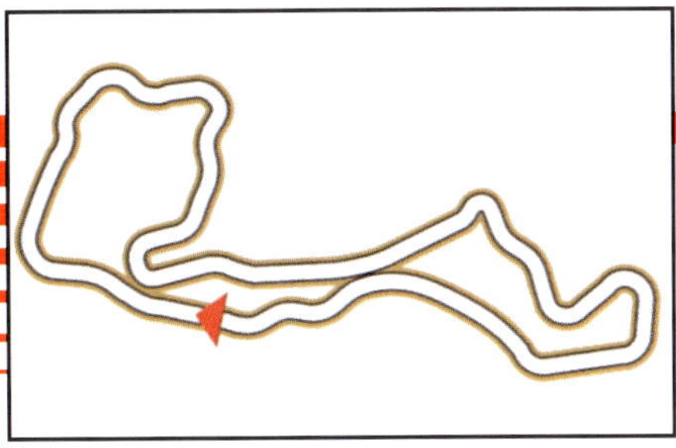

29. Juni 1996: Grand Prix Holland in Assen

Auf Wolke sieben

Olivier Jacque und Jean-Philippe Ruggia stürzten im Nieselregen ab – doch Ralf Waldmann und Jürgen Fuchs schwebten auf Wolke sieben und feierten einen historischen Doppelsieg.

Zu der ersten Präsentation der Zweizylinder-NSR 500 V hatten die Honda-Ingenieure im Oktober 1995 nur Bilder mitgebracht.

Doch nun, beim Grand Prix in Assen 1996, thronte der Production Racer endlich in Lebensgröße auf einem Podest, flankiert vom Prototypen Tadayuki Okadas, der die faszinierend nahe Verwandschaft der kostbaren Werksmaschine mit dem käuflichen Pendant demonstrieren sollte.

Das halbe Fahrerlager, dazu noch prominente Gäste wie Thunderbike-Vorjahres-Champion Udo Mark oder 250 ccm-Ex-Vizeweltmeister Helmut Bradl drängten sich um die Maschine, als gelte es, den allerersten Blick zu erhaschen wie bei einem Supermodel, das nach einem flüchtigen Auftritt auf dem Laufsteg wieder hinter den Kulissen verschwindet.

Doch die NSR 500 V blieb stehen, und wenige Tage später wurden Plakate bei den europäischen Händlern ausgehangt, auf denen die neue Traummaschine so normal zum Kauf ausgelobt wurde wie ein Großserienroller.

20 Einheiten setzte sich Honda für die erste Saison zum Ziel, und das klang keineswegs unrealistisch. Der Kampfpreis von 150000 Mark für eine nackte Maschine und von 170000 Mark ein Motorrad plus Kit schlug die Summe, die man mittlerweile für eine veraltete ROC- oder Harris-Yamaha hinblättern mußte, um Welten, weshalb eine ganze Reihe möglicher Interessenten bereits fieberhaft Finanzierungsmodelle durchspielte.

Denn auch der sportliche Gegenwert einer relativ simpel aufgebauten, relativ leicht zu fahrenden und dennoch halbwegs konkurrenzfähigen V 2-Maschine war im Vergleich zu einer kompliziert zu wartenden, schwierig zu bändigenden und trotzdem hinterherhinkenden Vierzylindermaschine bestechend. Die NSR 500 V war so kompakt gebaut, daß sie bei Eckdaten wie Bauhöhe, Radstand, Gewicht und, dank einer von der Vierzylinder-NSR 500 abgeleiteten, aerodynamisch ausgefeilten Verkleidung, auch bei Stirnfläche und Luftwiderstand gängigen 250ern entsprach.

Dem Motor fehlten zwar 50 PS im Vergleich zu den stärksten V 4-Maschinen, doch hatte Tadayuki Okada schon mehrfach gezeigt, was ein Fliegengewicht mit denselben Handlingeigenschaften, aber mehr Leistung wie eine 250er im Feld der klobigen V 4-Modelle ausrichten konnte.

Der käufliche Production Racer entsprach Okadas Prototypen in allen wesentlichen Konstruktionsdetails. Nur

Umjubelter Neuling: Honda präsentierte den Production Racer NSR 500 V

Beim Fußball war die Welt noch in Ordnung: Erst im Training stürzte Biaggi schwer

beim Gewicht klaffte eine geringe Lücke. Wegen Verwendung billigerer Werkstoffe wog der Production Racer 109 kg im Vergleich zu den 103 kg der reinrassigen Werksmaschine, drei Kilo Mehrgewicht entfielen dabei auf den 38 kg schweren 100 Grad-V 2-Motor.

Doch die Leistung von 135 PS bei 10250 Umdrehungen pro Minute mit dem derzeit noch erlaubten Flugbenzin hörte sich stattlich an. Außerdem brachte Honda den Rivalen Aprilia damit auf die Palme, schon mal 125 PS für den ab 1997 vorgeschriebenen normalen Tankstellensprit anzugeben.

Denn während Honda technisch längst für eine Regeländerung gerüstet war, liefen die Drehschieber-Aprilias nur mit bestem Hochoktan-Kraftstoff zu akzeptabler Leistung auf. Wegen der zu erwartenden Kolbenklemmer sträubte sich das kleine italienische Werk mit Haut und Haaren gegen die neuen Spielregeln und versuchte, eine Verschiebung zu erstreiten. »Honda pokert hoch: Die Japaner wagen es, einen unfertige Maschine auf dem Markt anzubieten, die schon dem Werksteam in jedem Rennen genügend Probleme beschert«, behauptete Teamdirektor Carlo Pernat. »Wir verschwenden an den Bau von Production Racern derzeit keinen Gedanken. Die Technik der RSV 500 muß erst einmal voll ausgereift sein«.

Aprilia war gegenüber Honda klar im Hintertreffen, genoß jedoch den kleinen Triumph von Doriano Romboni, der im ersten Zeittraining Platz eins belegte und alle Vierzylinder-Piloten mitsamt dem zweitplazierten Michael Doohan demütigte. »Ich bin entzückt, aber es wäre noch schneller gegangen«, meinte Romboni, der seine Rundenzeit mit superweichen Qualifikationsreifen vorgelegt hatte. »Auf meiner schnellsten Runde bin ich versehentlich im fünften statt im vierten Gang in die letzte schnellen Linkskurve eingebogen. Das hat bestimmt drei Zehntelsekunden gekostet«, rechnete der Italiener vor, während Okada wegen Untersteuerns mit Platz sechs vorlieb nehmen mußte.

Okada rückte im Abschlußtraining auf Platz fünf, doch Romboni behielt seinen Startplatz in der ersten Reihe, wobei er die Pole Position erst im letzten Moment um acht Hundertstelsekunden an Alex Crivillé verlor.

Daß Max Biaggi in der 250 ccm-Qualifikation fast eine halbe Sekunde einbüßte und hinter Olivier Jacque auf Rang zwei zurückfiel, war hingegen eine bittere Pille für die erfolgsverwöhnten Italiener. Nicht die Technik, sondern Biaggis Übermut steckte hinter der unerwarteten Formschwäche: Bei einem vom Lucky Strike-Team veranstalteten Fußballturnier am Mittwochnachmittag noch ein wendiger und mit allerlei Kabinettstückchen glänzender Torjäger, fiel Biaggi im ersten Zeittraining bei hohem Tempo aufs Kreuz und trug eine schwere Hüftprellung und eine tiefe Schnittwunde am linken kleinen Finger davon, die mit fünf Stichen genäht werden mußte. »Das war mein schlimmster Sturz seit dem Donington-Crash vor zwei Jahren«, schilderte Biaggi. »Ich habe keine Ahnung, was passierte. Es schien, als habe am Kurvenausgang das Vorderrad blockiert«.

Live-Zuschauer sahen den Zwischenfall anders: Biaggi hob das Vorderrad zu einem fröhlichen Wheelie in die Luft, kam mit eingeschlagenem Lenker wieder auf und wurde nur deshalb von seiner Chesterfield-Aprilia katapultiert.

Für die Biaggi-Gegner abseits der Piste war das ein willkommener Anlaß, über all die Mätzchen des exzentrischen Superstars zu lästern, und für seine Rivalen auf der Strecke bedeutete der angeschlagene Weltmeister eine willkommene Brise Morgenluft. »Zunächst ging es mir etwas besser, doch dann bekam das Motorgehäuse einen Riß und spritz-

Zum Geburtstag das beste Resultat der Saison: Eskil Suter erbeutete Platz fünf

te Öl auf den Hinterreifen. Ich hatte einen gewaltigen Rutscher, und dabei fuhr es mir erst recht ins Kreuz«, schilderte Biaggi nach dem zweiten Platz im Abschlußtraining mit schmerzverzerrtem Gesicht. »Jetzt tut mir wirklich alles weh. Ich kann kaum laufen. Morgen brauche ich stärkere Schmerzmittel. Natürlich werde ich versuchen, das Rennen zu beenden und soviele Punkte wie nur möglich mitzunehmen. Doch ein Sieg ist außer Reichweite«.

250 ccm: Biaggi beißt sich durch

Und so machte sich die Honda-Meute endlich einmal ohne den italienischen Störenfried aus dem Staub. Ralf Waldmann und Jürgen Fuchs führten nach der ersten Runde vor Olivier Jacque, Jean-Philippe Ruggia, den Privatfahrern Jürgen van den Goorbergh und Regis Laconi, erst hinter Luis d´Antin kamen auf den Rängen neun bis elf mit Locatelli, Biaggi und Suter die ersten Aprilia in Sicht.

Yamaha-Star Tetsuya Harada war sogar nur an 14. Stelle. Neue Zylinder, die bei Tests in Mugello deutlich mehr Schub geliefert hatten, erwiesen sich in Assen plötzlich als Flop. Trotz aller Einstellungstricks lief der Motor des Japaners zäh, und weil er sich bei einem Sturz übers Vorderrad am Samstagmorgen auch noch das Genick verstaucht und viel an kostbarer Trainingszeit verloren hatte, war seine ohnehin angeschlagene Motivation dahin. Als Achter gestartet, gondelte er lustlos durchs Verfolgerfeld und beendete das Rennen als Zehnter, wobei sich Rainey über ständig schwankende Rundenzeiten wunderte.

Währenddessen entwickelte sich ein Vierkampf an der Spitze, bei dem 100000 Zuschauer durch ständige Positionswechsel unterhalten wurden. Ruggia balgte sich mit Fuchs um Platz drei, gleichzeitig zeigte sich sein junger elf-Chesterfield-Teamkollege glänzend erholt von dem Schreck in Frankreich und stach immer wieder frech an Ralf Waldmann vorbei in Führung.

Jacque ließ sich auch nicht beeindrucken, als in der zwölften Runde Tropfen von seinem Visier zu perlen begannen und ein kurzer Nieselregen über der Strecke niederging. Während der zu diesem Zeitpunkt zweitplazierte Waldmann auf dem trügerischen Parkett das Tempo drosselte und jede Unfallgefahr vermied, glühte Jacque unverdrossen mit Vollgas weiter. Eingangs der 13. Runde hatte er 30 Meter Vorsprung, ein paar Kurven später wälzte er sich im Gras und jammerte dem entgangenen Sieg hinterher. »Ich bin bitter enttäuscht. Ich drehte mich nach Wald-

Mit voller Fahrt ins Verderben: Jacque (19) stürzte im Nieselregen

Ralf Waldmann, Jürgen Fuchs: Das Bad in der Menge

mann um und sah, daß er langsamer fuhr. Ich wollte gerade dasselbe tun, als das Hinterrad so schlagartig ausbrach, als sei ich auf eine Eisplatte geraten«, schilderte Jacque. »Es war schrecklich. Ich hatte den Sieg in Reichweite!«

Rückten Ralf Waldmann und Jürgen Fuchs durch diesen Zwischenfall schon auf die Plätze eins und zwei, so wurden sie auf dem Weg zu ihrem grandiosen Doppelsieg zwei Runden später endgültig alleingelassen: Jean-Philippe Ruggia stürzte an dritter Stelle liegend, weil seine Honda beim Anbremsen der ersten Kurve nach der langen Zielgeraden unvermittelt festging, und stolperte mit einem Brummschädel ins Fahrerlager zurück. »Ein Jammer!«, beschwerte sich Ruggia. »Mein Motorrad lief zwar nicht so gut wie die anderen drei Honda, doch Fuchs hätte ich in der letzten Runde bestimmt erwischt«.

Statt dessen wurde das Finale des 250 ccm-Rennens zu einem beispiellosen Triumphzug, bei dem Waldmann und Fuchs von ihren vielen deutschen Fans mit wahren Geschwadern von Böllern und Raketen gefeiert wurden. Mit riesigen Fahnen gingen sie auf eine Ehrenrunde und feierten den erfolgreichsten Tag der gesamten HB-Teamgeschichte. Wie bei einem Familienfoto strahlten sie mit Teammanager Dieter Stappert auf dem Siegerpodest in die Kameras, und für ein paar schöne, sorglose Stunden verkümmerte der bevorstehende HB-Rückzug zur unbedeutenden Nebensache. »Das war die beste Antwort, um zu bestätigen, daß vielleicht doch eine Fehlentscheidung vorliegt«, triumphierte Waldi, der zum 100. Grand Prix seiner Karriere von Masaki Tokudomes Teamchef Rolf-Peter Ditter mit einer Jubiläumstorte überrascht wurde und an diesem Glückstag auch dem launischen Wetter seine positiven Seiten abgewinnen konnte. »Schon 1991 habe ich hier bei Nieselregen gewonnen, anscheinend liegen mir solche Bedingungen. Kurz nach Jacques Sturz wurde der Regen so stark, daß ich die Hand hob, weil ich dachte, die brechen ab. Doch eine Runde später hörte es auf, die Bedingungen wurden schnell wieder gut, und ich konnte wieder sehr flotte Zeiten vorlegen«, schilderte Waldi, der sich nach den Fahrwerksschwierigkeiten von Frankreich wieder für die handelsübliche Standardschwinge mit liegendem Federbein entschieden hatte.

Weil er eine Bordkamera mitschleppen mußte, war es diesmal Jürgen Fuchs, der sich mit Fahrwerkssorgen abplagte. Die beiden zusätzlichen Kilogramm unter dem Heckbürzel brachten die Balance der Maschine derart durcheinander, daß Chefmechaniker Konrad Hefele die Maschine mehrmals komplett und erfolglos umbaute. Weil es im Warm-Up am Samstagvormittag in Strömen regnete und Fuchs nichts Neues mehr ausprobieren konnte, geriet das Set-Up zum reinen Pokerspiel. »Es ist gigantisch. Ich hätte im Leben nie mit einem solchen Resultat gerechnet. Das entlohnt mich für alles, was in Frankreich schiefgelaufen ist«, sprudelte Fuchs nach seinem ersten Podestplatz. »Meinen Hinterreifen riß es buchstäblich in Fetzen. Er war schon nach drei Runden am Ende. In der Schikane war

Rutscher und Beinahe-Stürze: Tex Geissler (15) fuhr mit geschnittenen Slicks auf Platz acht

ich mehr neben als auf dem Motorrad. Als Ruggia mir auflauerte, fuhr ich nur noch so rund und sauber weiter, wie es irgend ging. Nach seinem Sturz war ich riesig erleichtert«, fügte er hinzu und nahm sich vor, die teaminternen Querelen und die vielen quälenden Diskussionen über die Zukunft erst einmal beiseite zu schieben und sich ganz auf die Arbeit zu konzentrieren. »Die Marschroute heißt Waffenstillstand. Das Einzige, was zählt, sind gute Ergebnisse«.

Wie für Max Biaggi, der nach der Schmach des verunglückten Wheelies die Zähne zusammenbiß, von Platz zehn ganz allmählich auf Schlußrang drei vorfuhr und festhielt, dieser Podestplatz sei mehr ein Sieg über den Schmerz als einer über seine Gegner gewesen. »Wenn er gesund gewesen wäre, hätte er uns Saures gegeben«, räumte Waldi freimütig ein.

Während Biaggi sich mit dem 17. Podestplatz hintereinander über den entgangenen Sieg hinwegtröstete und Roberto Locatelli nach einem Sturz wegen zwei gebrochener rechter Mittelhandknochen verarztet wurde, feierte der Schweizer Aprilia-Star Eskil Suter trotz eines verstauchten linken Knöchels und eines verstauchten linken Handgelenks das zweite große Jubiläum des Tages. Als Geschenk zu seinem 29. Geburtstag am 29. Juni stockte er sein mageres Konto mit seinem bislang besten GP-Resultat auf 29 WM-Punkte auf. »Ich erwischte einen tollen Start, war nach meinem Sturz gestern besonders hoch motiviert und hatte jede Menge Spaß«, strahlte Suter, der mit dem tollen fünften Platz hinter Lokalmatador Jürgen van den Goorbergh auch bei dem von den Anfangsresultaten frustrierten Schweizer Aprilia-Importeur Staub den Kopf aus der Schlinge zog.

125 ccm: Tokudome verhext?

Ein anderes Jubiläum fiel weniger glücklich aus. Dreimal hintereinander hatte Masaki Tokudome in der 125 ccm-Klasse die Pole Position erobert, dreimal hintereinander scheiterte er dann wegen kleiner Materialfehler an seiner Ditter Plastic-Aprilia. In Mugello versagte am Start die Kupplung. In Frankreich splitterte die Nikasil-Beschichtung des Zylinders. In Assen glühte er zwei Runden souverän voraus, dann wurde er schlagartig langsamer und rollte mit einer gebrochenen Zündkerze an die Box. »Offensichtlich bin ich verhext. Doch ich werde den Teufelskreis aus eigener Kraft durchbrechen - und am Nürburgring alles tun, um die vierte Pole Position zu erbeuten«, gab sich der Japaner kämpferisch.

Für den Vorjahreszweiten Peter Öttl war das Rennen schon nach dem Abschlußtraining zu Ende. Der Star des Aprilia Eckl-Teams bog etwas zu schnell in eine Kurve ein und wollte noch korrigieren, geriet dabei aber auf die Wiese und schlug schließlich mit Tempo 80 in die Reifenstapel ein. Öttl konnte sich an nichts erinnern, redete wirr und mußte wegen einer schweren Gehirnerschütterung für zwei Tage das Krankenhausbett hüten.

Triumph fürs Cepsa-Team: Alzamora (Bild) gewann, Ivan Goi wurde Zweiter

Die deutschen Fahrer, die übrigblieben, wurden zum Opfer der dubiosen Wetterverhältnisse und der Rennleitung, die den 125 ccm-Lauf erst unmittelbar vor dem Start zum »Dry Race« erklärte. »Ich hatte einen handgeschnittenen Slick am Vorderrad und überlebte etliche heftige Rutscher und Beinahe-Stürze. Aber wenigstens ließ ich mich nicht wieder nach hinten durchreichen«, tröstete sich Öttls Teamkollege Tex Geissler nach dem achten Platz.

Das beste deutsche Team: United Grey-Pilot Manako (vor Aoki) wurde Fünfter

Vorjahressieger Dirk Raudies war dagegen schon wieder sauer über Rang sechs. »Kaum war das Dry Race-Schild draußen, wurden meine Jungs beim Startplatz hinausgeworfen. Andere haben noch ewig weitergeschraubt, weil nicht genügend Ordner für alle da waren«, schilderte Raudies. »Außerdem wußte ich nicht, daß Michelin-Intermediates wirklich nur für nasses Wetter taugen. Als es trocken wurde, bin ich eingegangen«.

United Grey-Cheftechniker Mario Rubatto freute sich nach dem fünften Platz von Tomomi Manako, das beste deutsche Team gestellt zu haben, denn die Spitze machten andere unter sich aus. Der Spanier Emilio Alzamora sauste als Sieger über die Linie, im Windschatten hielt sich sein erst 16jähriger italienischer Cepsa-Teamkollege Ivan Goi und wurde als jüngster Mann aller Zeiten auf einem GP-Podest gefeiert.

Ebenso beeindruckend war, wie clever sich die beiden gegen Weltmeister Aoki wehrten, der zwei Runden zuvor noch geführt hatte. »Goi und ich haben uns in der letzten Runde berührt, aber er hat nicht zurückgesteckt. Das hat mich beeindruckt«, strahlte der drittplazierte Aoki freundlich.

500 ccm: Romboni biegt falsch ab

Nach Alzamoras Erfolg hofften die Spanier auch auf eine Großtat von Alex Crivillé in der Halbliterklasse, zumal er Michael Doohan im Training um eine halbe Sekunde distanziert und die Pole Position erbeutet hatte. Auch, als das Rennen wegen eines kurzen, heftigeren Regenschauers nach acht Runden unterbrochen wurde, war noch nichts entschieden. Doohan lag nur 0,3 Sekunden vor Crivillé, und als der Spanier nach dem zweiten Start in Führung gehen und seinen Vorsprung stellenweise auf über eine Sekunde ausbauen konnte, machte er sich immer noch Hoffnungen.

Doch dem Druck des kühl und fehlerfrei auftretenden Weltmeisters war Crivillé auch diesmal nicht gewachsen. Er verpaßte die Einfahrt zur Schikane und mußte wieder einmal zusehen, wie ihm Doohan den Sieg vor der Nase wegschnappte. »Ich habe einen Fehler gemacht und dafür bezahlt. Aber dafür ist Doohan auch zweifacher Weltmeister und kein Gegner wie jeder andere«, entschuldigte er sich.

Bei 53 Punkten Vorsprung brauchte sich Doohan in der Weltmeisterschaft nur vor einer Verletzung zu fürchten, andere Gegner gab es nicht mehr. Zwei Wochen nach seinem schweren Sturz in Frankreich wurde bei Vizeweltmeister Daryl Beattie ein Schädelbruch festgestellt; weil er schon beim Saisonauftakt in Malaysia eine Gehirnerschütterung erlitten und den Gleichgewichtssinn durcheinandergebracht hatte, wurde ihm eine mindestens dreimonatige Pause verordnet. In Assen erschien er nur zu einigen verdrießlichen Interviews und drückte sich vor der Gewitterstimmung, die nach den niederschmetternden Trainingsergebnissen des als 12. qualifizierten Ersatzfahrers Terry Rymer und des an 15. Stelle herumkrebsenden Scott Russell im Lucky Strike-Zelt herrschte. Erst durch den überraschenden vierten und siebten Platz im Rennen wurden die Gemüter

beim Hauptsponsor des Teams und des ganzen Assen-Wochenendes wieder halbwegs beruhigt.

Eine Gefahr für Mick Doohan war auch Luca Cadalora nicht mehr. Weil seine weiße Honda wieder einmal zu stark untersteuerte, fuhr der sensible

Kein britisches Empire: Terry Rymer (links) ritt im Training durchs Kiesbett, James Haydon stürzte im Rennen

Italiener wie schon in Japan lustlos an die Box. »So ist der Rennsport manchmal: Du rackerst und rackerst, und am Ende bist du wieder da, wo du angefangen hast«, lächelte der gedemütigte Erv Kanemoto verlegen.

Beobachter Wayne Rainey hatte die Wechselbäder des Kanemoto-Teams Wochen zuvor schon anders gedeutet und Cadalora schlicht mangelnde Lei-

Michael Doohan gegen Scott Russell: Der Weltmeister gewann, der Suzuki-Star rettete die Team-Ehre mit Platz vier

densfähigkeit unterstellt. Eine Fähigkeit, die man seinem eigenen Schützling Loris Capirossi nicht in Abrede stellen konnte: Nach einer Serie furchterregender Stürze in den letzten Rennen schied er diesmal an fünfter Stelle liegend deshalb aus, weil ihm die Mechaniker zuwenig Benzin in den Tank gekippt hatten.

Während sich Honda-Zweizylinder-As Tadayuki Okada mit kaputter Vorderbremse als 13. über die Ziellinie rettete, buchte sein italienischer Widerpart Doriano Romboni auf der Zweizylinder-Aprilia den kuriosesten Ausfall von allen: Nach einem zu mutigen Überholmanöver von der Spur abgekommen, blieb ihm als sicherster Notausgang nur noch die Boxenstraße. Einmal dort angekommen, war er in seiner hellen Aufregung so überzeugt, eine ganze Runde verloren zu haben, daß er vollends aufgab und seine Maschine in der Box abstellte. »Das war eine Dummheit, aber es hätte keinen Unterschied gemacht. Im Warm-Up ging meine beste Maschine kaputt, und das Ersatzmotorrad lief nicht richtig«, stellte er fest.

Elf 500-Pilot Adi Bosshard fiel beim Comeback wegen Zündaussetzern aus, dafür zeigte Teamkollege Juan Borja sein bislang bestes Rennen. Tapfer hielt er die vier Honda-Werksfahrer Itoh, Checa, Puig und Okada auf Distanz und lief als stolzer Neunter ein. »Wir haben immer noch Probleme mit der Leistungsentfaltung und dem Chassis-Set-Up. Ich konnte am Kurvenausgang nicht früh genug Gas geben. Doch wenn wir so weiter machen, sind bis zum Saisonende noch eine Reihe guter Resultate drin«, rieb sich der schnelle Spanier die Hände.

Das bislang beste Rennen:
elf-Pilot Juan Borja erkämpfte Platz neun

Gespanne: Bilands Benetton

Ebenso innovativ wie das elf-Swissauto-Joint Venture zeigte sich auch Rolf Biland, doch ließ der Erfolg leider weiter auf sich warten. Denn kaum war der Schweizer Exweltmeister von dem irrwitzigen Plan abgerückt, überdimensionierte Formel 3-Reifen von Michelin an seinem Gespann einzusetzen, wagte er sich an das nächste technische Experiment. In 600 Arbeitsstunden kopierten er und seine Mechaniker den Bug des Benetton-Formel 1-Rennwagens und vollendeten ihr Werk am Morgen der Assen-Premiere durchs Anbringen von Haltegriffen für Passagier Kurt Waltisperg.

Doch schon nach drei Runden im freien Training zeigte sich die ganze Arbeit als vergebliche Liebesmüh´. »In den unteren drei Gängen fehlt hinten die Traktion, in den oberen drei wird das Gespann vorne zu leicht«, erklärte Biland die neue Verkleidung schon wieder zum Museumsstück.

Im ebenfalls von Regen unterbrochenen Rennen der Gespanne hatte er allerdings auch mit der alten Verkleidung kein Glück. Weltmeister Darren Dixon entriß dem Schweizer in der letzten Runde die Führung und stach dabei derart vehement in ein vermeintliches Loch, daß die Gespanne aneinanderknallten und der Kopf von Bilands Beifahrer Kurt Waltisperg eingeklemmt wurde.

Wutentbrannt revanchierte sich Biland bei der nächsten Gelegenheit, worauf beide Gespanne von der Strecke trudelten. »Mein Pech: Darren stand in der

Wiese und konnte weiterfahren, ich steckte tief im Kies«, erzählte Biland, der mit qualmendem Motor als Sechster einlief und ein Loch im Verkleidungsbug zur Schau trug, als hätte der weiße Hai hineingebissen.

Auch Ralph Bohnhorst hatte sich sein Comeback etwas anders vorgestellt. Um an erfolgreiche alte Zeiten anzuknüpfen, legten Exweltmeister Rolf Steinhausen und er einen seit langem schwelenden Streit beiseite und machten wieder gemeinsame Sache. Steinhausen wechselte die Kolben des ADM-Motors, die wegen einer defekten Zündanlage im Training reihenweise festgingen; Bohni beschäftigte sich derweil mit psychologischer Kriegsführung und rannte nach dem deutschen Halbfinalsieg in der Fußball-Europameisterschaft mit einem Schild durch das von Engländern bestimmte Gespannfahrerlager, auf dem die mächtigen Ziffern »6:5« zu lesen waren.

Doch am Ende war die ganze Mühe umsonst. »Ab Mitte des Rennens fühlte sich die Bremse an wie Matsch, ich mußte 200 Meter früher bremsen als normal«, kommentierte Bohnhorst seinen zehnten Platz.

Glücklicher ging die Fahrt der Schweizer Güdel-Brüder zu Ende: Nach einem Kabelbrand beim ersten Anlauf nutzten sie die unverhoffte Regen-Unterbrechung zu hektischen Reparaturarbeiten. Am Schluß erkämpften sie Platz drei, obwohl sich Passagier Charly Güdel nicht wie gewohnt in seinem Boot bewegen konnte. »Überall hingen Kabel herum. Ich hatte Angst, etwas abzureißen«, meinte er.

Thunderbikes: Scheschos Schmerzen

Bei den Thunderbikes gab es zur Feier des Tages einen Heimsieg für die holländischen Fans: Honda-Mann William Costes ratterte in der Schikane geradeaus und verlor so viel Schwung, daß sein Verfolger Jeffry de Vries beim Beschleunigen bis zum Zielstrich die besseren Karten hatte und das Fotofinish auf seiner Thundercat-Yamaha mit einer Radlänge Vorsprung für sich entscheiden konnte.

Rubatto-Star Stefan Scheschowitsch beschloß ein »rabenschwarzes Wochenende« mit dem zehnten Platz. »Dafür, daß ich im Training dreimal stürzte und den rechten Fuß verstauchte, ist es noch ganz gut«, meinte der Kawasaki-Star mit schmerzverzerrtem Gesicht.

Als hätte der weiße Hai zugebissen: Rolf Biland wurde mit Loch im Bug Sechster

Dirt Track in der Schikane: Fuchs (rechts) setzte sich gegen Biaggi durch

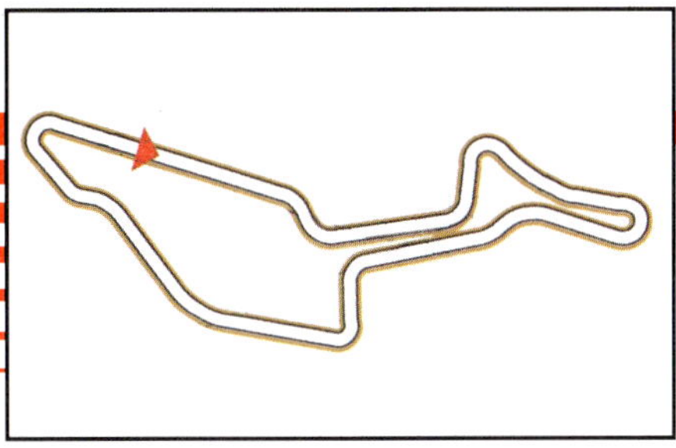

7. 7. 96: Grand Prix Deutschland am Nürburgring

Ab durch die Mitte

Die gefürchtete Schikane am Nürburgring wurde für die deutschen Teams zum Schlüssel des Erfolgs: Masaki Tokudome gewann dort gegen Stefano Perugini, Jürgen Fuchs trickste Max Biaggi aus und machte den zweiten großen Triumph des HB-Honda-Teams perfekt.

Ralf Waldmann brachte nach seinem Sieg in Assen eine turbulente Woche hinter sich. Am Samstagabend nach dem Holland-Grand Prix fuhr er noch mal eben 30 Kilometer mit dem Rennrad, am Sonntagmorgen legte er zehn Kilometer beim Jogging zurück. Dann reiste er mit seinem Clou Liner in die Heimat Ennepetal zurück, saß aber am Montag abend schon wieder als Studiogast bei »Blickpunkt Sport« in München neben seinem Teamkollegen Jürgen Fuchs, wo beide trotz drängender Reporterfragen ihre teaminternen Dissonanzen in Abrede stellten.

Am Dienstagmorgen war Waldi um halb sechs auf den Beinen, flog um acht Uhr zurück nach Düsseldorf, legte die nächste 10 km-Joggingrunde zurück und fand sich abends bei einer Shoei-Feier ein, bei der ein neuer Helm im Waldi-Design präsentiert wurde.

Am Mittwoch kam er dann mit dem Wohnmobil am Nürburgring an und machte es sich gemütlich, zog aber rechtzeitig vor dem großen Ansturm der Fans in eine kleine Pension im Dörfchen Barweiler um. »Der Lärm in den Festzelten ist so stark, daß du ohne Ohrstöpsel nicht schlafen kannst«, meinte er.

Und den Nachtschlaf hatte er bei seinem 14-Stunden-Tag auch wirklich bitter nötig. Am verregneten Freitag bestritt er nach dem Training das erste lange Pressegespräch, am Samstagabend gleich zwei weitere Pressekonferenzen, marschierte daraufhin ins Zelt seines Sponsors Schuh und schrieb sich mit Autogrammen »eine Stunde lang die Finger wund«.

Zwischendurch hatte er im trockenen Abschlußtraining noch Zeit für die Pole Position. »Wegen der ständig wechselnden Witterung hatten wir schwierige Verhältnisse. Doch zum Schluß hin hat alles gepaßt, meine letzte Runde war die Schnellste. Ich bin zufrieden«, meinte Waldi gutgelaunt.

Sein Teamkollege Jürgen Fuchs

Die Medien-Stars: Jürgen Fuchs, Ralf Waldmann bei einer HB-Pressekonferenz

hatte dagegen ein Wechselbad der Gefühle hinter sich. Im Abschlußtraining stürzte er gleich in der ersten Runde. Die Streckenposten richteten seine gelbe Honda wieder auf, Fuchs knatterte mit einem Auspuff über die Rettungsstraße an die Box zurück, wo die Mechaniker in Rekordzeit Auspuff, Fußrastenplatten, Kühler, Bremshebel, Gasgriff und Verkleidung austauschten und Fuchs zwölf Minuten vor Schluß wieder losschickten.

Wenig später hielt Gattin Tini ihm ein »P 2«-Schild unter die Nase, worauf Fuchs jubelnd wie nach einem Sieg in die Boxengasse zurückkehrte. Doch kurz darauf folgte der nächste Schock: Weil Fuchs wie etliche andere Fahrer ausgangs der Schikane eine Abkürzung über die Bordsteine genommen hatte, wurde ihm seine schnellste Zeit aberkannt. Fuchs zierte als 32. den Schluß der Rangliste, worauf Teammanager Dieter Stappert mit der Rennleitung Fraktur redete und erreichte, daß der fragliche Teil der Schikane als Teil der Strecke anerkannt wurde. Fuchs erhielt Startplatz fünf.

Trug der Bayer eine Hüftprellung davon, so war Weltmeister Max Biaggi immer noch gezeichnet von den Rückenschmerzen, die er bei seinem Trainingssturz in Assen davongetragen hatte. »Keiner kann sich meine Kreuzschmerzen ausmalen«, stöhnte er nach dem hart erkämpften zweiten Trainingsplatz. »Ich beiße wirklich die Zähne zusammen, habe aber trotzdem Schwierigkeiten mit schnellen Richtungswechseln von links nach rechts. Wahrscheinlich muß ich mir eine weitere Serie schmerzstillender Spritzen verpassen lassen. Sie sind zwar nicht gut fürs Muskelgewebe, doch sie sind die einzige Möglichkeit, das Rennen durchzustehen«, fügte er hinzu.

Nehmerqualitäten stellte auch Peter Öttl unter Beweis. Die Nachwirkungen der schweren Gehirnerschütterung von Assen waren noch so

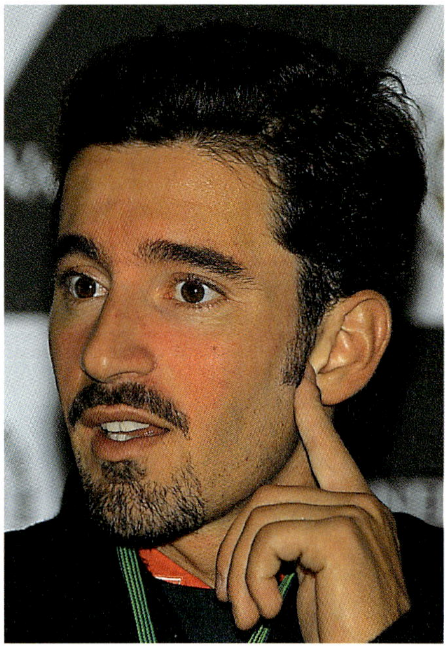

Immer noch Kreuzschmerzen: Biaggi

stark, daß der Aprilia Deutschland-Star erst nach zwei ärztlichen Kontrollen zum Training zugelassen wurde. Tapfer schaffte er im freien Freitagstraining Platz acht, hatte dann aber schon wieder Pech: Im verregneten ersten Zeittraining am Nachmittag wurde er von dem stürzenden Andrea Ballerini aus dem Sattel torpediert und schlug abermals hart mit dem Helm auf.

Öttl hatte Kopfschmerzen und Schwindelgefühle, wurde von Dr. Costa mit Infusionen behandelt, wirkte krank und demoralisiert und stellte nach dem 23. Platz im Abschlußtraining einen Startverzicht in Aussicht. »Ich bin in schlechter Verfassung. Wenn sich herausstellt, daß ich nicht fahren kann, muß ich das akzeptieren«, meinte er düster, war anschließend aber trotzdem bis spätabends auf den Beinen, um seinen Sponsorverpflichtungen nachzukommen. »Ein furchtbarer Mensch«, seufzte sein sorgenvoller Vater, der ihn lieber im Bett gesehen hätte.

Am Sonntagmorgen traf der zähe Öttl die Entscheidung, im Rennen an den Start zu gehen. Doch vorher hatte Veranstalter und »moto motion«-Chef Franz Rau noch eine wichtige Hürde zu meistern: Ex-GP-Star Martin Wimmer, als Sportleiter des mitveranstaltenden ADAC Vertragspartner von Rau und moto motion, drohte vor dem Warm-Up am Sonntag morgen plötzlich, den Grand Prix platzen zu lassen.

Grund für den Ärger war eine kleine Vertragsklausel, derzufolge Rau und moto motion für 30000 Mark Anmeldegebühr an die deutsche Motorradsportföderation OMK geradestehen sollten. Rau hatte diesen Passus nach Rücksprache mit der FIM und der TV-Agentur DORNA aus dem Vertrag mit dem ADAC gestrichen, doch Wimmer wollte diese Klausel unbedingt wieder einfügen.

Bei der Rennleitung schaltete er alle Ampeln auf rot. Nichts ging mehr draußen auf der Strecke, das Warm-Up verzögerte sich, bis DORNA-Direktor Carmelo Ezpeleta ein Machtwort sprach und mit seiner eigenen Unterschrift die Verantwortung für die Anmeldegebühr übernahm.

Der bedauernswerte Rau stand im Kreuzfeuer, war in Wirklichkeit

Nach drei Niederlagen endlich wieder vorn: Masaki Tokudome

aber völlig im Recht: Moto motion zahlte die Pauschalsumme von 1,8 Millionen Mark für den Grand Prix an die DORNA, die die Vermarktungsrechte wiederum pauschal bei der FIM eingekauft hatte. Damit stand es der Landesföderation OMK überhaupt nicht zu, vom Veranstalter eine weitere Gebühr zu erheben.

125 ccm: Kämpfer Öttl

Gerade noch rechtzeitig wurde das Problem aus der Welt geschafft, und gerade rechtzeitig kam bei Ditter Plastic-Star Masaki Tokudome im ersten Rennen des Tages die ersehnte Wende nach einer langen Pechsträhne.

Dreimal hintereinander war der Japaner bei den 125ern aus der Pole Position gestartet und an kleinen Materialdefekten gescheitert. Am Nürburgring stürzte er in beiden Zeittrainings und verpaßte die vierte Trainingsbestzeit, doch im Rennen riß er das Ruder herum. Eine Runde brauchte er, um Weltmeister Haruchika Aoki von der Spitze zu vertreiben, dann spielte er Flaggschiff in einer Formation von acht Werksmaschinen, die in dichter Symmetrie zusammenblieben.

Stefano Perugini fuhr Tokudome vier Runden vor Schluß vor den Bug, doch im Endspurt setzte der Japaner nochmals alle Segel, konterte eingangs der Schikane und machte danach alle Luken dicht, wobei er sich der direkten Linie über die Bordsteine bediente. »Während des Trainings bin ich stets ordentlich auf der Strecke geblieben. Erst in den letzten beiden Runden bin ich wie Perugini geradeaus über die Kerbs gerattert. Das hat sich bewährt«, schmunzelte Tokudome.

Peter Öttl hätte ihm den Triumph um Haaresbreite verdorben. Trotz seiner angegriffenen Gesundheit mischte er mit einer seiner zornigen Aufholjagden das halbe Feld auf und schnupperte in der letzten Runde neugierig an Tokudomes Hinterrad. Öttl wagte sogar den Angriff, war aber deutlich zu schnell und geriet unmittelbar nach seinem Überholmanöver in die Wiese. Seine feuerrote Aprilia wirbelte eine mächtige Ladung Schlamm auf Tokudomes Frontpartie, haarscharf balancierten die beiden an einem Zusammenstoß vorbei.

Öttl fiel in dieser Schrecksekunde wieder zurück, erreichte aber immerhin noch als Sechster das Ziel. »Ich bin einerseits sehr enttäuscht, doch andererseits muß ich zufrieden sein. Ein Podestplatz wäre unter den Voraussetzungen unglaublich gewesen«, murmelte Öttl, der von seinem Team trotzdem wie ein Sieger gefeiert wurde. »Der Peter ist der größte Kämpfer, den ich je gesehen habe«, zollte ihm Teamchef Eckl Respekt.

Und war auch auf Nachwuchsfahrer Tex Geissler stolz, der mit einem starken Schlußspurt Platz neun erreichte. »Ich bin in der Anfangsphase zu verhalten gefahren«, übte er sich trotz des Erfolgs in Selbstkritik.

Schaffte UGT-Pilot Tomomi Manako klar vor Geissler Platz acht, so hinkte Dirk Raudies als 16. unerwartet weit hinterher. Am späten Samstagabend hatten seine Mechaniker noch eine brandneue, aerodynamisch ausgefeilte Sitzbank lackiert und als Geheimwaffe eingebaut. Doch im Rennen stimmte weder die Motorleistung noch die

Getriebeabstufung, in den Kurven stempelte das Vorderrad, und als ihm in der letzten Runde der stürzende Ui den Weg versperrte, war auch der letzte WM-Punkt dahin.

Biaggi vor Waldi, Jacque, Fuchs und Lucchi: Am Schluß fehlte die Kraft

250 ccm: Ende einer Serie

Der Sonntagmorgen am Nürburgring war kühl gewesen, und Giacomo Agostini hatte seine alte MV Agusta aufbrüllen lassen, um den 30000 fröstelnden Fans auf den Tribünen das Herz zu erwärmen.

Doch während des 250 ccm-Rennens hatte er längst Feierabend und spazierte unruhig in der Bar des Streckenhotels hin und her, wo das Geschehen über eine Monitorwand flimmerte und Max Biaggi hartnäckig die Spitze verteidigte.

Erst im Endspurt fiel der Weltmeister zurück, und als Biaggi schließlich als Vierter die Ziellinie querte, spielte ein triumphierendes Lächeln um Agos Mundwinkel. 17 mal hintereinander hatte Max Biaggi auf dem Siegerpodest gestanden, doch nun war die Serie gerissen, und der alte Rekord von Ago selbst, der in der Glanzzeit seiner Karriere in 22 Rennen hintereinander das Podest erobert hatte, hatte weiter Bestand – womöglich bis in alle Ewigkeit. »Jetzt kann Ago ruhig schlafen«, meinte Biaggi abgekämpft.

Jürgen Fuchs hatte ihm den dritten Platz nervenstark und mit breiten Ellbogen vor der Nase weggeschnappt. In der ersten Doppelkurve, wo er schon Locatelli-Ersatz Marcellino Lucchi überholt hatte, schob er sich in der letzten Runde vor den Weltmeister und gab auch nicht nach, als Biaggi in der Schikane zu kontern versuchte. »Das war eine harte Aktion. Er hat sich reingezwängt, und ich bin voll durch den Dreck geschossen«, berichtete Fuchs.

Der Bayer feierte den zweiten Podestplatz seiner GP-Karriere, und mit ihm segelte das ganze HB-Team auf einer Woge des Glücks, weil Ralf Waldmann wie in Assen ein perfektes Rennen hinzauberte und den zweiten Saisonsieg hinlegte. »Jedesmal, wenn ich in Führung ging, habe ich den Applaus des Publikums gehört. Danke, Jungs«, rief Waldi auf dem Podest und schüttelte kämpferisch die Faust, weil er auch in der Weltmeisterschaftswertung plötzlich wieder Morgenluft verspürte. »Es konnte gar nicht besser laufen. Ich habe als erster Deutscher einen GP hier auf dem Nürburgring gewonnen und wieder ein paar Pünktchen auf Biaggi gutgemacht. Bei sechs ausstehenden Rennen ist noch alles drin, glaube ich!«

So kühn der Traum vom Titel auch scheinen mochte, die Vizeweltmeisterschaft hatte Waldi schon sicher in der Hand. Denn Tetsuya Ha-

Verbeugung vor dem Publikum: Sieger Ralf Waldmann, Olivier Jacque

rada erlebte abermals ein rabenschwarzes Wochenende. Nach einem Sturz im Abschlußtraining in die fünfte Startreihe zurückgeworfen, plagte er sich im Rennen mit Aussetzern und gab in der 18. Runde an aussichtsloser 12. Stelle auf. »Das Motorrad lief nur noch auf einem Zylinder. Vielleicht war es ein Zündkabel«, vermutete der Yamaha-Star.

Statt ihm schaffte endlich der mutige Olivier Jacque den verdienten Sprung aufs Podest. Nach einem Blitzstart zwei Runden lang in Führung, behauptete er sich mit seiner elf-Chesterfield-Honda unerschrocken in der Spitzengruppe und querte am Ende in Waldis Windschatten als Zweiter die Ziellinie. »Auf diesen Erfolg habe ich lange gewartet. Jetzt kann ich es mir leisten, von einem Sieg zu träumen«, atmete Jacque nach den Stürzen in Assen und Frankreich auf.

500 ccm: Rudroffs riskante Besichtigungsrunde

Auch Luca Cadalora fuhr am Nürburgring seinem Pech davon. Der sensible italienische Halbliter-Star erwischte nach langer Durststrecke endlich wieder eines jener Wochenenden, an dem seine Kanemoto-Honda wie auf Schienen durch die Kurven lief.

Am Samstagmorgen Schnellster, fiel er nur wegen falscher Regie und einsetzendem Regen auf Startplatz sechs zurück. Im Rennen übernahm er flugs die Führung, wurde nach neun Runden zwar von Mick Doohan abgelöst, schlug im letzten Renndrittel aber wieder zurück und stellte den zweiten Saisonsieg sicher. »Am Anfang rutschte ich stärker als Doohan, außerdem schoß ich in der Dunlop-Kehre über den Bremspunkt hinaus und verspielte meinen gesamten Vorsprung, deshalb hat er mich erwischt. Ein paar Runden später ließen seine Reifen nach, und ich war wieder an der Reihe«, erzählte Luca, der vom neuen Nürburgring seit seinem allerersten GP-Sieg 1986 auf einer 125 ccm-Garelli begeistert war.

Doohan kam mit Alex Crivillé im Schlepptau als Zweiter ins Ziel und nahm seine Niederlage mit Gelassenheit. »Ich konnte meine Boxentafel nicht ausmachen, deshalb habe ich die digitale Rundenanzeige auf der Brücke beobachtet. Leider war mir unklar, wann die letzte Runde begonnen hatte, sonst hätte ich eingangs der Schikane noch zu attackieren versucht. Aber ich weiß nicht, ob ich Luca erwischt hätte – er ist wirklich ein großartiges Rennen gefahren«, erzählte Doohan. »Doch ich bin auch so zufrieden. Ich habe bei zwei Starts am Nürburgring zweimal das Ziel verpaßt, deshalb war mir das Ankommen am Wichtigsten«.

Crivillé hatte seinerseits eine Schlußattacke auf Doohan an der gleichen Stelle geplant, machte aber in der schnellen Rechtskurve zuvor bereits einen Fehler. »Damit hatte ich den Anschluß verloren und war nicht nahe genug, um ein Ausbremsmanöver riskieren zu können. Aber ich bin happy mit dem dritten Platz«, beteuerte der Spanier.

Die Zufriedenheit der Repsol-Honda-Fahrer hatte noch einen zweiten Grund: Doohan und Crivillé setzten schwungvoll ihre Unterschrift unter zwei neue Einjahresverträge, nachdem HRC-Präsident Takashi Shinozaki nach einer ersten, aus finanziellen Gründen gescheiterten Verhandlungsrunde entsprechende Nachbesserungen in die Papiere eingebaut hatte.

Weniger glatt verlief das Wochenende bei Lucky Strike Suzuki.

Barros gegen Russell: Am Schluß fiel der Brasilianer auf Rang acht zurück

Beattie-Ersatzfahrer Terry Rymer stolperte bereits in der Aufwärmrunde über den vor ihm gestürzten Laurent Naveau, verstauchte den linken Knöchel und brach den linken kleinen Finger.

Während ein Ambulanzfahrzeug um die Strecke kreiste, wurde das Rennen gestartet und zwangsläufig sofort wieder abgebrochen. Rymer nutzte den Regiefehler und die 20 Minuten Pause, um auf sein Ersatzmotorrad zu steigen, stürzte aber nach acht Runden erneut.

Pechvögel: Michi Rudroff (links) stürzte bereits in der Besichtigungsrunde, Doriano Romboni brach sich im Rennen das Kahnbein

Noch schneller war der 100000 Mark-Einsatz des Suzuki Deutschland-Wild Card-Piloten Michi Rudroff beendet. Ein Highsider katapultierte den Bayern in der schnellen Vierter Gang-Rechtskurve bergauf nach der Dunlopkehre von seinem weißblauen Motorrad. »Mei, bin ich geflogen. Ich hab' gedacht, ich bin hin«, schilderte Rudroff schreckensbleich. Weil der Unfall in der Besichtigungsrunde geschah, hatte der arme Rudroff neben dem Schaden auch noch den Spott. »Wahrscheinlich hat er den Doohan gesehen und gedacht: Das ist meine Chance!« vermutete Manako-Cheftechniker Mario Rubatto. Als Rudroff bei seinem nächsten Einsatz in der Superbike-DM heil aus der Besichtigungsrunde zurückkam und ordnungsgemäß zur Startaufstellung erschien, erhielt er rauschenden Beifall.

Scott Russell mußte die Kohlen für Suzuki nach den Rückschlägen seiner Kollegen allein aus dem Feuer holen. »Gleich in der zweiten Kurve nach dem Start hatte ich einen fürchterlichen Slide und büßte drei, vier Plätze ein. Ich hatte auch im weiteren Rennverlauf arge Schwierigkeiten mit dem Vorderrad, das immer wieder nach außen drängte. Ich konnte zwar aufholen, doch für einen Angriff auf die Spitze reichte es nicht«, meinte der lebenslustige Amerikaner.

Aprilia-Star Doriano Romboni war zu diesem Zeitpunkt längst bei Dr. Claudio Costa in ärztlicher Behandlung. Beim Sturz eingangs der Zielgeraden hatte er sich einen Kahnbeinbruch im rechten Handgelenk zugezogen.

Doch auch für die elf 500-Truppe endete das Wochenende fatal. Star Juan Borja rollte mit verstopftem Vergaser an die Box, weil Loris Capirossi bei einem Ausritt Dreck aufgewirbelt hatte. Teamkollege Adrian Bosshard stürzte trotz der seelischen Betreuung durch eine Hypno-Therapeutin und erfuhr die Hiobsbotschaft, daß der von Teambesitzer Michel Métraux ausfindig gemachte Wild Card-Fahrer Chris Walker seine Maschine beim nächsten Rennen in England steuern würde.

Gespanne: Bohnis Verspätung

Für die Motorenkonstrukteure von Swissauto war das Waterloo perfekt, denn schon im Gespannrennen am Samstagnachmittag hatten sie eine empfindliche Niederlage einstecken müssen. Paul und Charly Güdel waren auf nasser Piste mit Intermediates gestartet und führten überlegen, doch als die Sonne zwischen den Wolken hervorbrach, schmolzen die Reifen und der stolze 14 Sekunden-Vorsprung wie Butter in der Sonne. Am Ende retteten sich die Schweizer, im Hauptberuf Reifenhändler, gerade noch auf den undankbaren vierten Platz.

Rolf Biland scheiterte wegen eines Swissauto-Werksmotors, der wie die Solo-Kraftwerke übrigens auch von ständigen Aussetzern geplagt wurde. Der Exweltmeister landete auf Rang sechs und mußte zähneknirschend mitansehen, wie Darren Dixon, Klaus Klaffenböck und Steve Webster, alle drei mit den altertümlichen ADM-Reihenvierzylindern ausgestattet, die Podestplätze abräumten. »Ich beginne jetzt, Lotto zu spielen. Da sind die Chancen größer«, brummte Biland.

Während er auf Sieg gesetzt hatte, war Dabeisein alles für Ralph Bohnhorst. Nachdem er ein loses Elektrokabel zur Versorgung der Benzinpumpe mit dem Werkzeug eines Streckenpostens repariert hatte, fuhr er mit zwei Runden Verspätung weiter – und erreichte noch Platz 15.

Thunderbikes: Mauch macht's

Der Holländer Jeffry de Vries donnerte mit seinem Yamaha-Thundercat zum zweiten Thunderbike-Sieg vor dem belgischen Honda-Piloten Stephane Mertens und seinem Schweizer Markengefährten Yves Briguet. Beste Deutsche wurden Tobias Mauch auf Kawasaki und Frank Heidger auf Honda mit den Plätzen acht und neun, die meisten anderen Lokalmatadoren wurden böse erwischt. Stefan Scheschowitsch stürzte zusammen mit dem deutschen Kawasaki-As Michael Eberle und dem spanischen Honda-Piloten Ruben Xaus und trug schwere Unterleibsprellungen davon. Beim nächsten spektakulären Crash von Toni Heiler und Herbert Kaufmann eingangs der Schikane machten Rennleitung und Streckenposten eine schlechte Figur, weil sie eine Ölspur ignoriert hatten. Eine Runde später havarierte der französische Honda-Star William Costes an der gleichen Stelle auf dem Ölbindemittel und verlor die Führung in der Trophy-Wertung an Briguet.

Glückspilz: Nach dem vierten Platz von Scott Russell schwangen die Fans vor Begeisterung einen Morgenstern

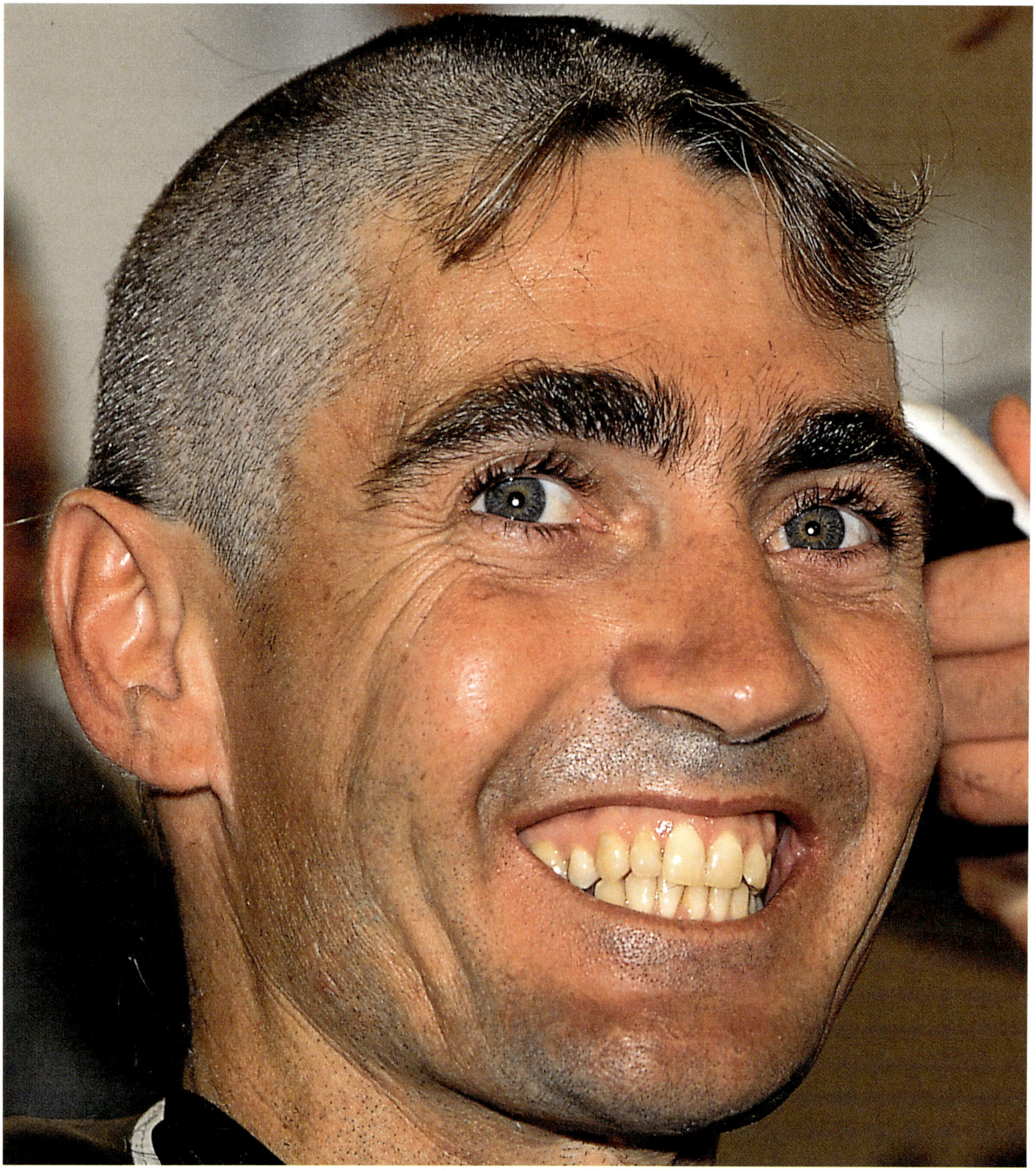

Die 3000 Pfund-Frisur: Doohans Kopfrasur war Höhepunkt des »Riders for Health Day of Champions«

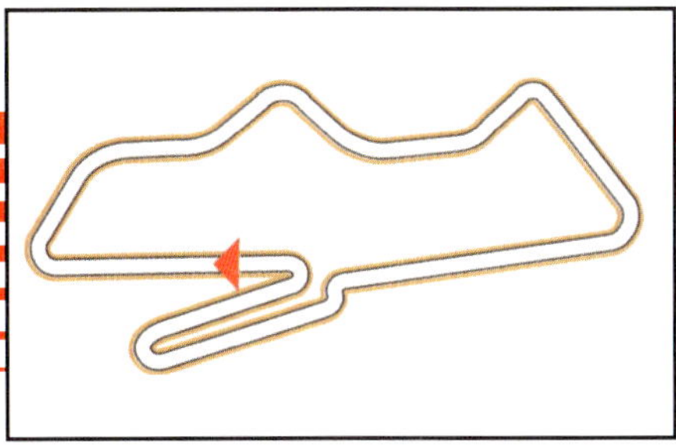

21. 7. 96: Grand Prix England in Donington Park

Der Tag des Champions

Am »Riders for Health Day of Champions« ließ sich Mick Doohan für wohltätige Zwecke eine Glatze schneiden. Am Renntag fuhr er ebenso wie 250 ccm-Weltmeister Max Biaggi überlegen voraus.

Der Donington Grand Prix begann mit einem turbulenten Jahrmarkt im Zuschauerbereich der Strecke, bei der fröhliche Wettbewerbe veranstaltet, Rennfahrermemorabilien wie gebrauchte Helme und Lederkombis versteigert und Tausende von Hot Dogs verzehrt wurden.

Beim Kassensturz nach dem »Riders for Health Day of Champions« kamen stolze 46 600 britische Pfund zusammen. Sie kamen einem Selbsthilfeprojekt in Afrika zugute, zu dem Randy Mamola 1986 den Anstoß gab und das mittlerweile von der Weltgesundheitsorganisation, dem britischen »Save the Children Fund« sowie von Motorradfahrern bis hin zu einer stattlichen Reihe von Weltmeistern unterstützt wurde. Scott Russell gab sogar einen einmaligen Prototypenhelm für die Versteigerung her, was die Shoei-Techniker an den Rand der Verzweiflung brachte.

Die Idee, medizinische und technische Hilfsgüter mit Motorrädern in entlegene Gebiete zu bringen, war keineswegs neu, doch brachen die Fahrzeuge im Durchschnitt nach zehn Monaten zusammen, weil sich niemand mit Pflege und Wartung der eisernen Arbeitstiere auskannte. Weshalb die »Riders for Health«-Initiative kleine, unkomplizierte 100 ccm-Geländemaschinen nicht nur zur Verfügung stellte, sondern gezielte Schulungen zur Wartung und Reparatur der Fahrzeuge einführte. Das neue System war so erfolgreich, daß die von »Riders for Health« gemanagten Motorradflotten mittlerweile in vier Ländern ohne nennenswerte technische Ausfälle operierten und geplant war, das System bald über halb Afrika auszudehnen.

Allein 3000 Pfund erbrachte die Wette von Mick Doohan, er werde sich bei einem entsprechenden Spendenaufkommen eine Glatze schneiden lassen. Die Hinrichtung des weltmeisterlichen Haupthaars war denn auch der Höhepunkt der Wohltätigkeitsveranstaltung, der von Hunderten begeisterter Fans live mitverfolgt wurde. Der spendierfreudigste unter ihnen durfte den ersten Schnitt ansetzen, Riders for Health-Aktivist Randy Mamola machte weiter, der ebenfalls kahlköpfige Daryl Beattie begutachtete das vollendete Werk. »In meinem Motorhome habe ich eine Perücke«, rief Doohan dem feixenden Publikum entgegen. Freilich war er nicht der Einzige mit neuer Haarmode: Scott Russell erschien platinblond, Loris Capirossi mit hellem Kastanienbraun, sogar Daryl Beattie ver-

Nur beim Tontaubenschießen in der ersten Reihe: An ein Comeback Daryl Beatties war noch nicht zu denken

suchte ohne sichtbaren Erfolg, sich die kurzen Stoppeln zu färben.

Bis aufs Tontaubenschießen mit geschientem linken Unterarm hielt sich Beattie freilich zurück, an ein Comeback war knapp zwei Monate nach seinem Frankreich-Unfall noch nicht zu denken.

Unerwartete Handlingprobleme: Okadas Sieghoffnungen zerstoben mit dem neunten Trainingsrang

Denn erstens gab es die Kopfverletzungen mit ihren langwierigen Folgen. Schon nach seinem Malaysia-Sturz konnte Beattie kaum Treppen steigen, hatte ständig Schwindelgefühle und stellte bei allen Reaktionen, auch beim Sprechen, eine seltsame Verzögerung fest.

Kaum erholt, kam der Schädelbruch in Frankreich hinzu, bei dem Beattie erstmals in seiner Karriere das Bewußtsein verlor. »Noch zwei Wochen später fühlte ich mich, als sei ich von einer Brücke gesprungen«, schilderte Beattie.

Dann kamen die Komplikationen mit seinem in Frankreich genagelten Unterarm hinzu. Beattie war kraftlos, konnte nur leichte Bewegungsübungen absolvieren und erhielt von seinem Freund Kevin Schwantz den dringenden Rat, nichts zu überstürzen. »Als ich 1994 meine schwere Handgelenkverletzung hatte, sagten mir die Ärzte 18 Monate Heilungszeit voraus. Ich war über 30, sah meine Ära zu Ende gehen und ließ kurzerhand drei Knochen herausoperieren – ein klarer Fehler«, meinte Kevin Schwantz. »Doch Daryl ist erst 25 und hat noch sechs oder mehr gute Saisonen vor sich. Ich rate ihm, völlig fit zu werden, noch einen zusätzlichen Monat verstreichen zu lassen und dann erst in den Sattel zurückzukehren«.

Statt Beattie versuchte sich sein australischer Landsmann Wayne Gardner, der 1992 in Donington seinen letzten GP gewann und zum Saisonende zurücktrat, am Sonntagmorgen im Rennsattel und legte drei Runden auf der Ersatzmaschine von Kenny Roberts junior zurück. »Die schiere Kraft ist zunächst schockierend. Ich bin aber trotzdem auf dem Hinterrad zur Boxengasse hinausgefahren«, schmunzelte Gardner, der in seiner Heimat Tourenwagenrennen bestritt und als einer der Stargäste des »Day of Champions« angereist war. »Allerdings überraschte mich die spitze Leistungscharakteristik. Ich dachte, die Yamahas hätten mehr Drehmoment«, fügte Gardner hinzu, der in den zehn Jahren seiner Karriere ausschließlich Hondas bewegt hatte.

Trotz dieses Mangels stellte Kenny junior die Marlboro-Yamaha auf Startplatz drei und qualifizierte sich damit erstmals in seiner Halbliterkarriere für die erste Reihe. Yamaha-Rivale Loris Capirossi war sogar buchstäblich bis zur letzten Sekunde des Abschlußtrainings Schnellster, wurde dann aber noch um eine Zehntelsekunde von Mick Doohan auf Platz zwei verwiesen.

Der kurvige Donington Park Raceway war eine der wenigen Strecken im Kalender, wo man auf einen Erfolg der wendigen Zweizylinder-500er gesetzt hatte. Doch die hochgesteckten Erwartungen an die Fliegengewichte fielen schon im Training wie ein Kartenhaus in sich zusammen. Aprilia-Star Doriano Romboni fehlte wegen seines am Nürburgring gebrochenen Kahnbeins ganz; Tadayuki Okada, der Beinahe-Sieger von Malaysia, blieb als Neunter sogar hinter seinem achtplazierten Teamkollegen Shinichi Itoh und redete von unerwarteten Handlingproblemen. »Es ist nicht leicht, das Motorrad um die Kurven zu schwenken, vor allem die letzte enge Spitzkehre vor der Zielgeraden macht mir Kopfzerbrechen. Doch es ist nicht so schlecht wie gestern. Der Motor läuft wirklich gut, und die neuen Reifen, die uns Michelin für dieses Rennen mitbrachte, sind ein klarer Fortschritt. Wenn ich am Start gut wegkomme, werde ich alles versuchen, mit den Vierzylindern mitzufahren«, gab Okada zu Protokoll.

Die legten freilich unerhörte Rundenzeiten vor. Bei geradezu südländischem Sommerwetter waren nicht weniger als elf Piloten schneller als Michael Doohan bei seiner Pole Position im Vorjahr, und der Weltmeister selbst erreichte eine Zeit von 1.32,426, mit der er den offiziellen Rundenrekord von Kevin Schwantz aus dem Jahr 1991 inoffiziell um mehr als eine Sekunde unterbot. »In den letzten Jahren war es hier nie so warm. Doch bei höheren Temperaturen funktionieren die Reifen besser«, erklärte Doohan den unerwarteten Temposchub.

Der Weltmeister nahm auch mit Erleichterung zur Kenntnis, daß er deutlich über eine halbe Sekunde unter Troy Corsers Bestzeit auf der Superbike-Ducati geblieben war. »Schneller als ein Straßenmotorrad will man schon sein«, lächelte Doohan lässig.

War das Training der Halbliterklasse ein Feilen um Sekundenbruchteile, so glich die 250 ccm-Klasse einem Nervenkrieg, in dem der in letzter Zeit arg gebeutelte Max Biaggi einiges zu beweisen hatte.

Gestreßt von der italienischen Presse, die ihn ständig mit unbeantwortbaren Fragen nach seiner Zukunft, dem geplanten Aufstieg in die Halbliterklasse oder etwa doch einem Verbleib bei Aprilia verfolgten, knallte er vor einem aufdringlichen italienischen Journalisten im Pressezentrum derart die Faust auf den Schreibtisch, daß die Laptops hüpften.

Auf der Strecke fegte er die restlichen Zweifel an seiner Fitneß mit der Freitagsbestzeit hinweg. »Seit dem Deutschland-Grand Prix habe ich gelebt wie im Kloster: Lesen, ruhen, früh zu Bett gehen. Nicht einmal joggen konnte ich, weil das die angegriffenen Rückenmuskeln strapaziert hätte«, berichtete er von der Rekonvaleszens nach dem verunglückten Assen-Wheelie. »Derzeit fahre ich mit 80 Prozent meiner Möglichkeiten«.

Die waren allerdings mehr als genug. Im Abschlußtraining fiel er zwar auf den zweiten Platz zurück, weil er mit einem extrem kurzen Gabelwinkel experimentierte und die Werks-Aprilia weitgehend unfahrbar wurde.

250 ccm: Fuchs, der Abenteurer

Doch im Rennen zog Biaggi wie zu seinen besten Zeiten vom Start weg auf und davon und sparte beim Erreichen des Zielstrichs weder mit Wheelies noch mit anderen Huldigungen ans Publikum, an dem er so dicht wie möglich auf der Wiese vorbeirumpelte.

Vor allem aber demütigte er Ralf Waldmann mit einem satten 4,6-Sekunden-Vorsprung. »Ralf hat die Abstimmung seines Motorrads großartig hingekriegt«, meinte Max gönnerhaft. »Aber dies ist ohnehin eine gute Strecke für die Hondas, die offensichtlich gewaltig weiterentwickelt wurden. Wir haben hier Schwierigkeiten beim Beschleunigen aus den engen Kurven, denn wegen der Drehschiebersteuerung ist die Leistungscharakteristik der Aprilia äußerst spitz«. Was wie eine nüchterne Analyse klang, war in Wirklichkeit eine Kriegserklärung: Was, so war herauszulesen, würde Max erst auf schnelleren Strecken ohne Spitzkehren mit seinen Verfolgern anstellen?

Ralf Waldmann war jedenfalls geknickt, trotz des guten, mutig herausgefahrenen zweiten Platzes. Nach dem Start hatte er den Anschluß an Biaggi verpaßt, weil er von Olivier Jacque aufgehalten wurde und erst nach einer Runde heftigen Drängelns eine Lücke fand. Ein dramatischer Vorderradrutscher in der Schikane, bei dem er einen Beinahe-Sturz mit

Start zum 250 ccm-Rennen: Biaggi führt, Ralf Waldmann ist hinter Olivier Jacque (19) versteckt

Die nächste Pleite: Haradas Yamaha blieb schon in der Besichtigungsrunde stehen

dem Knie ausbalancierte, war der nächste Rückschlag bei Waldis Jagd auf den Weltmeister. Trotzdem steckte er nicht auf und verkürzte seinen Rückstand. Erst, als Biaggi im Endspurt das Tempo forcierte und Waldi nochmals einen gefährlichen Rutscher erlebte, gab er sich geschlagen. »Max hatte ein besseres Setting, deshalb konnte er konstantere Zeiten fahren. Ich habe einiges riskiert, um näher an ihn heranzukommen. In der Schikane ist mir das Vorderrad weggerutscht, nachdem ich auf den letzten Drücker gebremst habe. Ich habe die Maschine mit dem Knie abfangen können, aber das hatte mehr mit Glück als mit Fahrzeugbeherrschung zu tun«, berichtete Waldi, gab sich trotz seines 53 Punkte-Rückstands in der Tabelle aber noch lange nicht geschlagen. »Max könnte auch zweimal ausfallen. Abgeschrieben habe ich den Titel jedenfalls nicht«, meinte er trotzig.

Olivier Jacque bog etwas vorsichtiger in die Schikane ein und begnügte sich mit einem sicheren dritten Platz. In weitem Abstand folgte Jürgen Fuchs auf Rang vier und kämpfte in der Schlußrunde gegen einen imaginären Gegner, weil er seine Boxenanzeige nicht bemerkt hatte, auf der ihm der Sturz von Jean-Philippe Ruggia signalisiert wurde. »In einer Kurve, in der Ruggia zuvor immer sehr schnell war und ich ihn auf keinen Fall vorbeilassen wollte, rutschte mir das Vorderrad weg. Ich bin bei Tempo 160 mit voller Schräglage ins Kiesbett gefahren und dann mit dem Ellbogen 30 Meter lang an den Airfences entlanggestreift. Im nächsten Eck wäre ich ebenfalls um ein Haar gestürzt, weil die Reifen dreckig waren«, berichtete der Abenteurer.

Hatte er am Ende das Glück des Tüchtigen, so erlebte Tetsuya Harada nach dem Ausfall am Nürburgring die nächste Pleite. Diesmal blieb seine Werks-Yamaha bereits in der Besichtigungsrunde stehen. »Es fühlte sich an, als sei sie festgegangen«, meinte der bitter enttäuschte Japaner. Er brachte die Maschine zwar wieder mühsam in Gang, rollte statt zum fünften Startplatz jedoch direkt in die Box, wo die Mechaniker mit einem kaputten Drehzahlmesser hantierten und bei ihren Versuchen, den Elektrikdefekt zu beheben, auch noch einen Schlauch des Airbox-Systems abrissen.

125 ccm: Dirks Desaster

Masaki Tokudome trat bei den 125ern dagegen souverän wie ein Welt-

Yoshiaki Katoh: Siebter trotz Sturz

Manako zwischen Tokudome und Rossi: Am Ende war der UGT-Pilot Dritter

Bocksprung mit Folgen: Peter Öttl holte sich die nächste Gehirnerschütterung

meister auf. Im Abschlußtraining kam er sechs Minuten vor Schluß an die Box, forderte einen Reifenwechsel und legte in der einzigen fliegenden Runde, die ihm noch blieb, die Pole Position vor.

Doch beim Rennstart fiel er wegen eines zu fett bedüsten Motors wieder dramatisch zurück. »Mein Motor drehte nicht über 12700/min. Zu Rennmitte hatte ich mich schon mit Platz sechs abgefunden«, erzählte Tokudome. Als seine Ditter-Aprilia im Endspurt dann doch frei ausdrehte, schloß er im Nu zur Führungsgruppe auf und holte mit etlichen verwegenen Ausbremsmanövern am Ende noch Platz zwei hinter dem bereits entschwundenen Sieger Stefano Perugini.

Ebenso energisch setzte sich Tomomi Manako in Szene. Wegen eines Trainingssturzes nur Elfter in der Qualifikation, düste der Schützling von Mario Rubatto im deutschen United Grey-Team schon in der ersten Runde auf Platz sieben, zog dem vierfachen Weltmeister Jorge Martínez zu Rennmitte das Fell über die Ohren und hatte seinen dritten Platz endgültig sicher, als Valentino Rossis vordere Bremsscheibe zwei Runden vor Schluß in der Schikane förmlich explodierte.

Trotz dramatischer Zwischenfälle buchte auch das Yamaha-Kurz-Team ein beachtliches Resultat. Nach einem Ausrutscher in der Melbourne-Hairpin warf Katoh seine Maschine wieder an und erbeutete Rang sieben vor Weltmeister Haruchika Aoki. Teamkollege Youichi Ui erwischte am Start versehentlich den Leerlauf, war nach einer Runde nur 21., fuhr aber noch auf Platz zehn.

Hatten die deutschen Teams mit japanischen Fahrern einen Erfolgstag, so brachen die deutschen Fahrer ein. Peter Öttl fiel bei einem Sturz am Samstagmorgen abermals auf den Kopf. Eine Stunde blieb er im Klinomobil, wo Dr. Costa eine Infusion anlegte, dann hielt er einen einstündigen Mittagsschlaf. »Trotzdem spürte ich im Abschlußtraining gleich, daß ich in schlechter Verfassung war. Mittlerweile habe ich zu akzeptieren gelernt, daß ich in solchen Fällen nicht vorne mitfahren kann. Ich rechnete mit Platz zehn – dafür kann ich mit meinem elften Platz zufrieden sein«, zog der Star des Aprilia-Eckl-Teams nach dem Rennen Bilanz.

An Kampfgeist fehlte es beiden Fahrern des Aprilia Eckl-Teams nicht: Tex Geissler blieb wegen einer rupfenden Kupplung mit abgestorbenem Motor am Startplatz stehen, wurde bei einer verzweifelten Verfolgungsjagd auch noch von der Strecke geschubst, gab aber auch nach seinem Sturz noch nicht auf und erreichte am Ende noch auf Platz 20 das Ziel.

Größer noch war das Desaster bei Dirk Raudies. In den ersten Warm Up-Runden am Sonntagmorgen klar Schnell-

Abe vor Doohan und Crivillé: Der Jüngling trumpfte unerwartet groß auf

ster, hoffte der Weltmeister von 1993 beim Rennstart auf eine Wende seines Dauerpechs. Doch schon in der ersten Runde war abermals Feierabend. »Auf der Gegengeraden ging mein Motorrad wie die Sau. Beim Anbremsen der Haipin habe ich mich hinter Masaki Tokudome eingereiht, dann knallte mir plötzlich Lucio Cechinello von hinten gegen das Vorderrad. Frederic Petit, das arme Schwein, ist noch über mich drübergefahren. Mein Motorrad ist total Schrott; Auspuff, Höcker, alles Matsch«, berichtete Raudies traurig.

Schon im Training hatte er düster vom bevorstehenden Rücktritt zum Saisonende geredet, weil neue Sponsoren nach seinen jüngsten Ergebnissen nicht gerade Schlange standen. »Jetzt schaufeln auch noch andere an meinem Grab«, seufzte Raudies und bettete sich wegen einer Sommergrippe einsam auf das Sofa seines Reisebusses.

500 ccm: Abe hallo

Dagegen trumpfte Norifumi Abe völlig unerwartet groß auf. Erstmals seit seinem historischen Sieg in Suzuka erkämpfte der langmähnige Japaner als Dritter einen Platz auf dem Podest, und wie damals war Teamchef Kenny Roberts völlig verblüfft. »Ich dachte, er hätte hier die größten Schwierigkeiten. Doch immer, wenn ich das glaube, dreht er groß auf!«

Dank der guten Ratschläge von Randy Mamola preschte der Jüngling auf den sechsten Startplatz. Im Rennen fiel er kurz zurück, stürmte dann aber energisch an Loris Capirossi und Alexandre Barros vorbei, profitierte von den Stürzen seiner Teamkollegen Kenny Roberts junior und Jean-Michel Bayle und wurde im Endspurt Dritter. »Normalerweise qualifiziere ich mich für die dritte oder vierte Startreihe und verbessere mich im Rennen. Weil ich erstmals seit Malaysia in der zweiten Startreihe stand, wußte ich: Heute ist ein Podestplatz drin«, schmunzelte Abe mit seiner ganz eigenen Logik.

Nur Mick Doohan und Alex Crivillé waren unerreichbar und kamen zum vierten Mal in der Saison als Doppelsieger ins Ziel. Der Spanier hetzte den Weltmeister das ganze Rennen über, schaffte es zwischendurch auch ein paarmal, bis dicht an Doohans Hinterrad heranzukommen, mußte sich am Ende aber doch geschlagen geben und querte die Linie 3,3 Sekunden hinter seinem Repsol-Honda-Teamkollegen. »Ich hatte einen schlechten Start und mußte mich durch eine Menge Verkehr hindurcharbeiten. Am Ende war ich in manchen Sektionen

Fortschritte mit Siebenmeilenstiefeln: Juan Borja wurde mit der elf 500 bereits Achter und feierte das bislang beste Resultat

schneller als Mick, doch er fuhr konstanter«, zog Alex Bilanz.

Doohan freute sich über den 32. Sieg in seinem 100. Grand Prix, mit dem er hinter Giacomo Agostini und Mike Hailwood Platz drei in der ewigen Halbliter-Bestenliste übernahm. »Ich wußte, daß die Reifenfrage hier besonders kritisch war. Deshalb fuhr ich so sanft und rund wie nur möglich. Daß Alex am Ende näherrückte, hat mich nicht weiter beunruhigt – ich hatte genügend Reserven«, meinte der Champion.

Tadayuki Okada machte den Erfolg des Repsol-Honda-Teams komplett und rettete die Zweizylinder-Ehre immerhin mit dem vierten Platz. »Das war ein gutes Rennen – und jede Menge Spaß«, versicherte der Japaner. »Fast hätte ich Platz drei erbeutet. Doch in der Zielkurve ratterte das Fahrwerk immer noch. Außerdem ließ der Reifen nach sieben Runden frühzeitig nach. Normalerweise rutschen sie gleichmäßig weg, doch diesmal rutschte er und hatte dann plötzlich wieder Grip – und das ist gefährlich!«

Ohne besondere Vorkommnisse brachte Juan Borja Platz acht und das bislang beste Resultat für die elf 500 unter Dach und Fach. »Heute konnte man sehen, welche Fortschritte die Entwicklung der elf gemacht hat«, rieb sich der Spanier zufrieden die Hände. »Mein Motorrad war so gut wie etliche der japanischen Werksmaschinen. Ich konnte locker mit Barros mithalten und wollte ihn in der letzten Runde austricksen, weil ich in der Zielkurve schneller war. Leider versperrte er mir den Weg«.

Sein bislang erfolgloser Schweizer Teamkollege Adrian Bosshard hatte den Platz für Wild Card-Fahrer Chris Walker räumen müssen. Der Brite hatte nach einem Trainingssturz Schmerzen in Knöchel und Handgelenk und erreichte Platz 16.

Gespanne: Das frühe Weihnachtspräsent

Rolf Biland erbeutete im Training der Gespanne die 95. Pole Position seiner Karriere, fuhr im Rennen aber erneut hinterher. Nach einem Ausritt von Exweltmeister Steve Webster übernahm der Schweizer zwar Platz zwei, doch der führende Darren Dixon blieb weit außer Reichweite. »Kein Speed, keine Traktion. Das Fahrwerk war schlecht ausbalanciert, in den engen Kurven sprang die Kette über, außerdem lief der Motor zeitweilig wieder nur auf drei Zylindern«, meinte Biland verdrießlich. »Wir haben Dixon ein verfrühtes Weihnachtspräsent gemacht«.

Denn der amtierende Champion gewann mit über 20 Sekunden Vorsprung zum dritten Mal hintereinander und war in der Weltmeisterschaft kaum mehr einzuholen. »Ich habe mehr Gegenwehr erwartet. Es war fast schon langweilig«, strahlte der Sieger.

Thunderbikes: Scheschos Krise

Stefan Scheschowitsch stürzte im Rennen der Thunderbikes gleich zweimal, und weil auch sein Teamkollege Enrique de Juan Schrott ablieferte, ließ der frustrierte Thunderbike-Kawasaki-Teamchef Peter Rubatto im Zelt ein Donnerwetter auf seine Fahrer niedersausen. Sieger wurde der am Nürburgring gestürzte französische Honda-Star William Costes. Dafür kippte der belgische Yamaha-Pilot Jeffry de Vries, Sieger der letzten beiden Thunderbike-Rennen, schon im Training um und brach sich die rechte Hand.

Durchmarsch zum nächsten Titel: Darren Dixon war nach seinem Heimsieg fast schon wieder Weltmeister

Handschlag unter Teamkollegen: Michael Doohan gratuliert Sieger Alex Crivillé

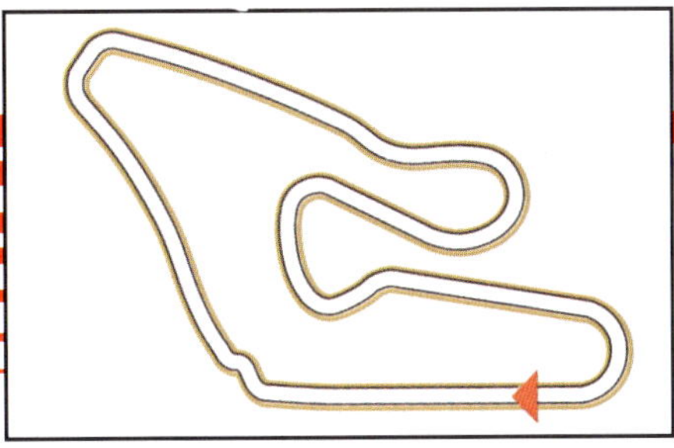

4. 8. 1996: Grand Prix von Österreich in Zeltweg

Vorsicht, Rutschgefahr

Im Training war der A 1-Ring von Schlammlawinen überflutet. Im 250 ccm-Rennen rutschten Max Biaggi und Olivier Jacque ins Aus – und bei den 500ern feierte Alex Crivillé nach einem Rutscher von Doohan den ersten Sieg der Saison.

Der Grand Prix von Österreich startete schon am Wochenbeginn. Besitzer eines sogenannten Steiermark-Tickets durften von Montag bis Mittwoch für jeweils eine Viertelstunde mit ihrer eigenen Maschine auf den neuerbauten A 1-Ring. Das sorgte bei Hunderten von Fans für Begeisterung und hatte zusätzlich den Vorteil, daß der frische Asphalt ein bißchen eingefahren wurde.

Die gute Laune hielt auch noch in den ersten außerplanmäßigen Informationstrainings am Donnerstag und in der ersten Qualifikation am Freitag an. Die Berg- und Talfahrt auf der neuen Trasse, für rund 50 Millionen Mark auf dem Gelände des alten Österreichrings aus dem Boden gestampft, bescherte den Piloten ein Achterbahngefühl, das sich willkommen von vielen anderen meist topfebenen Retortenkursen unterschied. Vor allem eine korkenzieherartige, enge Bergauf-Rechtskehre, die zweite Kurve nach einer langen Steigung, hatte es in sich.

Von dort oben genossen die Zuschauer eine beeindruckende Sicht auf nahezu die gesamte Strecke und die Kulisse der steirischen Bergwelt. Weil auch die Boxenanlagen und das mächtige Start- und Zielhaus, wenige Wochen zuvor noch ein unansehnlicher Rohbau, auf die Stunde genau fertiggeworden waren und die Sonne freundlich und warm zwischen weißen Schäfchenwolken vom Himmel blinzelte, schien die Welt in Ordnung.

Doch am Freitagabend verdichteten sich die Wölkchen zu einer schweren Gewitterfront, und als in der Nacht heftige Unwetter wie eine Sintflut über der Steiermark niedergingen, schlug die Ferienlaune in Katastrophenstimmung um. Die wenigen Drainagen der Strecke waren hoffnungslos überfordert, und weil auf den Hängen rundherum noch kein Gras gewachsen war und der schwere Lehmboden das Wasser nicht aufnehmen konnte, liefen breite Bäche von hellbraunem, zähem Matsch über die Piste. Über 100 Mann schufteten mit Handbesen ebenso wie mit schweren Reinigungsfahrzeugen die ganze Nacht hindurch, um die Strecke immer wieder zu säubern.

Am Samstagmorgen aber brach das nächste Unwetter los, und mit ihm alle Dämme. Ein kleines Rinnsal im Fahrerlager stieg als reißender Wildbach über die Ufer und spülte knöcheltiefen Lehmschlamm durch Hospitality-Zelte und Boxenanlage. Die Landesfeuerwehr rückte an und schichtete Sandsäcke auf, im Fah-

Besseres Wetter oder GP-Absage? Dirk Raudies, Peter Öttl, Ralf Waldmann, Tex Geissler, Jürgen Fuchs im Regen (v. l.)

Matsch am Fahrer, Matsch im Fahrerlager: Marcellino Lucchi nach Sturz im Regen, Schlammwüste hinter der Boxengasse

rerlager wurde dem Dreck abermals mit Wasserwerfern, Schaufeln und Besen zu Leibe gerückt.

Erst als sich das Wetter am frühen Nachmittag etwas beruhigte, konnte wenigstens ein halbstündiges freies Training pro Soloklasse gestartet werden. Doch die Strecke war so rutschig, daß die Maschinen auch im sechsten Gang noch durchdrehten. Manche Halbliterpiloten drohten mit Streik. Renndirektor Roberto Nosetto konterte, er werde die Läufe auf jeden Fall starten, wenn sich auch nur halbwegs genügend Fahrer am Startplatz fänden. Die erste Absage eines Grand Prix seit 1980 hing in der Luft, als der Österreich-Grand Prix in Salzburg wegen Schneetreibens geplatzt war.

Denn am frühen Sonntagmorgen schlug das nächste Gewitter mit Blitz, Donner und heftig prasselndem Regen zu, und die übermüdeten Helfer aus der ganzen Region stiegen abermals in ihre Gummistiefel, um bei Schnürlregen im fahlen Morgenlicht die Strecke zu schrubben.

Erst nach dem Warm-Up hatte der Himmel ein Einsehen. Gerade noch rechtzeitig vor dem Start der 125 ccm-Klasse trocknete die Piste ab. Streckenmanager Hans Geist stellte zwar fest, die Unwetter hätten der Premiere auf dem A 1-Ring – Hauptsponsor A 1 war ein österreichisches Telefon-Mobilnetz – mindestens 10000 Zuschauer gekostet. Doch dafür wurde der steirische Grand Prix von DORNA-Direktor Carmelo Ezpeleta wegen des tollen Einsatzes und der trotz allem reibungslosen Organisation als der bislang beste des ganzen Jahres bewertet. Geist durfte sich auf eine langfristige Zusammenarbeit einstellen.

Und selbst Mick Doohan kam mit dem Schrecken davon. Am Samstagmorgen fuhr der Australier per Roller vom Motorhome in Richtung Fahrerlager, als plötzlich ein Blitz über ihm niederzuckte. »Er traf mich nicht direkt, doch es war soviel Spannung in der Luft, daß sie vom Griff des Regenschirms auf meine Hand übersprang. Eine Zeitlang zwar ich ziemlich zittrig, außerdem tat die Hand ordentlich weh. Danach fuhr ich ohne Schirm weiter. Denn ich werde lieber naß als von einem Stromschlag exekutiert!«

Sonnenschein an der Box: Ski-Stars Martina Ertl (2.v.l.), Katrin Gutensohn mit Peter Öttl und Teamchef Harald Eckl

grinste Doohan. Suzuki-PR-Frau Darcy Christanssen erging es nicht anders: Auch sie ließ ihren Regenschirm im Fahrerlager fallen wie eine heiße Kartoffel und begab sich schnurstracks zu Dr. Claudio Costa, weil sie von einem Blitz elektrisiert worden war.

125 ccm: Der jüngste Sieger aller Zeiten

Dirk Raudies schaute verdrießlich zu den Wolken hinauf. Die Strecke behagte ihm nicht sonderlich, und schlechtes Wetter konnte er schon gar nicht leiden.

Doch als sich vor dem 125 ccm-Lauf der Himmel erhellte, verzog sich endlich auch das Dauerpech des Oberschwaben. Im Training Sechster, fand Raudies gleich den Anschluß an die Führungsgruppe. Im ersten Renndrittel übte er noch Zurückhaltung, um Grip und die besten Linien auszukundschaften, kämpfte sich dann aber immer entschlossener nach vorn. Am Schluß war er, durch ein paar prominente Ausfälle zusätzlich begünstigt, strahlender Zweiter und feierte den ersten Podestplatz der Saison. »Endlich ein gutes Resultat«, atmete er auf. »Ich habe eine lange Durststrecke mit viel Pech und technischen Problemen hinter mir, doch heute hat endlich mal wieder alles geklappt. Einmal, beim Aufschließen, hatte ich einen schlimmen Vorderradrutscher. Ich dachte, oje, jetzt ist es schon wieder aus!«

Doch das Glück blieb ihm treu – und vor lauter Begeisterung verkündete er den Rücktritt vom Rücktritt. »Ich habe bewiesen, daß ich noch um Siege kämpfen und Podestplätze erbeuten kann. Aufzuhören wäre unter solchen Umständen ein Blödsinn. Fahrerisch bin ich immer noch so stark wie in meinem Weltmeister-Jahr 1993, als alles wie am Schnürchen lief. Deshalb werde ich im nächsten Jahr hundertprozentig wieder angreifen«, kündigte Raudies an und stellte sogar in Aussicht, kurzfristige Finanzierungslücken aus eigener Tasche zu decken.

Besonderen Spaß machte dem 32jährigen, neben zwei Teenagern auf dem Podest zu stehen. »Da fühlt man sich selber nochmals ganz jung«, schmunzelte er angesichts des 17jährigen Valentino Rossi, der als Dritter seinen ersten Podestplatz feierte, und des gerade mal 16jährigen Ivan Goi, der als jüngster Grand Prix-Sieger aller Zeiten in die Geschichte einging und seinen wegen Kolbenklemmer ausgefallenen Teamkollegen Emilio Alzamora immer mehr in den Schatten stellte. »Ich habe nie im Leben mit einem Sieg gerechnet«, beteuerte der Jüngling mit dem senkrecht aufragenden Stoppelhaar. »Ich lag eine Sekunde hinter Tokudome. Als er Probleme bekam, habe ich mich sehr konzentriert und ihm die Führung abgenommen. Ich habe Glück gehabt«, meinte er.

Ein Silberstreif in trübem Wetter: Kurz-Yamaha-Star Youichi Ui (19) wurde stolzer Siebter, Teamkollege Yoshiaki Katoh (14) lief auf Platz 16 ein

Während Rossi wie üblich wild hin- und herschlenkernd durch die Meute fuhr und seinen ersten Podestplatz mit einem langen, übermütigen Wheelie feierte, war die Ruhe des noch jüngeren, aber introvertierten Goi augenfällig. Wie die Großen sprach Ivan Goi davon, eine perfekte Abstimmung sei wichtiger als eine schnelle Runde, und selbst sein eigenes Team wunderte sich über die Präzision seiner Analysen. Wo nahm der Sohn eines Motorradmechanikers, der 1993 und 1994 die ersten Produktionsmaschinenrennen fuhr und bei der offenen spanischen Meisterschaft 1995 die ersten nennenswerte Ergebnisse erzielte, bereits eine so erstaunliche Treffsicherheit bei Aussagen zu Fahrwerk und Motor her?

16 Jahr', stehendes Haar: Ivan Goi

Eigentlich hatten die Aprilia-Asse Masaki Tokudome und Stefano Perugini das Rennen unter sich ausmachen wollen. Beide waren felsenfest überzeugt, das Rennen gewinnen zu können, doch beide wurden zum Opfer desselben Defekts. Perugini schied schon nach der Hälfte des Laufs wegen einer gebrochenen Zündkerze aus. Tokudome hatte den Spitzenpulk mit einem lockeren Dreh am Gasgriff außen herum unter Kontrolle gebracht und lag zu diesem Zeitpunkt komfortabel in Führung. Fast drei Sekunden trennten ihn von seinen Verfolgern, als er in der vorletzten Runde ebenfalls plötzlich dramatisch zurückfiel. Mit Ach und Krach querte er als Vierter vor dem nach harter Aufholjagd auf Rang fünf plazierten Peter Öttl die Linie. »Der Motor drehte nur mehr 12000 Touren. Es war dasselbe wie in Assen: Zündkerzenbruch«, bestätigte auch Tokudome und war kaum damit zu trösten, daß er wegen des grippekrank ausgeschiedenen Haruchika Aoki intakte WM-Chancen behielt. »Man könnte auf der Sau hinausreiten«, schüttelte Teambesitzer Rolf-Peter Ditter nach dem vierten technischen Defekt der Saison erbost den Kopf.

Aprilia-Cheftechniker Jan Witteveen kam zu einem Krisengespräch in die Box, denn neben den Keramikbrüchen an Tokudomes und Peruginis Zündkerzen sprang auch Valentino Rossis Motor beim Geräuschcheck nach dem Zieleinlauf plötzlich nicht mehr an: Bei ihm war die Masseelektrode abgefallen. »Das ist kein Problem der Zündkerzen, sondern der Motoren. Die Vibrationen und Detonationen der Aprilia-Aggregate sind unerreicht«, wehrte sich NGK-Mann Peter Kellner.

250 ccm: Waldi, der lachende Dritte

Klarer waren die Verhältnisse bei der spektakulären Havarie in der ersten Runde des 250 ccm-Laufs: Max Biaggi schoß Olivier Jacque eingangs der zweiten Kurve heimtückisch von hinten ab, und der Franzose, dem gleiches schon beim Frankreich-Grand Prix mit Jürgen Fuchs widerfahren war, reagierte beleidigt. »Ich sollte mir eine Zielscheibe aufs Heck meines Motorrads malen«, zeterte der Trainingsschnellste. »Ich bin bitter enttäuscht, denn diese Strecke liegt mir ebenso wie meiner Honda. Wenn ich mir die Rundenzeiten anschaue, wäre ich Waldmann mit Sicherheit davongefahren«.

Zielscheibe Jacque: Nach Biaggis Rammstoß huscht Sieger Waldmann vorbei, die Havaristen rappeln sich beleidigt wieder auf

Der Weltmeister war sich seiner Schuld nur eingeschränkt bewußt. »Waldmann führte, doch vor der zweiten Kurve waren Jacque und ich schon drauf und dran, ihn anzugreifen. Jacque schätzte die Entfernung falsch ein. Als er merkte, daß er nicht an Waldmann vorbeikam, ging er nochmals voll in die Bremsen. Ich war direkt hinter ihm und bremste ebenfalls, so stark es ging. Doch die Karbonscheiben waren noch nicht richtig auf Temperatur, deshalb rauschte ich ihm ins Heck«, erklärte Biaggi. »Mir tut der Arm weh, sonst bin ich okay. Doch das WM-Duell mit Waldmann wird allmählich gefährlich«.

Denn die Lücke, die dieser Unfall hinter Waldi aufriß, war groß genug, um dem HB-Honda-Star eine sorglose Alleinfahrt und den dritten Sieg im vierten Rennen zu ermöglichen. »Ich habe es ja

immer gesagt: In der Weltmeisterschaft kann alles passieren«, triumphierte der lachende Dritte. »Alles lief vom Feinsten. Ich hatte einen Superstart und konnte deshalb von Anfang an sehr schnell fahren, denn wenn du im Kampf gegen andere von der Ideallinie abkommst, wird es hier sehr rutschig. Biaggi hat einen Fehler gemacht, wahrscheinlich war er wegen seiner vielen Vertragsverhandlungen nervös. Es tut mir leid für Max, doch es ist gut für alle, daß die Weltmeisterschaft jetzt wieder offener ist«. Auf 28 Punkte verkürzte Waldi seinen Rückstand in der Tabelle und plante für den Brünn-GP gleich die nächste Attacke. »Das ist unsere Teststrecke, und Biaggi ist dort auch sehr, sehr schnell. Das wird spannend«, meinte er kämpferisch.

Zumal auch mit Jürgen Fuchs jederzeit zu rechnen war. Hinter dem Überraschungszweiten Luis d'Antin buchte Waldis Teamkollege den dritten Platz im Rennen und den dritten Podestplatz seiner Karriere, mit dem der Werksfahrerneuling auf den erstaunlichen dritten WM-Rang vorstieß. »Der Platz war ein Geschenk«, räumte er ein. »Biaggi und Jacque sind direkt vor meiner Nase gestürzt. Nach dieser Schrecksekunde wollte ich aufschließen, hatte aber gleich einen gewaltigen Vorderradrutscher und mußte zurückstecken. Mein Motor setzte zu hart ein, gleichzeitig war das Fahrwerk zu weich. Am Schluß kam mir Tohru Ukawa noch gefährlich nahe«.

Fuchs rettete sich um knapp zwei Sekunden vor dem Benetton-Star über die Linie und bescherte dem scheidenden Hauptsponsor HB, der auch als Geldgeber der Veranstaltung auftrat, nochmals einen Freudentag.

Im Marlboro-Yamaha 250-Team von Wayne Rainey lief dagegen wieder alles schief. Aus der vierten Reihe gestartet, kam Tetsuya Harada gerade vier Runden weit, bevor er aus dem hinteren Mittelfeld wegen Vergaserschwierigkeiten an die Box abbog. »Das Motorrad fühlte sich bereits am Start tot an. Ich dachte, ich könnte den Motor durch kräftiges Gasgeben freiblasen, doch als es nicht besser wurde, hörte ich auf«, meinte der Japaner deprimiert.

500 ccm: Crivillé wagt und gewinnt

Norifumi Abe, Haradas Landsmann und Marlboro-Yamaha-Teamkollege in der Halbliterklasse, hatte dagegen seinen nächsten großen Auftritt. Beflügelt vom dritten Platz in England flitzte der Japaner aus der zweiten Startreihe in Führung, wurde dann zwar alsbald von Mick Doohan und Alex Crivillé geschnappt, freute sich am Ende aber erneut über den dritten Platz auf dem Podest. »Am Ende fuhr ich so hart ich nur irgend konnte und versuchte nochmals, die beiden zu erwischen, doch es gelang mir nicht. Ab jetzt werde ich darauf hinarbeiten, mich für die erste Reihe zu qualifi-

Glückspilz Ralf Waldmann: Alles lief »vom Feinsten«

Die Faust im Nacken: Doohan wurde bis zur letzten Runde dicht bewacht - dann griff Crivillé an

Pechvogel Adi Bosshard: Von elf gefeuert, von Streckenposten am Weiterfahren gehindert

zieren. Dann kann ich vielleicht mit Mick und Alex mithalten«,überlegte Abe.

Crivillé und Doohan fuhren schneller und konstanter als alle andern, doch innerhalb des Repsol-Honda-Duos schien die Rangordnung vollkommen ungefährdet. Schon seit seinem mißglückten Schlußangriff in Jerez war der Spanier folgsam wie ein zweiter Schatten hinter Doohan hergefahren, und bis zur letzten Runde sah es auch in Österreich so aus, als bliebe die Vormachtstellung des Weltmeisters unangetastet.

Doch dann nahm Crivillé sein Herz plötzlich in beide Hände. Vor der letzten Doppelkurve hatte Doohan einen leichten Vorderradrutscher und kam von der Ideallinie ab. Blitzschnell reagierte Alex und stach in die Lücke. Mit breiten Ellbogen scharrte er an seinem Repsol-Teamkollegen vorbei und gewann, worauf sich die spanischen Journalisten unter dem Siegerpodest heiser schrieen vor Freude.

Denn an diesem Sieg waren zwei Dinge bemerkenswert. Crivillé, 125 ccm-Weltmeister 1989 auf einer JJ Cobas, hatte das Fahren im Pulk, die Kämpfe auf engstem Raum und die ständige Suche nach kleinen Lücken und neuen Linien in der kleinsten Klasse schon immer als die wertvollste Schule für seine spätere Karriere bezeichnet. Jetzt bewies er diese Zweikampfstärke und fügte Doohan eine Schlußspurt-Niederlage zu, wie er sie seit den Zeiten von Wayne Rainey und Kevin Schwantz nicht mehr hatte wegstecken müssen. »Wir haben uns mit den Ellbogen berührt, das stimmt. Doch der Kampf war völlig fair«, beteuerte Crivillé.

Er bewies nicht nur Fahrkönnen, sondern auch Nerven wie Drahtseile. Kurz vor seiner Attacke hatte er noch einen Rutscher, bei dem er von der Linie mußte und am Streckenrand Kies aufwirbelte. Trotzdem attackierte der gleichmütige Crivillé, schon zu seinen 125 ccm-Zeiten als »Eisberg« bezeichnet, als habe sich auch der Crash von Jerez nie ereignet. »Er ist ein brilliantes Rennen gefahren und hat den Sieg verdient«, anerkannte Doohan, nachdem er seinem Kronprinzen in der Auslaufrunde herzlich die Hand geschüttelt hatte.

Daß der Weltmeister beim Vorderradreifen verwachst hatte, schmälerte Crivillés Erfolg nicht. Immer wieder drängte Doohans Honda in Richtung Kurvenaußenrand, ein Symptom, das auch Luca Cadalora feststellte und sich hinter Norifumi Abe mit Platz vier begnügte. »Ich könnte mich ohrfeigen – hier wäre ein Sieg dringewesen. Aber ich habe die falschen Reifen erwischt«, gab Cadalora zu Protokoll.

Juan Borja auf der elf 500 erkämpfte Platz zehn, klagte aber über mangelnde Power im fünften und sechsten Gang, sein neuer Teamkollege Chris Walker erwirtschaftete als 15. einen WM-Punkt. Eine Niete zog hingegen der entlassene Adrian Bosshard: Beim ersten Rennen auf der von 1995 gewohnten ROC-Yamaha schoß er in der 18. Runde geradeaus und wurde von den Streckenposten am Weiterfahren gehindert.

Gespanne: Expreßzug Güdel/Güdel

Auch Gespann-Exweltmeister Rolf Biland wartete weiterhin auf den ersten Sieg. Auf nasser Strecke am Samstagnachmittag führte der Schweizer zwar für über zehn Runden, fiel dann auf allmählich abtrocknender Piste jedoch auf Platz drei zurück. »Die Motorleistung setzte zu abrupt ein. Mein Hinterreifen war noch früher am Ende als der der andern«, gab er enttäuscht zu Protokoll.

Die Schweizer Brüder Paul und Charly Güdel hielten sich dagegen tapfer an der Spitze und wehrten die wütenden Angriffe von Weltmeister Darren Dixon bravourös ab. Und das, nachdem sie zu Beginn wegen eines Bremsproblems ins Kiesbett getrudelt waren und erst einmal das halbe Feld überholen mußten. »Die Bremskraftverteilung zwischen Vorder- und Hinterrad stimmte nicht, wir sind wie ein Schlitten ins Kiesbett getrudelt und hatten Glück, daß wir wieder auf die Strecke zurückmanövrieren konnten. Dort gelang es mir, die Bremse nachzustellen«, berichtete Güdel. »Das war wie eine Extraportion Motivation. Wir haben aufgeholt wie ein Expreßzug«.

Lokalmatador Klaus Klaffenböck sorgte dagegen nur durch den Auftritt der üppigen Dolly Buster am Startplatz für Dramatik. Im Rennen selbst wurde er braver Sechster.

Thunderbikes: Schescho sorgt für Stimmung

Nach den Rückschlägen der letzten Rennen schöpften die Rubatto-Kawasaki-Fahrer Stefan Scheschowitsch und Enrique de Juan neue Hoffnung bei den Thunderbikes. »Gottseidank wieder ein gutes Teamresultat. Das wird die Stimmung heben«, atmete Schescho nach den Plätzen sieben und acht auf. »Leider war mein Motor zu schwach. Beim Beschleunigen haben mir die anderen regelmäßig 20, 30 Meter abgenommen«. Start-Ziel-Sieger wurde der britische Honda-Pilot Ian Macpherson.

Start im Regen:
Biland, Dixon, Webster (v.o.)

Michael Doohan vor Alex Crivillé und Scott Russell: Am Ende ging es um die Länge einer Zigarette

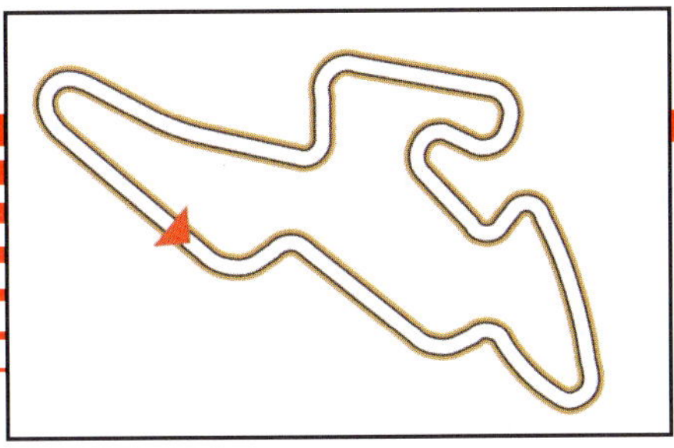

18. 8.1996 Grand Prix Tschechien in Brünn

Nur eine letzte Zigarette

Alex Crivillé narrte Michael Doohan beim Grand Prix in Brünn zum zweiten Mal. Diesmal um zwei Tausendstelsekunden – der Länge einer Zigarette.

Nicht nur, weil man auf dem Weg von der Stadt an die Rennstrecke an den zerfallenden Boxenanlagen der alten Rennstrecke vorbeifuhr, war der tschechische Grand Prix ein Klassiker. Anders als viele moderne Strecken mit langen Geraden und engen Haarnadelkurven verfügte die schnelle Brünn-Piste über langgezogene, weich und flüssig ineinander übergehende Kurven, die es den Halbliter-Stars schwermachten, ihren üblichen Stop and Go-Fahrstil mit harten Bremsmanövern, frühem Aufrichten und heftigem Beschleunigen am Kurvenausgang einzusetzen.

Neben dem zurückgetretenen Kevin Schwantz, der sich nie mit der 5,4 Kilometer langen Berg- und Talbahn anfreunden konnte, hatte auch Alex Crivillé hier stets seine Schwierigkeiten und buchte seit seinem Einstieg in die Halbliterklasse 1992 noch kein einziges gutes Resultat.

Umso angenehmer war er von seinem dritten Trainingsplatz überrascht. »Ich bin happy, denn auf dieser breiten Fahrbahn wußte ich bisher nie, welche Linie ich nun wählen sollte. Gemocht habe ich die Strecke schon immer, aber ich hatte mit dem Schnellfahren meine liebe Not«, meinte Crivillé. »Doch wir haben die Hinterradfederung perfekt hingekriegt, und jetzt habe ich anständig Grip. Die Zeiten sind eng beieinander, das stimmt mich zuversichtlich«.

Crivillé war nur 0,149 Sekunden hinter Jean-Michel Bayle auf der Pole Position und nur um 0,069 Sekunden hinter Doohan, der mit einer Vielzahl verschiedener Reifenmischungen herumexperimentierte und seine Zeit aus dem ersten Training nicht verbessern konnte.

Zum Leidwesen von Ralf Waldmann ging es in der 250 ccm-Klasse nicht so eng zu. Weil das HB-Team in Brünn regelmäßig zum Testen ging, zierten Waldi und Teamkollege Jürgen Fuchs am ersten Trainingstag noch Platz eins und zwei in der Liste. Doch im Abschlußtraining holte Max Biaggi zum Konter aus und fuhr dem Rest der Welt um fast eine volle Sekunde davon. »Auf meiner schnellsten Runde stand ich in der letzten Kurve hemmungslos quer. Wie mit einer 500er«, freute sich Biaggi, während Waldmann seine Freitagszeit nicht hatte verbessern können und von einem schlecht haftenden Vorderreifen berichtete.

Weil Jürgen Fuchs als Vierter ebenfalls in der ersten Reihe stand, Teamchef Dieter Stappert aber wegen der schwierigen Sponsorsuche unbedingt ein weiteres Topresultat von Ralf Waldmann vorweisen wollte, kam Stappert am Samstagabend angetigert und forderte, Fuchs solle im Rennen hinter Waldi bleiben. Als Fuchs anzumerken wagte, ein dritter WM-Rang für ihn sei eher in Reichweite als der Titel für Waldmann, ging Teamchef Dieter Stappert wie ein HB-Männchen an die Decke und ließ Fuchs wutschnaubend stehen.

Ganz andere Sorgen hatte Dirk Raudies, der dritte HB-Star im Bunde. Seit dem Indonesien-Grand Prix von seltsamen Fieberschüben geschüttelt, die nach einer Untersuchung im Tübinger Tropeninstitut Wochen später auf Amöben zurückzuführen waren, blieb er trotz der Infusionen von Dr. Costa geschwächt und auf dem 14. Startplatz sitzen.

Sorgen mit dem Vorderreifen - und mit der Stallorder: HB-Teammanager Stappert, Waldmann, Techniker Leitner (v.r.)

Pech im Endspurt: Jorge Martínez (55) wurde von Valentino Rossi vorgeführt

125 ccm: Frechheit siegt

Im Rennen vermurkste er den Start, schloß trotz Fahrwerksproblemen zur Verfolgergruppe auf, hätte seinen Ehrgeiz dann aber fast übertrieben: Bei einem Angriff auf Masaki Tokudome kam er viel zu schnell an der nächsten Kurve an und blieb nur mit Glück auf der Fahrbahn. Im Endspurt ließ er versehentlich den italienischen Grünschnabel Ivan Goi innen vorbeiflitzen und mußte sich am Ende mit Platz zehn begnügen.

Auch das Aprilia Deutschland-Team blieb unter den Erwartungen der vielen deutschen Fans rund um die Strecke. Peter Öttl schnellte aus der dritten Reihe in die Spitzengruppe und rechnete sich bereits Chancen auf einen Podestplatz aus, fiel wenige Runden vor Schluß aber schlagartig zurück und kam schließlich gerade noch als Siebter an. »Es war dasselbe wie in Österreich: Der Motor verlor an Leistung«, meinte Öttl bitter enttäuscht.

Teamkollege Tex Geissler hatte schon im Training mit einem stark vibrierenden, aber nur schwach ziehenden Motor gekämpft, startete als 21. und kam am Ende als 16. ohne WM-Punkte an. »Vielleicht hätte ich mir schon früher nach anderen Bremspunkten suchen sollen. Ich habe zu spät bemerkt, daß man auf dem Teilstück bei dem starken Gegenwind heute viel später und härter hinlangen konnte«, haderte er.

Ebenso enttäuscht war Masaki Tokudome. Auf einer härteren Reifenmischung, die Michelin für das wärmere Wetter am Sonntag empfohlen hatte,

Mysteriöse Fieberschübe: Dirk Raudies

stürmte Tokudome von Startplatz vier in Führung und zog sofort um ein paar Längen davon.

Doch ebenso schnell, wie das Strohfeuer aufloderte, erlosch es auch schon wieder. Ab Runde vier war Tokudome Zweiter, dann wurde er ebenso unaufhaltsam wie der zunächst führende Italiener Stefano Perugini nach hinten durchgereicht und rettete sich am Ende zähneknirschend auf den 13. Platz. »Schon nach zwei Runden hatte ich die ersten, gewaltigen Rutscher. Bald wurde es so schlimm, daß das Heck nicht nur beim Herausbeschleunigen, sondern auch beim Einbiegen in die Kurve mit geschlossenem Gasgriff unkontrolliert ausbrach. Die letzte Runde war ein einziger Eiertanz«, schilderte Tokudome.

United Grey-Pilot Tomomi Manako schaffte dagegen ein Husarenstück. Unablässig und in jedem Rennen hatte der Schützling von Mario Rubatto Punkte gesammelt und unauffällig Platz um Platz in der WM-Wertung gut gemacht, worauf ihm in Brünn trotz eines im Kampfgetümmel eingedellten Auspuffs der dritte Platz im Rennen und der Sprung an den dritten Platz in der Tabelle gelang. »In den ersten fünf Runden habe ich noch gezögert, doch dann habe ich mich im Verfolgerpulk recht zügig nach vorn gearbeitet. Nur Martínez und Rossi waren schon zu weit weg«, erzählte Manako.

Schon zur Halbzeit des Rennens setzten sich die beiden von ihren Verfolgern ab und lieferten sich ein erbarmungsloses Duell, bei dem der 17jährige Grünschnabel Valentino Rossi am Ende die Nase vor dem doppelt so alten vierfachen Weltmeister hatte.

In der Pressekonferenz erzählte

Jorge Martínez verlegen, er habe sich verschaltet. Zehn Minuten später flüsterte er einem irritierten spanischen Journalisten ins Ohr, sein Aprilia-Werksmotor habe kurz geklemmt.

Doch in Wirklichkeit lief Aspars Aprilia wie ein Uhrwerk. Den Sieg hatte er nur deshalb verpaßt, weil der unbekümmerte Italiener noch energischer am Gas drehte. Nach schlechtem Start boxte sich Rossi binnen zwei Runden durchs halbe Feld. Frech stach er in Lücken, die keine waren, überholte innen und außen und profitierte von dem Respekt, den er sich mit seiner grimmigen Fahrweise verschafft hatte.

Auch im Duell mit Martínez erfand er die Ideallinie neu, ratterte in jeder zweiten Kurve über die Bordsteine und hielt die rechte Hand trotz monströser Rutscher unbekümmert in Vollgasstellung.

Auf dem Podest duschte er Martínez und Manako mit Champagner ab, dann sonnte er sich im Rampenlicht der italienischen Medien. »Ein wunderschönes Rennen. Ich versuchte, wegzufahren, stattdessen bekam ich es mit Martínez zu tun. Aber das störte nicht weiter, denn auch der zweite Platz wäre für mich wie ein Sieg gewesen«, blubberte Rossi und wurde mehrfach von Vater Graziano, selbst ein GP-Star Ende der 70er Jahre, abgeküßt.

Solche Eruptionen an Vaterliebe waren eher selten bei den Rossis, denn Valentino ging längst seinen eigenen Weg. »Der braucht mich nicht. Wahrscheinlich wäre es ihm am liebsten, ich würde gar nicht zu den Rennen kommen«, schmunzelte Graziano. Auf eigene Faust handelte Valentino einen längerfristigen Vertrag mit seinem agv-Aprilia-Team aus, der ihn auch 1997 noch an die 125 ccm-Klasse band. Gegen den Willen von Graziano verließ er die Schule, weil ihm das Leben eines gutbezahlten Profis mit viel Freizeit lieber war, als in der Schule Mathematik zu büffeln. »Aber ich lerne Englisch. Denn das ist wichtig«, hielt Valentino fest.

Die Lust am Plaudern war bei ihm ebenso stark ausgeprägt wie die am Herumtoben. Schon als Dreikäsehoch knatterte er mit einem Mini-Crosser durch die Gegend, fuhr als Elfjähriger mit Pocket Bikes die ersten Wettbewerbe und freute sich über die Wheelies, die man mit den 12 PS kräftigen und 17 kg leichten Winzlingen auf den Asphalt zaubern konnte. 1993 stieg er in die 125 ccm-Produktionsmeisterschaft ein und gewann 1994 den Titel, 1995 wurde er EM-Dritter und italienischer Meister, jetzt war er GP-Sieger und bereits ein umjubelter Star, fröhlich, frech und bei allem, was er tat, ständig am Limit.

Ein wunderschönes Rennen: Sieger Valentino Rossi duscht Tomomi Manako ab

250 ccm: Dämpfer für Waldi

Machte er es spannend bis zur letzten Runde, so ließ Max Biaggi diesmal nichts anbrennen. Der reaktionsschnelle Olivier Jacque gewann zwar den Start und führte mit seinem Silberpfeil für eine Runde, doch dann verschaltete er sich, was der längst im Windschatten drängelnde Biaggi kaltblütig zu einem Überholmanöver nutzte.

Von diesem Moment an war der Weltmeister nicht mehr zu halten. In Runde drei hatte er bereits knapp drei Sekunden Vorsprung, kontrollierte den Abstand für den Rest des Rennens nach Belieben und gewann nach einer sorglosen Alleinfahrt souverän. »Ich hatte besonders weiche Reifen drauf, und ich denke, das war die richtige Wahl. Nach der zweiten Runde, als ich Waldmann und Jacque passiert hatte, warf ich für eine Weile alles in die Waagschale, um die Verfolger abzuschütteln. Dieser Plan funktionierte tadellos. Doch die Rundenzeiten waren erstaunlich langsam: Der starke Regen gestern muß die Bedingungen auf der Piste völlig verändert haben.«

Jacque freute sich, weil er sich nach einer vorübergehenden Schwächeperiode und dem Rückfall auf Platz vier wieder aufraffen und Platz zwei erbeuten konnte, dagegen wirkte der drittplazierte Waldi leicht frustriert, weil seine WM-Hoffnungen wieder einen erheblichen Dämpfer erhalten hatten. »In den ersten vier Runden funktionierte die Hinterradbremse nicht, ich mußte ständig pumpen und Druck erzeugen. Das hat mich ein bißchen aus dem Konzept gebracht. Im übrigen hatte ich denselben Reifen drauf

Ein Silberpfeil in Führung: Olivier Jacque (19) war beim Start der 250 ccm-Klasse der Schnellste

wie Biaggi, aber für mich war die Mischung zu weich. Wahrscheinlich hatte Max ein besseres Set-Up«.

Auch Teamkollege Jürgen Fuchs war mit seinem fünften Platz nicht einverstanden. Waldis Teamkollege war der Nummer eins zu keiner Sekunde eine Gefahr, was den Streit mit Teamchef Stappert im Nachhinein sowieso erübrigte. Stattdessen plagte er sich mit Tohru Ukawa ab, der ihm den möglichen vierten Platz um eine Zehntelsekunde abspenstig machte. »Er hatte ein sehr schnelles Motorrad und ist mir in den Bremszonen dauernd spitz vors Vorderrad gefahren. Im Training bin ich hier mit enormem Kurvenspeed gefahren, so habe ich mir Vorteile erwirtschaftet. Doch bei diesen Kämpfen war das nicht mehr möglich«, beschwerte sich Fuchs, während Ukawa von einem der spannendsten Rennen der Saison schwärmte. »In so tolle Gefechte war ich schon lange nicht mehr verwickelt«, freute sich der Japaner.

Sein Landsmann Tetsuya Harada erlebte hingegen wieder eine Pleite. Aus der vierten Startreihe angetreten, katapultierte sich der Yamaha-Star zwar sofort an die siebte Position, fiel am Ende aber wieder hinter Eskil Suter und den verletzten Spanier Luis d'Antin an die neunte Stelle zurück. »Das Vorderrad rutschte ständig weg. So verlor ich Zeit, außerdem mußte ich weite Linien fahren, was den anderen Fahrern Lücken öffnete. Ich versuchte wirklich alles, wenigstens den siebten Platz zu halten, doch beim schlimmsten aller Vorderradrutscher in der vorletzten Runde wäre ich um ein Haar gestürzt. Wir müssen unbedingt Reifen testen«, erklärte der Japaner, der den Michelin-Reifen schon seit Saisonbeginn, vor allem aber seit seinem Japan-Sturz mit Mißtrauen begegnete.

Sorglose Alleinfahrt: Max Biaggi

Zog der Schweizer Eskil Suter mit seinem starken siebten Platz bei seinem mit dem Saisonverlauf unzufriedenen Arbeitgeber, dem Schweizer Aprilia-Importeur Alfred Staub, den Kopf aus der Schlinge, so stand Harada im Marlboro-

Abes Abenteuer: Nach diesem Ausflug durchs Kiesbett war der Yamaha-Star 17., kämpfte sich aber noch auf Rang elf

Yamaha-Team von Wayne Rainey auf der Abschußliste: Statt Harada wurde der Spanier Sete Gibernau zu anstehenden Reifentests in Brünn eingeladen, offiziell nur deshalb, um »eine zweite Meinung einzuholen und die Kritik von Harada zu bestätigen«.

500 ccm: Cadalora sprachlos

Rutschte die Yamaha 250 unter ferner liefen durchs Feld, so brachte das Geschwader der Marlboro Yamaha 500-Piloten ein beachtliches Teamresultat zustande. Kenny Roberts junior wurde nach einem schwachen Start starker Vierter, Loris Capirossi erreichte trotz eines zu harten Vorderreifens Rang fünf, Jean-Michel Bayle stürmte aus seiner Pole Position nach dramatischen Rutschern in der Anfangsphase immerhin noch auf Rang sechs.

Norifumi Abe hätte das Quartett sicher komplett gemacht, gönnte sich aber gleich in der zweiten Runde einen Ausflug, der ihn in der ersten S-Doppelkurve durchs Kiesbett und dann hundert Meter an den Reifenstapeln entlang führte, bevor er wieder auf die Strecke zurückfand. Als 17. reihte er sich wieder ein und erreichte am Ende noch tapfer Rang elf.

Solche Einsatzfreude wurde bei Luca Cadalora schmerzlich vermißt: Nach drei lustlosen Runden tuckerte er mit seiner Kanemoto-Honda an die Box und trollte sich auf seinem Roller, ohne mit einer Menschenseele geredet zu haben.

Den besten Start hatte Scott Russell erwischt. Der Suzuki-Star preschte vom neunten Startplatz in Führung, führte sechs tolle Runden lang und erreichte am Ende Platz drei und den zweiten Podestplatz seit Suzuka. »Sieht aus, als wären meine Starts besser, je weiter ich hinten stehe. Dort war ich schließlich das ganze Jahr, und jetzt habe ich Übung«, grinste der Amerikaner. »Es ist eine Zeitlang her, daß ich ein Rennen angeführt habe, und es fühlte sich komisch an. Vielleicht brauchte ich es, daß mich Alex und Mick überholten und mir den Weg zeigten«.

Denn die beiden Repsol-Honda-Asse waren wie schon in Brünn eine Klasse für sich. Crivillé war nur Siebter nach einer Runde, schlug sich aber unverzagt nach vorne durch und ging in Runde neun erstmals an Doohan vorbei in Führung.

Im letzten Renndrittel schlug Doohan zurück und schien das Geschehen sicher unter Kontrolle zu haben. Im Gegensatz zum Rennen in Österreich blieb sein Motorrad brav und spurtreu auf der gewählten Linie, und der Weltmeister war offenbar auf dem Weg zu seinem siebten Saisonsieg.

Doch Crivillé blieb sein Schatten und ließ Doohan nie mehr als um eine

Der Marlboro-Mann: Sieger Alex Crivillé war um die Länge einer Zigarette vor Weltmeister Mick Doohan

Motorradlänge entwischen. In der letzten Kurve der letzten Runde war Crivillé dann um eine Spur früher und härter am Gas, und obwohl er die ungünstige Linie außenherum wählen mußte, schaffte er es, bis zum Zielstrich mit dem Weltmeister gleichzuziehen und Kopf an Kopf an der schwarzweiß-karierten Flagge vorbeizurasen.

Es war verblüffend ruhig auf der Auslaufrunde, es gab keinen Jubel, keine Wheelies und keine geschwenkten Flaggen, denn niemand wußte, wer gewonnen hatte. Erst das Zielfoto gab eine eindeutige Antwort: Crivillé hatte um zwei Tausendstel oder 0,002 Sekunden gewonnen, was bei jenem Tempo der Länge einer Zigarette entsprach.

Crivillé war natürlich begeistert. »Ein Sieg kann jeder schaffen, doch zwei Siege hintereinander, das bedeutet schon etwas«, meinte er. »Es war ein aufregendes Rennen. Ich hatte einen schlechten Start und mußte eine Menge anderer Fahrer überholen. Als ich zu Mick aufschloß, kam ich zwar vorbei, konnte mich aber nicht absetzen, und als er mich zurücküberholte, erging es ihm nicht anders. Damit war klar, daß das Rennen in der letzten Runde entschieden würde. Auf dem Weg in die letzte Kurve bremste ich härter, hatte dafür aber besseren Drive beim Herausbeschleunigen. Aber es war auch Glück dabei«.

Doohan machte als Verlierer eine unglückliche Figur. Statt seine Niederlage wie in Österreich mit Humor zu nehmen, wo er seinem Rivalen auf der Auslaufrunde und in der anschließenden Pressekonferenz gratuliert hatte, kletterte er diesmal mißmutig aufs Podium und starrte ins Leere. »Es ist enttäuschend, auf diese Weise zu verlieren. Ich hasse diese Art Rennen, wo du die ganze Arbeit machst und an der Ziellinie um den Erfolg gebracht wirst. Alex kann mir hinterherfahren, aber er kann nicht in Führung gehen und den Job alleine machen, und das ist frustrierend«, brummte er, verstrickte sich aber in einen Widerspruch: Denn er gab zu, daß auch er keine Chance gesehen hatte, an der Spitze davonzufahren.

Ganz andere Sorgen hatte das Schweizer elf 500-Team. Erstmals mit neuer Ausgleichswelle angetreten, die dem Motor als Vorstufe zur geplanten Big Bang-Version einen kultivierten, nahezu vibrationsfreien Lauf ohne Leistungsverlust beibrachte, stürzte Juan Borja im Freitagstraining zweimal und zog sich einen gebrochenen Mittelhandknochen und weitere schmerzhafte Verletzungen der linken Hand zu. Der verbliebene elf-Pilot Chris Walker, nicht das Begnadedste unter den Fahrtalenten, erreichte im Rennen nur den 20. Platz.

Gespanne: Biland Sieger, Dixon Meister

Dagegen schaffte Rolf Biland im Rennen der Gespanne den langersehnten Durchbruch. Obwohl er keine WM-Chancen mehr hatte, teilte er die Fluten am verregneten Samstagnachmittag wie Moses das Wasser und buchte den ersten

Saisonsieg. »Ich habe schon gar nicht mehr gewußt, wie's geht«, schmunzelte der Schweizer. »Im Gegensatz zu Zeltweg hatten wir eine ganz andere Balance, und das war ein Schritt in die richtige Richtung. Man wird ja in jedem Rennen schlauer, trotz des hohen Alters.«

Darren Dixon und Andy Hetherington hatten auf Intermediates gesetzt und verteidigten ihren WM-Titel abgeschlagen mit dem vierten Platz. »Leider hat es wieder zu regnen angefangen. Der Hinterreifen sieht jetzt noch aus wie neu«, meinte Dixon nach dem Rennen. »Doch alles in allem sind wir würdige Weltmeister. Wir haben Biland ein paarmal gezeigt, was eine Harke ist!«

Voller Übermut über den zweiten WM-Titel verlautbarte der Schweizer Konstrukteur Charles Auf der Maur, Motorenlieferant für Dixons Windle-ADM R 4, kühne Pläne für 1997. »Swissauto fordert die Japaner heraus, hat aber nicht einmal den Kanton Bern im Griff«, feixte er und kündigte das Kräftemessen auch auf zwei Rädern an: Er plante, an seinem Reihenmotor einen Zylinder zu amputieren und Dixon, der schon frühere gelegentliche Solorennen bestritt, mit einer 115 kg schweren Solo-Dreizylindermaschine in die nächste WM-Saison zu schicken. »Soll er nur machen. Ich freue mich auf den Moment, wo er die Einzelteile für seinen Motor nicht mehr bei Honda oder Yamaha im Katalog bestellen kann«, konterte Swissauto-Konstrukteur Urs Wenger.

Für Ralph Bohnhorst war der Seitenwagen-WM-Lauf schon kurz nach dem Start zu Ende. Weil Markus Schlosser nach einem Dreher mit aufrechtstehendem Gespann den Weg versperrte und Bohnhorst »diesem Weihnachtsmann« nicht mehr ausweichen konnte, verlor er seinen Beifahrer Eckart Rösinger und damit auch das Rennen.

Rösinger sprintete Bohnhorsts Gespann nach seiner Hechtrolle zwar tapfer hinterher, doch der abgebrochene Kotflügel des Seitenwagenrads verhinderte die Weiterfahrt. »Ich entwickle mich mehr und mehr zum Crash-Piloten. Ich sollte Stuntman werden«, meinte Bohni und reiste unverdrossen zu einem Kunstflug-Lehrgang des tschechischen Nationalteams weiter. »Das ist ein größerer Kick als Mopedfahren«, stellte Bohni fest.

Wieder die Nummer eins: Darren Dixon verteidigte seinen WM-Titel

Thunderbikes: Costes Champion

Der französische Honda-Star William Costes gewann einen dramatischen Fünfkampf mit Stéphane Mertens, Eric Mahé, Yves Briguet und Jeffry de Vries und sicherte sich mit seinem Sieg beim vorletzten Lauf zur Thunderbike-Trophy auch vorzeitig den Meistertitel. Rubatto-Kawasaki-Star Stefan Scheschowitsch plagte sich mit mangelndem Vorderradgrip auf Platz zehn, Teamkollege Enrique de Juan tuckerte mit qualmendem Motor an die Box.

Drei Zylinder statt drei Räder? Darren Dixon plante eine Solo-Karriere

REMUS
SPORTAUSPUFF
SONAX
motorcycle care
aprilia
aprilia
elf
HB
RACING TEAM

Auf hoher See: Deutschlands Grand Prix-Stars Peter Öttl, Jürgen Fuchs, Ralf Waldmann, Tex Geissler und Dirk Raudies (v.l.) steuerten um die meisten gefährlichen Untiefen herum. Darren Dixon und Andy Hetherington segelten mit ihrem Boot problemlos dem zweiten Titel entgegen. Nur Michael Doohan und Alex Crivillé beendeten ihr episches Duell beim großen Finale mit einer überraschenden Kursabweichung

Wem die Stunde schlägt: Der neue Chef Toshimitsi Iio brachte neuen Schwung in die Yamaha-Rennabteilung, Deutschlands schönste Frau stand dem HB-Honda-Team zur Seite, Bayerns Volksheld Michi Rudroff griff als Wild Card in der Halbliterklasse an, scheiterte aber schon vor dem Start. Daryl Beattie (oben ganz rechts mit Freundin Meg und seinem Suzuki-Team) geriet in einen unerwarteten Abwärtsstrudel, Luca Cadalora kündigte zum Saisonstart mutig, aber etwas zu euphorisch seinen Weltmeistertitel an. Als WM-Favorit startete auch Tetsuya Harada, doch gab es in seiner Saison mehr Schatten als lichte Momente. Max Biaggi traf beim Publikum ebenso wie mit dem dritten WM-Titel ins Schwarze - nur als sein eigener Manager stand sich der Superstar oft selbst im Weg.

Miss

DAINESE

Das blaue Wunder: Die elf 500 mit Konstrukteur Urs Wenger (am Computer) und den Fahrern Adi Bosshard, Juan Borja und Chris Walker setzte sich gegen die etablierte Macht der japanischen Vierzylindermaschinen immer wieder mit Achtungserfolgen in Szene. Noch dichter am Sensationssieg war Tadayuki Okada mit der Zweizylinder-Honda NSR 500 V, während sein Widerpart Doriano Romboni auf der Zweizylinder-Aprilia RSV 500 einen katastrophalen Rückschlag nach dem anderen hinnehmen mußte. Ein Kuriosum blieb die in 600 Arbeitsstunden vom Benetton-Formel 1-Auto kopierte Seitenwagenverkleidung des experimentierfreudigen Rolf Biland: Aerodynamisch komplett mißglückt, schraubte Biland das Unikat nach wenigen Proberunden wieder ab.

elf
PEPSI
THOMMEN
MICHELIN
ÖHLINS

8
PEPSI
elf

Marlboro
REPSOL
NSR
HRC
1

CERTINA
SWISS WATCHES
SCHLOSSGOLD
Bier ohne Alkohol
uvex
2
NISSIN
BÜCHEL
AMAG
iXS
MOTORRAD-MODE
YOKOHAMA
strähm racing
Allianz
BP

WO CHAMPIONSHIP
Segura Viudas
Segura Viudas
MICHELIN
SHOEI
Marlboro
YAMAHA
Marlboro
Marlboro
0
am

Die Stunde der Sieger: Norifumi Abe fuhr beim Grand Prix in Suzuka vom elften Startplatz zu einem historischen Triumph, der Katalane Carlos Checa (mit Team-Techniker Antonio Cobas) wiederholte ein ähnliches Husarenstück beim Grand Prix in Barcelona. Luca Cadalora badete nach seinem Auftaktsieg in Malaysia in Champagner, Biaggi feierte seine Erfolge mit fröhlichen Wheelies, Momente des Glücks erlebten auch die behinderten Kinder beim »Riders for Health Day of Champions« im Donington Park. Und selbst der sturzfreudige Jean-Michel Bayle zählt zu den Gewinnern: Ungeachtet seiner Resultate hält ihm Sponsor Philip Morris eisern die Treue.

Angriff im berühmten »Tosa«-Linksknick: 125 ccm-Sieger Masaki Tokudome vor Garry McCoy

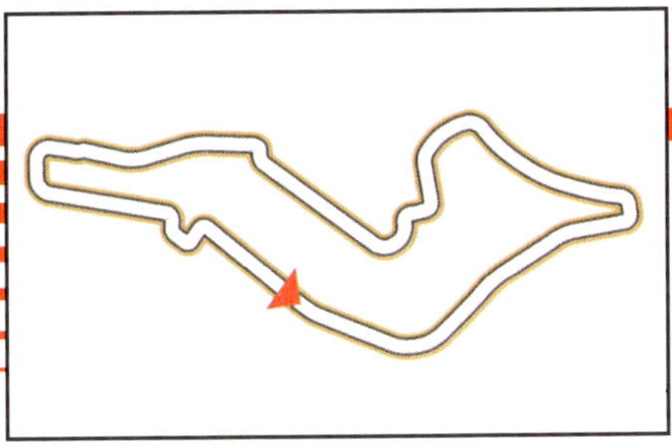

1. 9. 1996: Grand Prix der Stadt Imola/I

Drauf und dran

Die Weltmeister Max Biaggi und Haruchika Aoki zogen beim Grand Prix Imola eine Niete. Doch ihre Verfolger Ralf Waldmann und Masaki Tokudome waren obenauf – und machten die Weltmeisterschaft wieder spannend.

Acht Jahre nach dem letzten Grand Prix in Imola kehrte die Motorrad-Weltmeisterschaft dank des weltmännisch auftretenden, hauptsächlich im Filmgeschäft tätigen Veranstalters Maurizio Carrano und seiner Firma »Studie Immagine« auf das berühmte italienische Autodrom zurück.

Etliches hatte sich in der Zwischenzeit geändert. Der Kurs war für zehn Millionen Mark entschärft und modernen Sicherheitsanforderungen sowohl der Formel 1 als auch des Motorradsports angepaßt worden. Das nach heutigen Maßstäben kleine Fahrerlager platzte wegen der vielen Hospitality-Zelte aus allen Nähten, und neben dem vertrauten Motorenlärm war das allgegenwärtige Piepsen moderner Handy-Telefone eine der großen Neuigkeiten: Buchstäblich jeder im Fahrerlager trug einen der kleinen Quälgeister am Gürtel. Weil das Netz schon beim Formel 1-GP im Mai hoffnungslos überlastet war, hatte die GSM-Gesellschaft TIM sogar aufgerüstet und die Kapazität für den Motorrad-Grand Prix in und um Imola um satte 30 Prozent erhöht.

Dem Flair von Imola konnten die modernen Zeiten mit ihren Streckenumbauten und zusätzlichen Sicherheitszäunen nichts anhaben. Immer noch bot die mitten durch den Stadtpark führende Berg- und Talbahn faszinierende Perspektiven für Zuschauer, Fotografen und Kameraleute, immer noch war die mittelalterliche, mit einer Sandsteinmauer befestigte Stadt gleichbedeutend mit dem unbeschwerten Lebensgefühl der Emiglia Romagna, mit frischer Pasta, den leichten, moussierenden Weinen, die rund um die Stadt gediehen, und mit der Jugend, die fröhlich auf Rollern um die Plätze, ins Café oder ins Kino knatterten.

Einer der Treffpunkte war mindestens so beliebt wie das GP-Fahrerlager. Gemeinsam mit Aprilias Halbliter-Star Doriano Romboni betrieb Exweltmeister Marco Lucchinelli den »Pampero Pub« in der Altstadt von Imola und bewies, daß er als Stimmungskanone immer noch so unschlagbar war wie 1981 in der Halbliter-WM. Bei den Live-Auftritten verschiedener Rockbands griff Lucchinelli Nacht für Nacht selbst als Sänger zum Mikrofon – und sorgte für wahre Tumulte auf der Tanzfläche.

Gemeinsam mit den anderen 500 ccm-Exweltmeistern Franco Uncini und Giacomo Agostini drehte Marco Lucchinelli auf seiner alten Square Four-Suzuki am Sonntagmorgen eine Ehrenrunde auf dem Imola-Autodrom. Weniger ehrenvoll verliefen die Demonstrationsfahrten mit den beiden legendären, 1957 gebauten Acht-Zylinder-Moto Guzzi. Einer der in schwarzes Leder gehüllten Oldtimer-Fans kippte gleich nach wenigen Kurven um und mußte ärztliche Versorgung in Anspruch nehmen.

Auch die Premiere der RTM 500 glich einer Posse. Wild Card-Pilot Alessandro Zambotti rasselte mit dem betagten Eigenbauprodukt des Ingenieurs Roberto Torrani, mit dem schon Paolo Pileri 1980 in der 350 ccm-Klasse sein Glück versuchte, im ersten freien Training brav in Straßenmitte um die Piste, wurde wegen seines Schneckentempos

Ehrenrunde auf der Strecke, Parties im Pampero Pub: Marco Lucchinelli

Umlagert von Fans, gestreßt von Vertragsverhandlungen: Max Biaggi

jedoch schon nach wenigen Runden mit der schwarzen Flagge von der Strecke geholt. »Das Ding hat schon als 350er anfangs der 80er Jahre nie funktioniert«, schmunzelte der Schweizer Ex-GP-Konstrukteur Jörg Möller über die Maschine, die sich mit angeblich 150 PS zu 218,4 km/h Höchstgeschwindigkeit aufraffte und stolze 182 kg auf die Waage brachte.

Wer da immer noch Langeweile hatte, mochte sich an den Spekulationen um die Zukunft von Max Biaggi beteiligen. Seit sich der Superstar vorgenommen hatte, 1997 auf einer Vierzylinder-Maschine in die Halbliterklasse einzusteigen und dabei auch noch ein Jahresgehalt von vier Millionen Dollar zu verdienen, blühte die Gerüchteküche. Biaggi wurde mit allen großen Werken in Verbindung gebracht, doch da es bei Honda, Yamaha und Suzuki entweder kein Geld oder kein Interesse gab, schränkten sich seine Optionen wieder ein.

Gleichzeitig überspannte er den Bogen in der Diplomatie mit seinen jetzigen Arbeitgebern. Biaggi hielt Aprilia-Teamdirektor Carlo Pernat und Firmenbesitzer Ivano Beggio mit Eulenspiegeleien zum Narren, und als in Imola die Nachricht eines Vorvertrags mit Tetsuya Harada als künftiger Aprilia 250-Pilot die Runde machte, war die Situation plötzlich verzwickt.

Von Yamaha gefeuert, bei Aprilia geheuert: Tetsuya Harada

Denn der Vertrag mit Harada sah einerseits eine Rücktrittsklausel für den Fall vor, daß Max Biaggi dem Team als Nummer eins erhalten blieb. Trotzdem war der Harada-Vorvertrag das wichtigste Druckmittel, das Aprilia im quälenden Vertragsstreit mit dem Superstar einsetzen konnte. »Ich stelle Biaggi für eine Vertragsverlängerung drei Bedingungen: Einen Teamkollegen, weniger Geld, als er derzeit fordert, sowie einen Drei-Jahres-Vertrag«, demonstrierte Ivano Beggio öffentlich Stärke. Doch Max Biaggi war mit einem Konter schnell zur Hand. »Der einzige Biaggi, der einen solchen Vertrag unterschreiben würde, wäre mein Vater Pietro«, tönte Biaggi dagegen.

Weil von Seite des Zigarettenkonzerns Philip Morris geplant war, das bislang von Chesterfield gesponsorte Aprilia-Werksteam auf Marlboro umzulackieren und mit der in letzter Zeit nicht gerade von Siegen verwöhnten Weltmarke endlich wieder Erfolge einzufahren, lag den anwesenden Marlboro-Vertretern Graham Bogel und Leo de Graffenried natürlich alles daran, den Graben notfalls mit Geld zuzuschütten und Biaggi zum Bleiben zu bewegen. Am Sonntagabend war Biaggi allmählich von dieser Lösung überzeugt.

250 ccm: Harada gefeuert

Daß es bei all dem noch ein Rennen zu bestreiten gab, geriet beinahe zur Nebensache. Am ersten Tag noch Schnellster, gab sich der nervöse Weltmeister im verregneten Samstagstraining mit der fünftbesten Zeit zufrieden und redete irritiert davon, er sei mit der Getriebeabstimmung nicht zurandegekommen.

Sieg in der Höhle des Löwen: Waldi vor Jacque und Ukawa – und jubelnd in der Auslaufrunde

Am Sonntag war das Wetter wieder besser, nicht jedoch die Form des Superstars. Biaggi, immer noch in seine Verhandlungsmarathons verbissen, blieb nach dem Warm-Up am Morgen spurlos verschwunden und erschien erst wieder zur Startaufstellung, ohne seinen Mechanikern die nötigen Informationen über das Set-Up seiner Maschine gegeben zu haben.

Dann vermasselte er den Start, kam beim Aufholen gegen eine vier Mann starke Honda-Meute nur zäh voran und leistete sich in Runde elf einen folgenschweren Leichtsinnsfehler: Nach einer mißglückten Attacke auf Platz fünf zurückgefallen, drängelte sich Biaggi zu ungestüm am viertplazierten Jürgen Fuchs vorbei, kam zu schnell an der berühmten »Piratella«-Kurve an und von der Strecke ab.

Fuchs, dessen Kupplung am Start überansprucht wurde und das ganze Rennen über beim Herunterschalten rupfte, sah Biaggis Sturz aus nächster Nähe und erhielt seinen vierten Platz zurück. Beim Zieleinlauf wiederholte sich das Spiel auf nicht ganz so dramatische Weise mit dem zweiten Aprilia-Werksfahrer: Marcellino Lucchi hatte Fuchs bereits besiegt und auf Platz fünf verdrängt, als sich sein Motor in der letzten Schikane verschluckte und kein Gas mehr annahm. Hilflos und wütend ruderte Lucchi mit dem Arm, während Fuchs einen letzten heftigen Rutscher ausbalancierte und auf Platz vier durchs Ziel marschierte.

Während Fuchs trotz des entgangenen Podestplatzes noch von Glück reden konnte, blieb der am Boden zerstörte Max Biaggi über eine Stunde in seinem Motorhome verbarrikadiert, bevor er sich zu seinem Sturz äußerte und seiner Aprilia wieder einmal die Schuld ankreidete. »Eingangs dieser Kurve hatte ich einen Vorderradrutscher. Es gelang mir zwar, ihn abzufangen, doch dann ging mir der Asphalt aus«, berichtete Biaggi. »Der dritte Platz von Tohru Ukawa beweist: Die Hondas waren hier klar im Vorteil. Ich mußte voll ans Limit gehen, um auch nur mithalten zu können. Jetzt wird es schwierig, die WM-Führung zu verteidigen. Ich bin zuversichtlich für Barcelona, weil mir die Strecke liegt, aber sehr pessimistisch für Brasilien und Australien, wenn es uns nicht gelingt, das Motorrad zu verbessern. Denn Honda hat einen gewaltigen Schritt nach vorne gemacht.«

Vor allem das HB-Team von Ralf Waldmann. Zu Saisonbeginn wurde er von einem Schlüsselbeinbruch und mysteriösen Fahrwerksschwierigkeiten aufgehalten. Dann gab der Hauptsponsor den Rückzug zum Saisonende bekannt. Alles in allem kam es knüppeldick.

Doch bei HB-Honda stand nicht der Fahrer, sondern hauptsächlich Teamchef Dieter Stappert im Sturm. Anders als Max Biaggi, der seine Zukunft mutterseelenallein aushandelte, schottete sich Waldi in Stapperts Windschatten ab und konzentrierte sich auf seinen Job.

Dank der Erfahrung und der stoischen Gelassenheit von Cheftechniker Sepp Schlögl kam das Team auch technisch über jede Hürde. Als Ralf Waldmann am Freitag Schwierigkeiten mit der Gabelabstimmung hatte und wegen des strömenden Regens am Samstag auf Startplatz zehn steckenblieb, wetteten viele im Rennen keinen Pfifferling auf ihn.

Szenen dreier Ehen: Francesco Pileri verkündet den neuen 250 ccm-Vertrag für Aoki (oben), Raudies und Cecchinello halten ein Schäferstündchen im Gras (Mitte), Tex Geissler (unten) rettet nach Öttls Ausfall die Ehre des Marlboro Teams Eckl

Doch am späten Samstagabend zog sich das Team zu einer zweistündigen Beratung zurück, und am Sonntag waren die Probleme plötzlich aussortiert. Mit einem Katapultstart hämmerte sich Waldi aus der dritten Reihe in den Windschatten von Olivier Jacque und Jürgen Fuchs, übernahm in Runde sechs die Führung und flitzte nach einer mutigen und fehlerfreien Fahrt am Ende mit 4,7 Sekunden Vorsprung über die Linie. »Ich hatte einen brillianten Start, war sofort Dritter und habe gleich gesehen, daß die andern nicht so schnell fahren können. Ich war um zwei Sekunden pro Runde schneller als im Training und ziehe den Hut vor meinen Leuten, die das Motorrad so phantastisch hingekriegt haben. Denn weil heute morgen noch feuchte Stellen auf dem Asphalt waren, konnten wir nicht mal das Warm-Up zu richtigen Probefahrten nutzen«, jubelte Waldi nach seinem vierten Saisonsieg, mit dem er den Rückstand bei drei ausstehenden Rennen auf nur noch zwölf Punkte verkürzte. »Jetzt ist Biaggi unter Druck. Er kämpft an allen Fronten, weil Aprilia nicht auf seine Geldforderungen eingeht und Honda ihm nur einen Zweizylinder geben will. Vielleicht zahlt es sich für mich aus, daß er nicht mit dem Herzen auf der Rennstrecke ist. Ich bin mental jedenfalls unheimlich stark – und fühle mich so fit wie nie. Die Weltmeisterschaft ist wieder offen«.

Für Tetsuya Harada war sie dagegen vorzeitig beendet. Als der Star in Wayne Raineys Yamaha 250-Team nach schwachen Leistungen im Training wie im Rennen vom zehnten Platz aus mit Zündaussetzern an die Box rollte und den vierten mysteriösen Ausfall in fünf Rennen ablieferte – sein Motorrad lief hinterher wie durch ein Wunder wieder völlig einwandfrei – zogen Rainey und Yamaha-Ingenieur Sakurada die Notbremse und feuerten den Japaner. Offiziell hieß es höflich, man brauche die Meinung eines anderen Fahrers, weshalb beim Catalunya-Grand Prix in Barcelona Lokalmatador Sete Gibernau eine Chance bekomme. Bei den letzten beiden Rennen in Übersee sei Haradas Rückkehr durchaus denkbar.

In Wirklichkeit handelte es sich um eine Kündigung, die sich bereits nach dem GP in Brünn angedeutet hatte. Frustriert von den Rundenzeiten Haradas und von seiner ewigen Quengelei über Fahrwerk und Reifen, lud Rainey seinen alten Bekannten Gibernau, dem er Jahre zuvor schon das Dirt Track-Fahren auf der Kenny Roberts-Ranch in Kalifornien beigebracht hatte, zu Tests auf der YZR 250 ein, bei denen Gibernau über eine Sekunde schneller fuhr als Harada im Rennen.

Der tiefe Fall des einstigen WM-Favoriten begann mit dem Wechsel des Yamaha-Teams von Dunlop zu Michelin. Was gut für die 500er war, entpuppte sich als Desaster bei der 250er. Harada forderte ständig neue Vorderreifen, erhielt sie jedoch nicht und wurde nach seinem Vorderrad-Sturz in Japan immer lustloser, was auf die Stimmung im Team drückte und wiederum bei den Mechanikern zu einer ganzen Reihe folgenschwerer Leichtsinnsfehler führte. Umgekehrt warf Michelin dem Japaner einen völligen Mangel an Kooperationsbereitschaft vor.

Freilich blieb das Thema Vorderreifen auch mit einem neuen Fahrer brisant: Gibernau war bei den Probefahrten in Brünn nicht nur schnell gefahren, sondern ebenfalls gestürzt – übers Vorderrad.

125 ccm: Ehrenplatz für die Zündkerze

Erlebte Harada einen Fall ins Uferlose, so hatte sein Landsmann Haruchika Aoki eine Sternstunde, als sein neuer Drei-Jahres-Vertrag als 250 ccm-Werksfahrer im Polini-Team von Francesco Pileri am Samstag offiziell bekanntgegeben und stürmisch gefeiert wurde.

Rein sportlich war der Imola-GP dagegen ein rabenschwarzes Wochenende für den 125 ccm-Champion. Gleich nach wenigen Minuten des einzigen Trocken-Trainings donnerte ihm Kazuto Sakata ins Heck, so daß Aoki mit dem allerletzten Startplatz vorlieb nehmen mußte. Kaum hatte er sich im Rennen aufgerappelt und den elften Platz übernommen, fiel sein Schalthebel ab.

Und wie Ralf Waldmann bei den 250ern nutzte auch Masaki Tokudome den Ausfall des WM-Rivalen genüßlich aus. Zu Anfang für vier Runden in Front, erkannte der Ditter Plastic-Star schnell, daß er seinen Häschern nicht entwischen konnte. Um sie von hinten zu studieren, ließ sich der kluge Taktiker deshalb für eine Weile zurückfallen, schlug im Endspurt bergauf nach dem »Tosa«-Linksknick aber derart aus dem Windschatten zu, daß seinen Gegnern Emilio Alzamora, Jorge Martínez, Garry McCoy und Valentino Rossi Hören und Sehen verging. »Sie fuhren sehr hart, aber nicht schnell genug. In manchen Sektionen war ich beim Einbiegen in die Kurve etwas langsamer, dafür hatte ich beim Herausbeschleunigen überall Vorteile, denn meine Techniker haben wirklich großartig gearbeitet und mir eine echte Rakete hingestellt. In der Schlußphase fiel es mir leicht, anzugreifen und die Führung zurückzuholen«, jubelte Tokudome, der seinen Rückstand auf Aoki mit diesem Erfolg drei Rennen vor Saisonende auf magere drei Punkte verkürzte und wieder für völlig offene Verhältnisse in der Weltmeisterschaft sorgte.

Sieg dank »echter Rakete«: Ditter Plastic-Star Masaki Tokudome

Weil die weichen Rennreifen durchgehalten hatten und der sensible Motor diesmal wie ein Uhrwerk funktionierte, nahmen auch Cheftechniker Lucas Schmidt und seine Crew einen kräftigen Schluck aus der Champagnerflasche. Die Zündkerze, etliche Male in dieser Saison die Achillesferse der Aprilia-Motoren, erhielt sogar einen besonderen Ehrenplatz: Weil sie diesmal ohne Fehl und Tadel bis zum Rennende funkte, wurde sie von Motoren-Spezialist Uli Rölig mit einem Klebestreifen auf Tokudomes Siegerpokal befestigt.

United Grey-Pilot Tomomi Manako verteidigte trotz Leistungsmangel Platz sechs im Rennen und Rang drei in der WM-Wertung, doch die anderen deutschen Teams wurden empfindlich gerupft. Im ersten Zeittraining wurde Dirk Raudies von demselben Lucio Cecchinello abgeschossen, der ihn schon in England aus dem Sattel torpediert hatte. Raudies trug einen angebrochenen Mittelhandknochen davon, doch statt sich zu entschuldigen, beschwerte sich Cecchinello, Raudies sei zu langsam vor ihm hergefahren. Beim 14. Platz im Rennen wurde Raudies nicht von Schmerzen, sondern vom verlorenen Endstück des Schalthebels aufgehalten.

Hatte er noch die Chance, gelegentlich mit der Hand nach unten zu langen und irgendwie weiterzufahren, so wurde Peter Öttls Fahrt an siebter Stelle abrupt von einem Kolbenklemmer beendet. »Wir stehen vor einem Rätsel. Im Training ist das Motorrad gelaufen wie ein Uhrwerk«, wunderte sich der Bayer, der nach dem vierten Ausfall in der WM auf den achten Gesamtrang abrutschte. »Es ist traurig, denn jetzt kann ich ein gutes Endresultat abschreiben – ich habe in der Punktetabelle den Anschluß verloren«.

Wenigstens rettete Tex Geissler die Ehre des Teams: Obwohl er am Start zu vorsichtig die Kupplung kommen ließ und weit zurückfiel, wurde er am Ende Neunter und bester Deutscher.

500 ccm: Gewitterstimmung

Bei den 500ern hatten etliche der Stars nach schwachem Start auf einen starken Endspurt gesetzt, doch ein Gewitterschauer beendete das Halbliterrennen bereits nach 16 von geplanten 25 Runden. Norifumi Abe, Luca Cadalora und Scott Russell hatten starken Vorwärtsdrang gezeigt, blieben aber auf den Rängen fünf bis sieben sitzen und rauften sich die Haare, weil Jean-Michel Bayle allmählich nachzulassen begann und seinen vierten Rang sicher abgegeben hätte.

Auch Alex Crivillé sah im Sandwich zwischen dem führenden Michael Doohan und dem endlich wieder einmal in Topform antretenden Zweizylinder-Piloten Tadayuki Okada locker und komfortabel aus. Ob er den Weltmeister am Schluß angegriffen hätte oder zurückgefallen wäre, blieb eine ungeklärte Frage. Im ersten Training war der Spanier nämlich schwer gestürzt, spuckte Blut und prellte derart die rechte Hand, daß er kaum die Finger bewegen konnte. Von Dr. Claudio Costa mit allen denkbaren Tricks verarztet, fuhr Crivillé ein tapferes Rennen, war aber heilfroh, als die Fahrt zu Ende war. »Meine Hand schmerzt wie die Hölle. Aber was soll's: Der Job ist getan«,

Vom Gewitterregen überrascht: Das Wetter machte Luca Cadalora einen Strich durch die Rechnung

Im Duell: Crivillé hetzt Doohan (oben), Abe geht gegen Barros eigene Wege (unten)

lächelte er, nachdem das Repsol-Honda-Team im Formationsflug auf den Podestplätzen eingetroffen war.

Während Mick Doohan den nächsten WM-Titel nach Saisonsieg Nummer sieben so gut wie in der Tasche hatte, glich die Premiere des lange erwarteten Big Bang-Motors der elf 500 eher einer mißglückten Generalprobe. Chris Walker stürzte bereits in der ersten Runde, der immer noch mit seiner Handverletzung kämpfende Juan Borja hoppelte nach zwei Runden an die Box, weil sich das Hinterrad in der Schwinge gelockert hatte.

Könige unter sich:
Seine Majestät Juan Carlos I. und
Halbliter-Sieger Carlos Checa

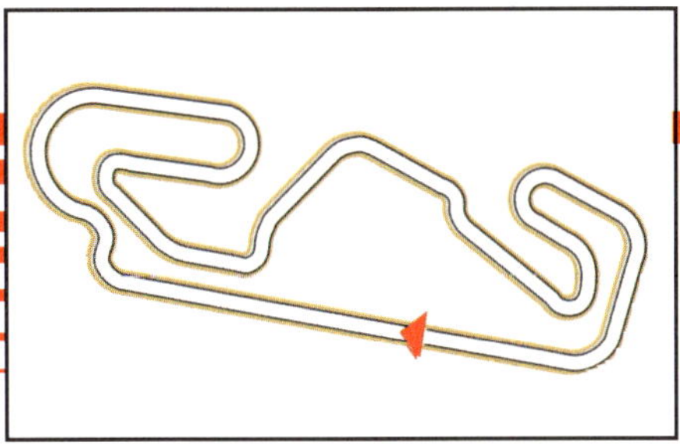

15. 9. 1996: Grand Prix Catalunya in Montmeló

Carlos der Erste

Michael Doohan und Alex Crivillé wurden beim Katalonien-Grand Prix zu Welt- und Vizeweltmeister gekürt. Doch Carlos Checa gewann das Rennen - und war an diesem Tag König von Spanien.

Als das Kreischen der Zweitakter nach dem Training auf der Montmeló-Rennstrecke abstarb, begann der Donner der großen Einzylinder am Streckenrand. Auf der »Kenny Roberts Training Ranch« trafen sich die besten Driftkünstler aus Europa und Amerika, um mit der Kraft von 60 PS, aber ohne Vorderbremse um ein originalgetreu nachgebautes amerikanisches Dirt Track-Oval zu driften. Juan Bulto, Sohn des Firmengründers der spanischen Marke »Bultaco«, gewann am Freitagabend die »Euro Challenge«, US-Legende Jay Springsteen fuhr der Konkurrenz beim Main Event des »Dirt Track USA« um die Ohren. Kenny Roberts gab im Rahmenprogramm eine Kostprobe seiner Driftkünste, und obwohl er versehentlich eine Runde zu früh das Gas zudrehte, wurde er vom Publikum begeistert gefeiert.

Die kleineren Versionen der Dirt Track-Boliden, zierliche Honda XR 100-Viertaktcrosser, dienten auf der spanischen Anlage ebenso wie auf Kennys alter Ranch im kalifornischen Modesto dem systematischen Training von Grand Prix-Stars. Ganze Fahrergenerationen hatten unter Aufsicht von Roberts trainiert, derzeit war es Alex Crivillé, der an jedem freien Tag das kontrollierte Rutschen auf feuchter Erde übte, um Feingefühl und Reflexe für seine Honda NSR 500 zu schulen. »Seit ich den Helm an den Nagel hängte, habe ich jungen Fahrern geholfen, ihr Können durch Dirt Track-Fahren zu verbessern. Jeder Fahrer, der ernsthaft versucht hat, unseren Instruktionen zu folgen, hat von der Dirt Track-Erfahrung profitiert und die Ranch als besserer und bewußterer Fahrer verlassen«, erklärte Roberts, der sich längst hätte in den Ruhestand verabschieden können, stattdessen aber zielstrebig daran arbeitete, dem Motorrad-Straßenrennsport Wege in die Zukunft zu öffnen.

Sein bislang gewagtestes Projekt wurde erst am Renntag in Montmeló klar von Kenny Roberts bestätigt. Aus Enttäuschung über die Yamaha-Manager, die bei der Weiterentwicklung der YZR 500 über Jahre hinweg auf der Stelle traten, 1996 zwar ein neues Management und ein neues Modell der Halbliterrakete ins Rennen schickten, Roberts wegen seiner unverhohlenen, offenen Kritik an Yamaha aber technisch aufs Abstellgleis zu schieben begannen, beschloß Roberts den Bau eines eigenen Dreizylindermotorrads, das mit mehr PS als die V 2-Mo-

Rein in den Stahlschuh,rein ins Vergnügen: Die Grand Prix-Journalisten lieferten sich ein Spaßrennen auf der Roberts-Ranch

delle von Honda und Aprilia, aber mit 15 kg weniger Gewicht als die V 4-Brocken auf vielen Strecken zum Joker werden sollte. »Ich habe den Entschluß zu diesem Projekt bereits im Dezember 1995, ein Tag nach der Unterzeichnung eines neuen Yamaha-Vertrags gefaßt. Denn ich wollte nie wieder derjenige sein, der bei anstehenden Vertragsverhandlungen die Hosen runterläßt«, meinte King Kenny.

Statt bei Yamaha wegen 1997 anzuklopfen, wartete er ab, welches Konzept ihm die Japaner unterbreiten würden. Nach monatelangem beidseitigem Stillschweigen, in dem Yamaha am Motorrad von Norifumi Abe eifersüchtig exklusive Entwicklungsteile ausprobierte und Roberts an den Motorrädern von Bayle und Kenny junior dasselbe tat, war der Graben zu tief geworden, um an die guten Zeiten der insgesamt 26jährigen Zusammenarbeit anzuknüpfen. Yamaha setzte auf eine Zukunft mit Wayne Raineys Team und plante, Norifumi Abe dort einzugliedern, Roberts hingegen stellte mit einem neuen Werk in England die Weichen für die Neukonstruktion. »Ich wollte schon immer mal mit dem Motorrad fahren, mit dem Freddie Spencer 1983 gegen mich gewonnen hat«, grinste er. »Mit 165 wären wir auf den meisten Strecken, mit 175 PS überall konkurrenzfähig.«

Als Fahrer wurden Kenny Roberts junior und Jean-Michel Bayle eingeplant, allerdings bat sich Bayle, der ein erhebliches Teilbudget von Marlboro mitbrachte, eine Vertragsklausel aus, die ihm den Ausstieg erlaubte, falls sich die Maschine als Flop entpuppen sollte.

Getrennt in die Maske, gemeinsam auf die Bühne: Alberto Puig, Carlos Checa

Wie leicht man in der immer härter umkämpften Halbliterklasse aus den Top Ten rutschen konnte, zeigte das Beispiel von Daryl Beattie. Nach 14 Wochen Pause wegen Schädelbruch wagte der Suzuki-Star sein Comeback, war aber trotz Eingewöhnungs-Tests in Mugello und wissenschaftlich überwachtem Fitneßtraining außer Form.

Auch sein beim Sturz in Le Castellet gebrochener und von den französischen Ärzten genagelter linker Unterarm war rätselhafterweise immer noch kraftlos. Trotz etlicher Fahrwerksumbauten, die die in Barcelona besonders störrische Suzuki gefügiger machen sollten, qualifizierte sich Beattie nur auf Platz 15. »Wir hätten meine Rückkehr auch bei privaten Wintertests vorbereiten können, aber da hätten wir uns in Sachen Konkurrenzfähigkeit bestimmt etwas vorgemacht. Nur der direkte Vergleich beim Grand Prix bringt dich wirklich vorwärts. Deshalb wollte ich unbedingt noch diese drei Rennen fahren«, klärte der durchtrainierte und abgemagerte Beattie auf und war froh, den Alptraum der letzten dreieinhalb Monate endlich hinter sich zu haben. »Meine Zehen am linken Fuß zu verlieren, war schlimm«, spielte Beattie auf seinen berühmten Unfall von 1994 an. »Doch ich hätte lieber die Zehen am rechten Fuß hergegeben, als wochenlang jeden Morgen benommen und schwindlig aufzuwachen und nicht zu wissen, wie es weitergeht - es war deprimierend«.

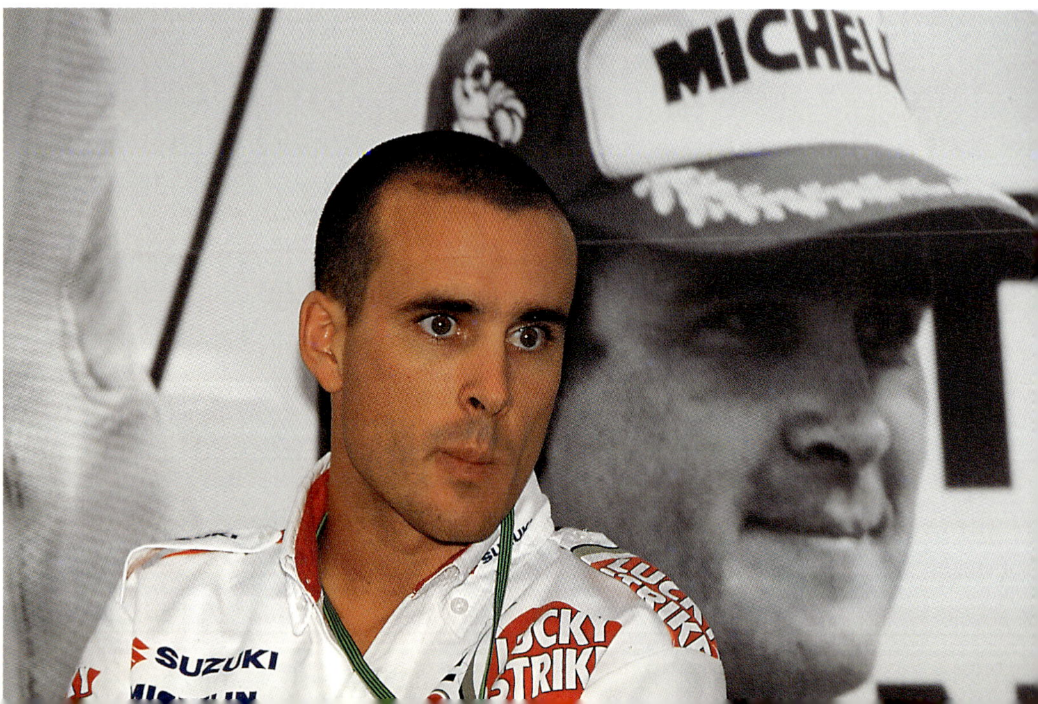

14 Wochen Pause - und immer noch nicht fit: Daryl Beattie war ein Schatten seiner selbst

Beatties Teamkollege Scott Russell war nicht wegen gesundheitlicher, sondern wegen technischer und zwischenmenschlicher Probleme frustriert. Trotz der ständigen Kritik Russells und von Beattie-Ersatzfahrer Terry Rymer hatte Suzuki in all den Monaten seit Saisonbeginn keine verbesserten Fahrwerksteile gebracht, das auf manchen Strecken perfekt und auf der nächsten dann wieder überhaupt nicht funktionierende Motorrad blieb Technikern wie Fahrern ein Rätsel. Das Catalunya-Wochenende war wieder eins der düsteren, auch Russell kam im Training nicht über Rang elf hinaus.

Außerdem herrschte ein frostiges, lustloses Arbeitsklima. Seit er zu Saisonbeginn ein paar Einsätze des Teams platzen ließ, war Russell teamintern isoliert und bei Teammanager Garry Taylor unten durch. Trotz insgesamt steigender Erfolgskurve zeigte Taylor keinerlei Interesse, eine bis Ende September laufende Option wahrzunehmen und Russell auch für 1997 zu verpflichten. Russell suchte sich deshalb nach Alternativen um und stieß auf Michel Mètrauxs elf 500-Team, das nach den Achtungserfolgen Juan Borjas endlich einen der großen Stars verpflichten wollte. »Dort zu fahren, wäre bestimmt ein Spaß. Schnell genug ist das Bike - und schlechter als das Suzuki-Fahrwerk ist das ROC-Chassis sicher nicht«, grinste Russell.

500 ccm: Beatties mißglücktes Comeback

Im Rennen hatten beide Teams Pech. Elf-Pilot Juan Borja, immer noch mit seiner verletzten linken Hand gehandicapt, fuhr nach 13 Runden an die Box, weil der neue Big Bang-Motor wegen eines kaputtgehenden Kurbelwellenlagers Leistung zu verlieren begann. Ähnliche Probleme registrierte Chris Walker, mühte sich aber auf Platz 15 und sicherte wenigstens einen Punkt. Adrian Bosshard, zu Saisonmitte von elf entlassen und seither wieder auf einer teuer gemieteten ROC-Yamaha unterwegs, hatte schon vor dem Start des Rennens seinen Rücktritt vom aktiven Rennsport wegen Budgetmangel bekanntgegeben.

Auch die Suzuki-Stars kamen nicht sehr weit. Scott Russell wackelte auf Platz elf, Daryl Beattie tauchte schon nach der Hälfte der Distanz in der Box unter, weil er auf Platz 17 zurückgefallen war und ihn allmählich sogar die Privatfahrer aufzuschnupfen begannen – ein tristes Wochenende für das Team Lucky Strike Suzuki, das sich eigentlich als stärkste Konkurrenz von Weltmeister Michael Doohan hatte profilieren wollen.

Statt dessen war Doohans eigener Repsol-Honda-Teamkollege Alex Crivillé zum großen Herausforderer herangereift. Auf ihn standen die Wetten in Montmeló, und die Manager von Honda und Repsol, die sich in Barcelona zur öffentlichen Unterzeichnung eines neuen Zwei-Jahres-Vertrags trafen, freuten sich darauf, daß ihre Helden Mick Doohan und Alex Crivillé ihre vorzeitige Welt- und Vizeweltmeisterschaft mit dem nächsten Doppelsieg garnieren würden.

Doch Carlos Checa, Nachwuchsfahrer im Team Fortuna Honda Pons, machte ihnen einen Strich durch die Rechnung.

Carlos Checa vor Alex Crivillé: Der Außenseiter brauste dem Favoriten davon

Fünfmal 200 PS: Luca Cadalora führt eine Honda-Armada mit Alex Crivillé, Carlos Checa (24), Michael Doohan (1) und Alexandre Barros an

Schon im Vorjahr hatte Checa den Catalunya-GP überlegen angeführt, war aber acht Runden vor Schluß gestürzt und seither mit mittelmäßigen Resultaten in der Versenkung verschwunden.

Keiner glaubte nach Checas viertem Trainingsplatz an einen möglichen Sieg außer ihm selbst. »Die Qualifikationsreifen, mit denen wir uns im Abschlußtraining vergriffen haben, zählen nicht. Mein Motorrad funktioniert mit Rennreifen perfekt – und darauf kommt es an«, beteuerte Checa.

Im Rennen zögerte er nicht, seine verdeckten Karten auszuspielen. Mühelos stürmte er an Crivillé und dem zunächst führenden Luca Cadalora vorbei, übernahm in Runde drei die Führung und machte sich zielstrebig aus dem Staub. Auf einer fehlerfreien Fahrt brach er viermal den eigenen Rundenre-

Crivi zur Attacke, forderten die Fans - doch am Schluß feierte der dreifache Champion Mick Doohan

kord, häufte 6,5 Sekunden Vorsprung an und feierte ausgelassen den ersten GP-Sieg.

Wie Norifumi Abe, der zwei Jahre nach seinem Sturz als Sieger nach Suzuka zurückkehrte und zur Legende wurde, stieg auch Checa zum neuen Volkshelden auf. 62500 Zuschauer schwenkten spanische und katalonische Flaggen, brannten ein Feuerwerk von Böllerschüssen ab, und als Checa aufs Podium kletterte, waren die Könige unter sich: Seine Majestät Juan Carlos I., Ehrengast des Grand Prix und selbst leidenschaftlicher Motorradfahrer, nahm Checa herzlich in die Arme.

»Im letzten Jahr war ich von meiner Führung überrascht und konnte den Druck nicht bewältigen. Doch diesmal war ich vorbereitet«, strahlte Checa, der Honda den 100. Halbliter-Sieg der Grand Prix-Geschichte bescherte. »Jetzt wird es mit dem Erwartungsdruck weitergehen. Aber ich genieße die Situation!«

Zu früh gefreut: Dirk Raudies (5) verabschiedete sich wegen Reifensorgen aus der Führungsgruppe

Und das tat auch Teamchef Sito Pons. »Checa fuhr ein perfektes Rennen mit vollem Tempo, aber völliger Sicherheit. Die Jungs hinter ihm haben ohne Erfolg alles versucht, ihn zu erwischen«, war Pons erleichtert.

Die zuvor wenig überzeugenden Resultate hatten bereits zu Spekulationen über bedrohliche Budgetkürzungen von seiten der staatlichen Tabacalera S.A. geführt, doch nun war Pons wieder der große Held, der alle drei Fahrer, die er in die Halbliterklasse brachte, auch zu Siegern machte - Checa 1996, Puig 1995 und Crivillé 1992.

Damals war Alex ein Halbliter-Anfänger, jetzt war er Pons' härtester Rivale im Kampf um den Ruhm. Selbst Glanz und Gloria des Barcelona-Siegs mußte sich Pons mit Crivillé teilen, der mit einem tapfer erkämpften dritten Platz die Vizeweltmeisterschaft sichergestellt hatte.

Crivillé führte den Pulk mit Doohan und Cadalora die meiste Zeit über an, radierte aber mit den spektakulärsten Slides über den Asphalt, obwohl er die gleiche Gummimischung wie Checa verwendet hatte. Seine Rutscher flößten sogar Michael Doohan Respekt ein. »Immer, wenn Alex Gas gab, war es, als entfache er ein Barbecue«, schilderte Doohan, der sich den Teamkollegen schließlich schnappte und mit einer Motorradlänge Vorsprung Platz zwei im Rennen und den dritten WM-Titel hintereinander einheimste.

»Normalerweise genieße ich Siege, doch diesmal habe ich nur an die Weltmeisterschaft gedacht. Um Checa entwischen zu lassen, habe ich Crivillé sogar absichtlich aufgehalten«, verriet Doohan. »Jetzt habe ich drei Titel und bin mit Größen wie Lawson, Roberts und Rainey in bester Gesellschaft. Ende 1992 saß ich in der Box von Südafrika und dachte, ich würde wegen meiner Verletzungen nie wieder Rennen fahren. Die drei Titel und meinen heutigen Lebensstil habe ich Dr. Costa zu verdanken!«

125 ccm: Manakos erster Sieg

Costa hatte in Montmeló eine heikle Aufgabe: Der Italiener Gino Borsoi, im Team

Aus der dritten Reihe direkt ins Kiesbett: Tokudome hatte es beim 125 ccm-Start etwas zu eilig und riß Cecchinello und Rossi mit ins Verderben

Italia eben erst als Ersatz des zu langsamen Andrea Ballerini angeheuert, erlitt am Freitag Brüche des sechsten, siebten und achten Rückenwirbels, hatte aber noch Glück im Unglück und kam ohne Lähmung davon.

Borsoi war mit Kazuto Sakata kollidiert, der dadurch auf den 32. Startplatz zurückfiel und sich wegen eines gebrochenen Kolbenrings auch im Abschlußtraining nicht verbessern konnte. Sakata startete als Allerletzter, mischte aber das gesamte Feld auf und sicherte trotz seiner Prellungen am Ende einen tollen dritten Platz.

Eine ähnliche Aufholjagd malte sich auch Masaki Tokudome aus. Im Training wegen Fahrwerksschwierigkeiten und Gripmangel auf den vielen Bodenwellen von Montmeló nur Neunter, startete der WM-Kandidat des Ditter Plastic-Teams aus der dritten Reihe, stieß sofort in die nächstbeste Lücke vor, mußte sich aber bereits in der ersten Kurve des Catalunya-Grand Prix mit dem vorzeitigen Ende seiner Dienstfahrt abfinden.

Rechts ratterte Perugini über die Bordsteine und versperrte Tokudome bei der Rückkehr auf die Strecke den Weg, an Tokudomes linker Verkleidungsseite kam es deshalb zur Kollision mit Lucio Cecchinello. Valentino Rossi konnte nicht mehr ausweichen und schanzte über die beiden Maschinen hinweg, Sekundenbruchteile später wurde Akira Saito noch zum unschuldigen Opfer der Havarie.

Hastig versuchte Tokudome, die schwarze Ditter-Aprilia wieder aufzurichten. »Ich schob mindestens 20 Meter, aber die Airbox hatte bereits zuviel Kies angesaugt. Nichts ging mehr«, schilderte der Japaner und sah hilflos mit an, wie sein in Imola auf drei Punkte geschrumpfter Rückstand in der Weltmeisterschaft wieder auf 14 Punkte anschwoll.

Denn Haruchika Aoki machte das Beste aus seinem 14. Startplatz. Ohne sich allzusehr in die Streitigkeiten des bis zu 15 Mann starken Führungspulks einzumischen, hielt er als Zehnter den Anschluß, spurtete in den letzten vier Runden los und traf nach kühl kalkulierter Fahrt als Fünfter ein.

Noch besser machte es Tomomi Manako. Während die spanischen Helden Jorge Martìnez und Emilio Alzamora nur kurz an der Spitze auftauchten und mit ihrer grimmigen Fahrweise früh die Reifen ruinierten, balancierte der Star des deutschen United Grey-Teams um die Kurven, als habe er rohe Eier im Gepäck.

Acht Runden vor Schluß startete er dann einen verwegenen Überraschungsangriff. Nur Garry McCoy, der schon zu Rennbeginn lange in Führung lag, gelang es, sich im Windschatten Manakos zu halten. Den drittplazierten Kazuto Sakata hängte Manako um über sechs Sekunden ab.

Beim Zieleinlauf war die Sensation perfekt. Garry McCoy, erst vor wenigen Rennen von Bridgestone zu Michelin desertiert, feierte den ersten Podestplatz des Jahres und freute sich, weil er rechtzeitig vor dem Saisonfinale in der australischen Heimat in Form gekommen war.

Sieger Tomomi Manako, Teamchef Mario Rubatto: Diesmal waren die Bridgestone-Reifen perfekt

Und Tomomi Manako feierte den ersten GP-Sieg seiner Karriere und duschte Teamchef und Cheftechniker Mario Rubatto ausgiebig mit Champagner ab. »Mein Plan, die Reifen bis zum Finish zu schonen, ist prächtig aufgegangen. Trotzdem kann ich es nicht fassen, daß ich gewonnen habe«, strahlte Manako.

Mario Rubatto streifte sich die Breitling-Uhr vom Handgelenk, die er Manako für den ersten großen Triumph versprochen hatte, und strahlte mit. »Das ist mein glücklichster Sieg in fünf GP-Jahren«, meinte Rubatto, der zuvor schon mit Dirk Raudies und McCoy Erfolge gefeiert, aber mit beiden Fahrern Streit bekommen hatte. »Soviele Leute haben mir gesagt, ich solle die Reifen wechseln. Der Garry, der Beutel, hat dann auch noch die Reifenmarke gewechselt und mich im Stich gelassen. Doch wir haben nicht aufgegeben, und heute nacht habe ich bei der Fahrwerksabstimmung endlich den richtigen Weg gefunden. Diesmal waren unsere Bridgestone-Reifen der absolute Joker!«

Und auch das dritte deutsche Team mit japanischen Fahrern kam im dritten Rennen vor Saisonende noch groß in Schwung. Nachdem die Techniker Harald Bartol und Heinz Röhrich im Lauf der Saison die Airbox umgebaut, die undichten Vergaser und die ungenau funkende Zündanlage ersetzt und immer wieder schnellere Zylinder gefräst hatten, gelang Yamaha-Kurz-Pilot Youichi Ui in Barcelona die erste Pole Position seiner GP-Karriere. Im Rennen landete Ui an sechster und Katoh an siebter Stelle, Teambesitzer Hermann Kurz freute sich über das bislang beste Teamresultat und die Zusicherung aus Japan, auch 1997 als offizielles Yamaha-Team betreut zu werden.

Die rein deutschen Teams konnten weder im Rennen noch in Sachen Zukunftssicherung mithalten. Dirk Raudies fuhr mit seiner brandheißen, im Training 230 km/h schnellen gelben Honda zwar in der Führungsgruppe mit, schätzte im Endspurt aber seine Reifenreserven falsch ein und ließ sich auf Rang zehn abdrängen.

Die Sponsorsorgen für 1997 trieben ihn ebenso um wie das Aprilia-Team von Harald Eckl, der um sein Marlboro-Budget bangen mußte und dazu noch einen sportlichen Totalausfall erlebte. Peter Öttl stürzte schon in der vierten Runde und zog sich neben einem Kreuz- und Innenbandriß im Knie erneut eine Gehirnerschütterung zu. Tex Geissler stürzte in der letzten Runde, als ihm Stefano Perugini die Tür zuknallte, blieb aber unversehrt.

250 ccm: Die Kette von Sete

Der Spanier Sete Gibernau, für den gefeuerten Tetsuya Harada ins Yamaha 250-Team von Wayne Rainey gehievt, verpaßte bei seinem Einstand in Barcelona ebenfalls das Ziel: Sowohl im Abschlußtraining als auch nach der ersten

Start der 250er: Waldi und Fuchs fahren aus der zweiten Reihe los

Rennrunde sprang die Antriebskette ab. »Der enttäuschendste Augenblick meines Lebens«, meinte Gibernau düster.

Doch auch die deutschen 250 ccm-Stars erlebten ein Wechselbad der Gefühle. Imola-Sieger Ralf Waldmann hatte den Gedanken an einen weiteren Sieg von vornherein aus seinem Repertoire gestrichen, plagte sich erst mit einem kaputten Getriebe, dann mit einer defekten Wasserpumpe und qualifizierte sich nur als Sechster. Neue, aus Japan gelieferte Leistungsteile waren zu diesem Zeitpunkt schon wieder schubladisiert, weil sie keine Verbesserung brachten.

Der talentierte Olivier Jacque setzte diese neuen Teile an seiner Chesterfield-Honda ein und, ob sie nun wirklich für mehr Speed sorgten oder nur eine psychologische Hilfe waren, flitzte auf den zweiten Startplatz.

Im Rennen leistete der Franzose tapfer Widerstand und gab sich dem übermächtigen, im Training um eine Se-

Trauer und Freude: Bei Sete Gibernau (rechts) sprang die Kette ab, Max Biaggi gewann hingegen überlegen

kunde schnelleren Max Biaggi erst nach fünf Runden geschlagen. Ab diesem Zeitpunkt leistete er Biaggi indirekt Schützenhilfe und nahm dem drittplazierten Ralf Waldmann wertvolle Punkte weg.

Fast hätte Waldi noch ein paar Zähler mehr verloren. In der vorletzten Runde tauchte plötzlich Teamkollege Jürgen Fuchs vor ihm und Tohru Ukawa auf und hätte den Dreikampf möglicherweise sogar gewonnen.

Doch Waldi hatte unerwartete Reserven. Aus dem Windschatten schlug er in der letzten Runde zurück und holte sich doch noch Rang drei. Fuchs wurde unmittelbar darauf von einer Biene gestochen, die sich unter sein Leder verirrt hatte, rutschte vor Schreck und Schmerz von der Fußraste und war endgültig geschlagener Fünfter. »Wenn wir Dritter geworden wären, wären wir sofort fluchtartig abgereist«, grinste Mechaniker Konrad Hefele angesichts der von Teammanager Dieter Stappert gewünschten, aber nie offiziell verhängten Stallorder.

Doch auch mit dem dritten Platz waren Waldis WM-Chancen auf ein Minimum gesunken – schon beim vorletzten GP in Rio konnte Biaggi mit einem Sieg den dritten Titel hintereinander sicherstellen.

Gespanne: Bilands Happy-End

Darren Dixon hatte die Gespann-WM schon in Brünn für sich entschieden und begnügte sich beim letzten Seitenwagenrennen wegen Vorderreifenproblemen mit dem vierten Rang.

Vizeweltmeister Rolf Biland preschte als Happy-End einer niederschmetternd begonnenen Saison am stark erkälteten Klaus Klaffenböck vorbei in Führung, holte den 81. GP-Sieg und verschwendete trotz seiner 45 Jahre und trotz der unsicheren Zukunft der Gespann-WM an einen Rücktritt keinen Gedanken. »Nächste Woche treffe ich mich mit den Leuten der Brauerei Schloßgold, um übers nächste Jahr zu reden. Dieser Sieg war für die Sponsorverhandlungen immens wichtig«, rieb er sich nach einem perfekten Rennen die Hände.

Thunderbikes: Das letzte Rennen

Das letzte Rennen der 1997 nicht mehr ausgetragenen Thunderbike-Trophy wurde wegen einer Ölspur abgebrochen und neu gestartet. Trophy-Meister und Honda-Star William Costes wurde wegen eines Trainingssturzes und einer schlechten Abstimmung nur Fünfter und überließ den Sieg Lokalmatador Ruben Xaus auf Honda. Kawasaki-As Stefan Scheschowitsch beschwerte sich nach Platz 14 über schlimme Rutscher. Dazu Teamchef Peter Rubatto: »Der Alex Crivillé ist auch ständig gerutscht – und Zweiter geworden…«

Endlich Erfolg: Biland überholt Klaffenböck, Dixon ist Dritter

Der erste Sieg: Nach Biaggis Sturz war Olivier Jacque völlig ungefährdet

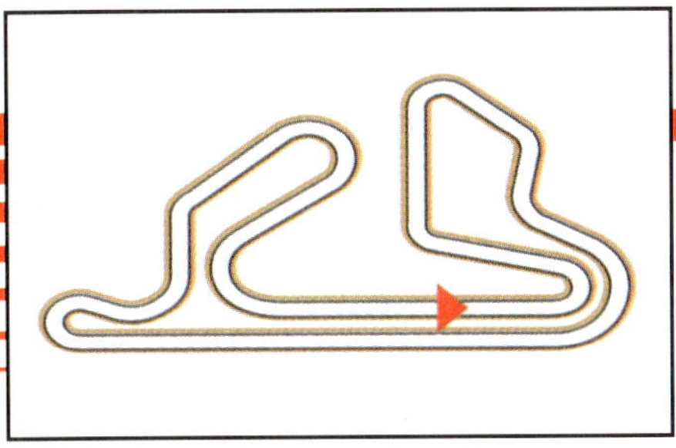

6. Oktober 1996: Grand Prix Rio de Janeiro

Wer dreimal fliegt...

Max Biaggi leistete sich in Rio de Janeiro den dritten Rennsturz des Jahres. Ralf Waldmann nutzte seinen Vorteil kaltblütig aus – und lag im Kampf um den Titel plötzlich Kopf an Kopf mit dem Weltmeister.

Rio de Janeiro ist eine gefürchtete Stadt, weil Räuber und Taschendiebe ihr Unwesen treiben und schon viele Touristen abends ohne ihre Armbanduhren ins Hotel zurückkehrten.

Rio de Janeiro ist aber auch eine faszinierende Stadt mit ihren weltberühmten Kuppelbergen, den weltberühmten Stränden und einem Leben, das Tag und Nacht pulsiert und immer neuen Karneval bedeutet.

Wohl nirgends sonst in der Welt gibt es so aufregende Kontraste. Die Slums der Stadt, die Favelas, sind trotz allem Elend auf die Hügel mit dem schönsten Panoramablick verstreut, und wenn die Dunkelheit hereinbricht, erstrahlen sie wie majestätische Weihnachtsbäume, weil sie den Strom kurzerhand und kostenlos vom öffentlichen Leitungsnetz abzweigen.

Nachts pilgern die Trickdiebe und Bettler der Favelas zu den Stränden und Boulevards von Copacabana und Ipanema, doch anderntags kommt der nächste Stellungswechsel, denn dann sitzen die Bürger friedlich mit Klappstuhl und Zeitung vor der Atlantikbrandung in der Morgensonne. Wer den Tag abwartet, sieht schönere Körper, als sie der beste antike Bildhauer formen könnte.

Es gibt viele Möglichkeiten, die prallreifen Früchte des Landes zu ernten. Eine der einfachsten ist es, sich für einen Dollar eine Kokosnuß aufschlagen zu lassen und ihren süßen Saft zu trinken. Gleich gegenüber wartet die Promenade der Luxushotels mit ihren überquellenden Büffets und Bars am Swimming Pool, und ein paar Caipirinhas später ist die Zeit reif für die Sambarhythmen in der Diskothek.

Dort sind dann alle unter einem Dach, Tänzer und Träumer, Schelme und Schönheiten, Gäste und Ganoven. Mancher wird von seinem Portmonnaie, jeder aber von der Schwermut befreit, denn die Rhythmen der Musik und der Rohrzucker und Rum der Caipirinha-Cocktails fegen die Alltagssorgen hinweg.

Was morgen passiert, interessiert nicht eine Menschenseele. In Europa werden die Gefahren des Meeres durch Deiche ausgesperrt; in Brasilien versuchen die Menschen, wie Surfer durch die Brandung zu reiten und spähen erst dann nach der nächsten Woge, wenn die alte am Strand verebbt. In Europa geht es um die Zukunft, und deshalb wird Geld verdient und zur Bank getragen. In Brasilien geht es um die Gegenwart, deshalb wird ein bißchen Geld verdient und sofort wieder unter die Leute gebracht.

Im Sambarhythmus: Lucky Strike-PR-Frau Darcy Christianssen, Teamgäste

Das wachsende Chaos und die ständigen Pannen der völlig überforderten Infrastruktur in dieser Anarchie werden von den Bewohnern der Millionenstadt geduldig hingenommen. Doch die Teams der Motorrad-Weltmeisterschaft, auf ein perfektes Zusammenspiel des organisatorischen Uhrwerks einer solchen Mammut-Show dringend angewiesen, erlebten die Pannen im Fahrerlager des Rio-Vororts Jacarepaguá· als grotesken Alptraum.

Er begann bereits am Mittwoch. Ohne der wahren Ursache des Defekts auf den Grund zu gehen, überbrückten Elektriker leichtfertig eine durchgebrannte Hauptsicherung, worauf etliche Kabelstränge in den Boxen rauchend in sich zusammenschmolzen.

48 Stunden später kappte der Chef der zuständigen Firma die Versorgungskabel für Fernsehen und Zeitnahme, worauf das erste Zeittraining der 125er nach einer Runde mit der roten Flagge unterbrochen wurde. Der Sabotageakt hatte finanzielle Gründe: Die Stadt Rio als Co-Sponsor, die die Installationskosten schon im letzten Jahr schuldig geblieben war, zahlte schon wieder nicht. Erst als DORNA-Chef Carmelo Ezpeleta mit einer Garantie von rund 400000 Mark einsprang, flammten die Monitore wieder auf. Ab Samstagnachmittag bis Sonntagmorgen waren dafür sämtliche Telefon- und Faxleitungen tot, worauf die Journalisten die Ergebnisse des Abschlußtrainings notdürftig von ihren Hotels aus übermitteln mußten.

Kurz vor Trainingsbeginn war das aus Stangen und Holzbrettern zusammengeschusterte Podium von einem Windstoß umgeblasen worden und hatte ein Ambulanzfahrzeug zertrümmert, dessen Insassen glücklicherweise gerade zu einer Teepause verschwunden

Die Tücken der Strecke: Manche Fahrer wie Tokudome klebten wegen des Sands ihre Visiere ab, andere wie Bodelier gerieten auf den Bodenwellen auf Abwege

waren. Die IRTA-Leute Mike Trimby, Neill Bird und ihre Frauen Eilleen und Fiona waren schon bei der Anfahrt zur Strecke in einen Unfall verwickelt und mit voller Wucht von hinten gerammt worden, weil sie den Fehler begingen, vor einer roten Ampel stehenzubleiben.

Wenig später bekam Sicherheitschef Bird Arbeit mit einem jugendlichen Dieb, der sich ohne jegliche Eintrittskarte nicht nur ins Fahrerlager, sondern sogar bis ins Zeitnahmebüro durchgemogelt und dort die Geldbeutel der »Delta Tre«-Mitarbeiter geplündert hatte. Weil die Polizei das gestohlene Geld nicht finden konnte, steckte sie den Kopf des Übeltäters kurzerhand in eine Kloschlüssel. Unmittelbar vor dem Ertrinken wurde der Ganove geständig: Er hatte die Scheine in Plastik aufgerollt und in den eigenen Darm geschoben.

Abschreckende Wirkung hatten die Polizeimethoden nicht: In der Nacht zum Samstag wurden insgesamt sechs Computer aus vergitterten Boxen geklaut, zwei davon vom Ditter Plastic-Team.

Doch auch die Strecke selbst hielt unangenehme Überraschungen bereit. Das »Nelson Piquet«-Autodrom war nach dem Rio-Grand Prix im Vorjahr zu einem Indy-Car-Oval umfunktioniert und gerade noch rechtzeitig in eine halbwegs für Motorräder taugliche Grand Prix-Piste zurückverwandelt worden. Übrig blieb allerdings ein schlüpfriger weißer Begrenzungsstrich, der am Ende der langen Gegengeraden auf der Ideallinie entlanglief. Bei der letzten seiner zahlreichen Streckeninspektionen hatte Fahrersprecher Franco Uncini gefordert, den weißen Strich zu entfernen, worauf ihn die Arbeiter kurzerhand mit schwarzer Tarnfarbe überpinselten. Prompt löste die Falle gleich im ersten freien Besichtigungstraining am Donnerstag eine Sturzserie aus, bevor die Farbe dann doch noch abgehobelt wurde.

Ausgangs einer anderen Kurve wurden die Fahrer derart von einer Bodenwelle ausgehebelt, daß sie in Schräglage den Bodenkontakt verloren. »Beim Teeren haben die wohl immer wieder Brotzeit gemacht und die Dampfwalze einsinken lassen. Es schüttelt dich fast vom Bock. Ich orientiere mich nur an Farbflecken rund um den Kurs«, erklärte Jürgen Fuchs und spottete, Hauptziel bei der Abstimmung sei, das Motorrad vorne und hinten gleichzeitig zum Springen zu bringen. »Das ist die übelste Piste, auf der wir je gefahren sind. Warum sind wir hierher zurückgekehrt?« regte sich Max Biaggi über die Holperstrecke auf.

Ganz abgesehen von den Bodenwellen war die Strecke zu Beginn noch derart staubig, daß viele der Fahrer ihre Helmvisiere hermetisch wie für eine Wüstenrallye abklebten, um nicht ständig von vorausfahrenden Piloten aufgewirbelten Sand im Auge zu haben.

Als es am Freitagmorgen auch noch regnete, traten viele der Profis gleich gar nicht an. Nur 15 der Halbliter-Piloten wagten sich mit buchstäblich in jedem Gang durchdrehendem Hinterrad auf die Piste, Topstars wie Michael Doohan blieben seelenruhig in ihrer Garage sitzen.

Erst, als sich das Wetter besserte, schlug der Weltmeister zu und unterstrich seine Dominanz mit der achten Pole Position des Jahres. »Das ist die holprigste Strecke, auf der ich je gefahren bin. Wir haben die Federung nicht einmal berührt, denn hier kriegst du sowieso keine vernünftige Abstimmung hin. Auf der Ideallinie geht es einigermaßen, aber daneben ist es wegen dem Dreck wie Glatteis. Deshalb wird das Rennen wohl zu einer Art Prozession werden«.

Norifumi Abe machte sich die tückischen Bedingungen auf ganz eigene Art zunutze. Der Spezialist für halsbrecherische Slides warf seine Yamaha scheinbar ohne jeglichen Selbsterhaltungstrieb in die Ecken, balancierte seine langen Rutscher über beide Räder aber jedesmal so sicher und gekonnt aus wie ein Dirt Track-Spezialist und erbeutete mit nur einer Zehntelsekunde Rückstand auf Doohan Platz zwei im Abschlußtraining.

Suzuki-Star Daryl Beattie, dessen Comebackversuch schon drei Wochen zuvor in Barcelona scheiterte, gab nach dem 18. Platz im ersten Zeittraining endgültig auf und jettete am Samstagabend nach Australien, um sich von jenem Arzt operieren zu lassen, der auch seine offenen Wunden der am linken Fuß abgescherten Zehen zum Heilen gebracht hatte.

Beim Röntgen hatten die Streckenärzte nämlich die Ursache der seit seinem Frankreich-Sturz andauernden Schmerzen im genagelten linken Handgelenk entdeckt: Ein abgesplittertes Stück Knochen, das orientierungslos im Gelenk umherwanderte. »Natürlich bin ich enttäuscht. Doch jetzt weiß ich wenigstens, was den Heilungsprozeß verzögert hat«, meinte Beattie und versprach erneut, 1997 topfit zurückzukehren.

Gleichzeitig sickerte ein Sensationstransfer durch, den Suzuki 500-Teamchef Garry Taylor vergebens zu dementieren versuchte. Superbike-As Anthony Gobert, wie Scott Russell vor seinem Einstieg ins GP-Geschäft in Rob Muzzy's Kawasaki-World Superbike-Team angestellt, hatte bereits einen GP-Halblitervertrag für 1996 in der Tasche. Der frustrierte Russell verhandelte umgekehrt mit dem offiziellen Yamaha-Superbike-Team über eine Rückkehr in die Superbike-WM.

Ebenso aufregend waren die Nachrichten vom Promotor-Team des Österreichers Alfred Inzinger. Als Teamkollege seines australischen Superbike-Stars Troy Corser, designierter Grand Prix-Neueinsteiger 1997 auf einer offiziellen Werks-Yamaha YZR 500, war plötzlich Luca Cadalora im Gespräch. Per Handschlag hatte sich der Italiener bereits im

Brotzeit beim Teeren? Jürgen Fuchs wurde »fast vom Bock geschüttelt«

August mit Inzinger geeinigt, reagierte auf entsprechende Fragen aber nur mit einem vielsagenden Lächeln. Nahrung erhielt das Gerücht von ganz anderer Seite: Dunlop-Sprecher Jeremy Ferguson ließ verlauten, die Rückkehr von Dunlop zu den V 4-Maschinen der Halbliterklasse sei mit einem Neueinsteigerteam in greifbarer Nähe gewesen, durch einen als Dunlop-Gegner wohlbekannten, kurzfristig ins Team gerückten italienischen Superstar aber wieder in weite Ferne gerückt.

Das Tauziehen um den neuen Vertrag von Max Biaggi ging dagegen munter weiter. Weil Aprilia-Firmenbesitzer Ivano Beggio unbedingt einen berühmten Italiener im Team haben wollte, aber weder Luca Cadalora noch Loris Capirossi ihre Halbliterkarriere aufgeben wollten, hielt er dem exzentrischen Superstar nach wie vor die Türe offen. Doch Biaggi schluckte immer noch schwer an der Kröte, die ihm mit der Verpflichtung seines früheren Erzrivalen Tetsuya Harada aufgetischt worden war. »Ich frage mich nach wie vor, warum Harada Hals über Kopf engagiert und sein unterschriebener Vertrag zu meinem Anwalt gefaxt wurde, ohne auch nur ein einziges Mal mit mir darüber zu reden. Dabei habe ich bis jetzt die ganzen Kohlen für Aprilia allein aus dem Feuer geholt«, beschwerte sich Biaggi.

250 ccm: Jacques erster Sieg

Kopfzerbrechen machte ihm auch die Abstimmung des besonders verwindungssteifen Aprilia-Fahrwerks, das die Bodenwellen der Rio-Piste noch schlechter wegsteckte als die Honda-Modelle und unwillig schüttelnd über den Waschbrettbelag hinwegratterte.

Biaggi schaffte nur den sechsten Trainingsrang, während Ralf Waldmann die Federung seiner HB-Honda kurz vor dem Abwinken um ein paar Klicks verstellen ließ, mit einer Superrunde in allerletzter Minute wieder einmal die Grundgesetze der Physik über den Haufen zu werfen schien und sich vom siebten auf den zweiten Platz nach vorn katapultierte. »Nervös soll er werden, der schwarze Hund«, rieb sich Waldi angesichts der fünf Mann starken Honda-Armada an der Spitze des Feldes die Hände.

Und der schwarze Hund wurde nervös. Vom Vertragspoker abgelenkt und von den Honda-Assen in die Enge getrieben, machte Biaggi nach dem verunglückten Wheelie von Assen, dem Zusammenstoß mit Olivier Jacque in Österreich und dem Sturz in Imola den nächsten schweren Fehler.

Nach sechs Rennrunden bereits Zweiter, blies er zu ungestüm zur Jagd auf den führenden Jacque, der schon im Training überlegen aufgetrumpft hatte und mit einer rasanten, ungefährdeten Alleinfahrt den längst verdienten ersten Sieg seiner GP-Karriere feierte.

Biaggi raste dagegen mit viel zu hohem Tempo auf eine schnelle Linkskurve zu, kam von der Ideallinie ab auf den rutschigen Pistenrand und stürzte. »Ich kann mich nicht erinnern, warum. Ich weiß nur, daß ich plötzlich im Gras war und Blut im Gesicht hatte«, murmelte Biaggi, bevor er wegen einer Platzwunde am Kinn mit vier Stichen genäht wurde. »Was nun passiert, passiert. Wenn ich den Titel gewinne, okay. Wenn nicht, dann eben nicht. Wir fangen in Australien von vorne an. Das WM-Finale wird ein offenes Duell zwischen Waldmann und mir«.

Denn Waldi, der schon bei den letzten Fehlern Biaggis munter WM-Punkte gutgemacht hatte, nutzte auch den neusten Lapsus des Weltmeisters eiskalt aus. Unverhofft an die dritte Stelle katapultiert, hing er bis zur letzten Runde im Windschatten von Jürgen Fuchs. Markengefährte Olivier Jacque war

*Gleichstand in der WM:
Biaggi stürzte, Waldi (3) erhielt von Fuchs (11) Platz zwei zum Geschenk*

Vive la France: Sieger Olivier Jacque

schon weit auf- und davongebraust und ließ sich auf dem Weg zum Sieg durch keinerlei Markentreue beirren, doch ebenso klar war, daß die Reihenfolge im HB-Team nicht so bleiben konnte.

Auf Befehl von Teammanager Dieter Stappert wurde Fuchs ein »P 3«-Schild unter die Nase gehalten, worauf der Bayer zwar bis zur letzten Kurve Überlegenheit demonstrierte, dann aber doch freundlich vom Gas ging. Fuchs winkte seinen Teamkollegen auf Platz zwei hindurch und verkürzte dessen Rückstand in der Tabelle auf nur noch einen Punkt. »Das war wichtig für Ralf und seine WM-Chancen«, sagte er vor laufenden Fernsehkameras.

Wenig später gab er seine persönliche Meinung preis. »Stappert und ich haben gestern ganz klar besprochen, daß eine Stallorder nicht mehr in Frage kommt. Natürlich konnte keiner voraussehen, daß sich die Dinge auf diese Weise entwickeln würden. Aber bei aller Begeisterung für Waldis WM-Chancen ist es schade für mein Team und meine Mechaniker, die auch hart für den Erfolg geschuftet haben. Waldi hatte genügend andere Gelegenheiten, um in der WM weiter nach vorn zu kommen«.

Zumindest verpaßte Ralf Waldmann die Gelegenheit nicht, die Hilfe des Teamkollegen mit herzlichen Worten zu würdigen. »Ich muß mich bei Jürgen bedanken – er hat mir ein Geschenk gemacht«, deklamierte Waldi. »Mein Motorrad war etwas schneller, dafür konnte er nach der Gegengeraden besser in die Kurve einbiegen. Im Zweifelsfall hätte ich am Schluß noch attackiert, doch so war es mir natürlich lieber.«

Den Sturz Biaggis sah Waldi aus nächster Nähe. »Er kam von der Ideallinie ab und hatte einen mächtigen Slide, bevor er in der Wiese endete. Ich dachte nur: Hoffentlich kommt er nicht zurück«, schmunzelte Waldi. »Jetzt lastet der Druck noch härter auf ihm. Ich bin Vizeweltmeister und habe mehr erreicht denn je. Er hingegen ist der Titelverteidiger und muß beweisen, daß er drei Millionen Dollar Jahresgage wert ist. Ich bin viel billiger zu haben!«

Wie billig, stand in den Sternen. Teamchef Dieter Stappert hatte nach dem Barcelona-Grand Prix bereits eine neue Werksmaschine bestellt und redete von einer Kombination zweier gleichrangiger Sponsoren, deren Namen er nicht preisgeben mochte. Allzu üppig konnte dieses Budget nicht sein: Stappert erkundigte sich ängstlich bei Vertretern der Herstellervereinigung GPMA, ob sein mit spitzer Feder gerechneter Haushaltsentwurf durch eine Streichung des Ersatzmaschinenverbots in Gefahr geraten könne.

125 ccm: Aokis Antwort

Gern hätte auch Dirk Raudies in Brasilien, dem Land seines ersten Grand Prix-Siegs 1992, seine Verhandlungsposition im Ringen um neue Sponsoren gestärkt, doch Weltmeister Haruchika Aoki und eine Handvoll anderer Piloten trumpften schon im Abschlußtraining mit Fabelzeiten auf. »Eigentlich hätte ich gern gewonnen. Aber wenn die alle so schnell fahren …« grübelte Raudies nach Rang zehn in der Qualifikation.

Aus der Pole Position selbstbewußt in Führung: Weltmeister Haruchika Aoki

Vorentscheidung in der 125 ccm-WM: Sieger Haruchika Aoki, Herausforderer Masaki Tokudome (7, vor Raudies,5)

Im Rennen lief es keinen Deut besser. Raudies war zwar nach einem Blitzstart Sechster, fiel dann aber allmählich wieder an die zehnte Position zurück. »Ich hatte keine Chance. Bei Halbgas in den vielen langgezogenen Kurven hat mein Motor gestottert und gekotzt. Ich habe gnadenlos Meter verloren«, berichtete Raudies.

Auch Tex Geissler, Alleinvertreter des Marlboro Team Eckls nach der langwierigen Knieverletzung, die sich Peter Öttl beim Catalunya-Grand Prix zugezogen hatte, kam nach zwei Trainingsstürzen nicht weit. Am Start blieb seine feuerrote Aprilia fast stehen, Geissler nahm als Allerletzter die Verfolgung auf, kam aber nicht mehr über Rang 16 hinaus.

Der schmale Grat zwischen Detonationen und Überfettung bei der Vergaserabstimmung der Werks-Aprilia machte auch Masaki Tokudome zu schaffen. Angetreten, um Weltmeister Haruchika Aoki herauszufordern, mußte der Vorjahressieger von Rio klein beigeben.

Denn der von Krankheiten und allen technischen Schwierigkeiten erholte Aoki demoralisierte die Gegner schon mit einer überlegenen Trainingsbestzeit nach Strich und Faden, zeigte dann trotz zweier langer Geraden auch im Rennen keine Scheu vor Windschattentricks, sondern ging frühzeitig in Führung und feierte am Ende souverän den zweiten Sieg der Saison. »Mein Motor war eigentlich immer schnell«, beteuerte Aoki nach einer Serie von fünf höchst durchschnittlichen Resultaten. »Einzig mit dem Fahrwerk hatten wir Schwierigkeiten. Doch hier hat alles wunderbar funktioniert«.

Tokudome hielt sich anfangs zwar im Windschatten und fuhr tapfer mit, verlor ab Rennmitte aber den Anschluß an Aoki und den Spanier Emilio Alzamora und lief als einsamer Dritter ein. »Fahrwerksseitig hatte Honda hier einen Vorteil, ich bin das ganze Wochenende über schlimm gerutscht und über die Bodenwellen geeiert«, erklärte Tokudome. »Außerdem lief mein Motor nicht wie gewohnt, wahrscheinlich war die Vergaserbedüsung zu fett«.

Hielt er sich mit Platz drei bei 23 Punkten Rückstand auf Aoki wenigstens eine theoretische WM-Chance offen, so stürzte United Grey-Star Tomomi Manako bereits in der fünften Runde aus allen Titelhoffnungen. »Aus der Traum«, meinte Cheftechniker Mario Rubatto. »Doch er kann nichts dafür – der Gasschieber ist hängengeblieben.

Zum Glück ist ihm das nicht bei Tempo 200 am Ende der Geraden passiert ...«

500 ccm: Ärger über Arakaki

Was man zuweilen aus unvorgesehenen Zwischenfällen erwirtschaften kann, demonstrierte der Meister aller Klassen. Michael Doohan führte im Halbliterlauf bis zur 16. Runde und wurde dann zum Opfer von Norifumi Abe, der sich nach seiner vielversprechenden Trainingsplazierung den zweiten Sieg nach seinem Triumph in Suzuka vorgenommen hatte.

Ein paar Ecken später liefen die beiden auf den Japaner Toshi Arakaki auf, der den verletzten Jean Pierre Jeandat im italienischen Paton-Team ersetzte, aber ohne Warnung durch blaue Flaggen als rollendes Verkehrshindernis umherkurvte und erst stürzte, als er die Rangordnung zwischen Abe und Doohan bereits durcheinandergebracht hatte. »Es ist mir schleierhaft, wie solche Leute, die kaum das Niveau für eine nationale Meisterschaft haben, einen GP-Start kriegen«, zeterte Doohan später.

Denn kaum, daß er sich innen an dem überrundeten Arakaki vorbeigequetscht hatte, verpaßte Abe die Ideallinie. Der überraschte Doohan rauschte Abe um ein Haar ins Heck, nahm statt dessen einen Umweg über die Wiese und fand nach einer spektakulären Cross-Einlage auf die Strecke zurück.

Das letzte Rennen der Saison: Alberto Puig

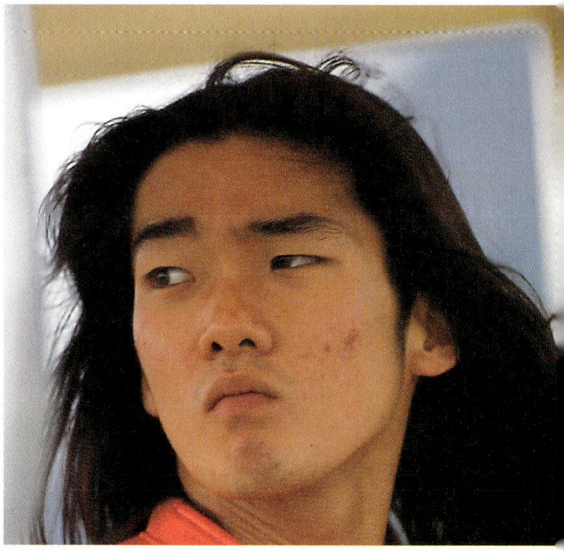

Um ein Haar gestürzt: Norifumi Abe

Alex Crivillé profitierte zunächst von dieser Situation und führte eine Weile vor Abe und Doohan, doch der Weltmeister schlug auf beeindruckende Weise zurück. Mit Siebenmeilenstiefeln machte er erst Abe, dann Crivillé dingfest und buchte am Ende doch noch den achten Sieg der Saison. »Es war unglaublich«, sagte Doohan, und ähnliches sagte auch der drittplazierte Abe, wenn auch aus ganz anderen Gründen. »Als Mick und ich an dem Überrundeten vorbeifuhren, wär ich um ein Haar gestürzt. Das hat mich die Konzentration gekostet«, beteuerte Abe.

Catalunya-Sieger Carlos Checa wurde tapferer Vierter, sein Teamkollege Alberto Puig nur abgeschlagener Zehnter. Bereits zuvor hatte der seit seinem Frankreich-Crash 1995 schwer angeschlagene Spanier beschlossen, das Saisonfinale in Australien auszulassen. Weil sein genagelter und verschraubter linker Unterschenkel seit Jahresbeginn entzündet war und Puig mit zwei Gramm Antibiotika pro Tag auch seinen Magen ruinierte, begab er sich nach dem Rio-Rennen in die berühmte Mayo-Klinik im amerikanischen Rochester, um nach bislang bereits zehn Eingriffen zur nächsten Operation anzutreten und sämtliches Metall aus seinen Knochen entfernen zu lassen. Erstes Ziel der Operation war, die Entzündung abklingen zu lassen und eine Fehlstellung im Knöchel zu korrigieren, anschließend war ein Nerventransplantat geplant, um wieder für Empfindungen in dem gefühllosen Unterschenkel zu sorgen.

Am Heimsieg vorbei: Alexandre Barros vor Cadalora, Russell, Okada und Bayle

Zwei große Kämpfer in einem großen Finale: Max Biaggi vor Ralf Waldmann

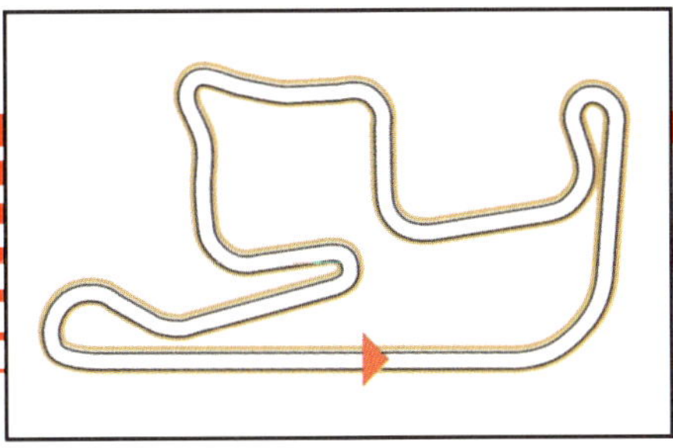

20.10.96: Grand Prix Australien in Eastern Creek

Das letzte Gefecht

Max Biaggi fuhr Ralf Waldmann im Endspurt um den 250 ccm-Titel knapp davon, Masaki Tokudome sicherte mit Glück die Vizeweltmeisterschaft bei den 125ern. Nur im Duell der Halbliter-Teamkollegen Mick Doohan und Alex Crivillé gab es keinen Sieger.

Zwei WM-Titel waren noch zu vergeben, und trotzdem herrschte vor dem großen Saisonfinale in Australien bereits unruhige Aufbruchstimmung, weil die neue Saison in vielen Köpfen bereits begonnen hatte.

Mancherorts wurden auch nur die Scherben gekehrt. Nach dem Weggang von Tetsuya Harada und den wenig aufmunternden Ergebnissen seines Nachfolgers Sete Gibernau beschloß Yamaha, das Projekt der im Winter exklusiv für Harada gebauten Werksmaschine YZR 250 offiziell einzustellen. Der Production Racer TZM 250, mit einem Werks-Kit erfolgreich in der japanischen Meisterschaft unterwegs, war keinen Deut langsamer, weshalb Yamaha Motor France plante, 250 ccm-Privatfahrer Regis Laconi und Thunderbike-As Eric Mahé damit in die nächste Saison zu schicken. »Endlich bin ich das 250 ccm-Team los«, atmete Wayne Rainey auf.

Freute sich der gelähmte Ex-Champion auf die Perspektive, künftig mit zwei Halbliter-Stars, Loris Capirossi und dem ursprünglich von Rainey selbst für Marlboro-Yamaha angeheuerten Norifumi Abe anzutreten, so stand das Marlboro-Aprilia-Team von Harald Eckl vor der Auflösung.

Der deutsche Aprilia-Importeur Erhard Just, Eckls wichtigster Verbündeter, trennte sich von seiner Firma a & g, weil die Italiener ihm zum Dank für die jahrelange Aufbauarbeit und den auf 100 Millionen Mark angewachsenen Rekordumsatz plötzlich seine Kompetenzen streitig machten.

Das knappe deutsche Marlboro-Budget, mit dem Eckl in drei Jahren Arbeit als Teamchef Erstaunliches geleistet hatte, drohte ebenfalls wegzubröckeln, weshalb Eckl einen neuen Job suchte und beim Kawasaki-World Superbike-Team unterkam, wo er die Nachfolge von Rob Muzzy als Chef des offiziellen Werksteams antreten sollte.

Auch seine Grand Prix-Piloten suchten sich nach Alternativen um. Peter Öttl, wegen seiner in Spanien gerissenen Kniebänder bis Ende November außer Gefecht, verhandelte mit verschiedenen Teams, darunter dem deutschen Yamaha-Kurz-Rennstall, dessen Star Yoshiaki Katoh zu einem italienischen Team abwandern wollte. Tex Geissler erhielt ein Angebot von United Grey-Teamchef Mario Rubatto und Teambesitzer Ralf Schindler, die neben Tomomi Manako unbedingt einen deutschen Fahrer engagieren wollten.

Die drei anderen deutschen Fahrer hatten sich vom Tiefschlag des zu Saisonmitte verkündeten HB-Rückzugs noch längst nicht erholt. Nach einer sportlich rabenschwarz verlaufenen Saison plante Dirk Raudies, wie schon zu den Anfangszeiten seiner Erfolgskarriere mit etlichen kleineren Sponsoren zu wirtschaften. Mit einem neuen Geldgeber, der Kopfwehtablettenmarke Thomapyrin, hatte er sich bereits auf einen Werbeschriftzug am Helm geeinigt.

Doch auch eine große Lösung stand im Raum: Raudies verhandelte mit Docshop-Teammanager Stefan Prein über ein Zwei-Mann-Team, in dem er nicht nur als Fahrer, sondern mit seinen bewährt schnellen Maschinen gleichzeitig auch als Technik-Chef von Noboru Ueda auftreten sollte.

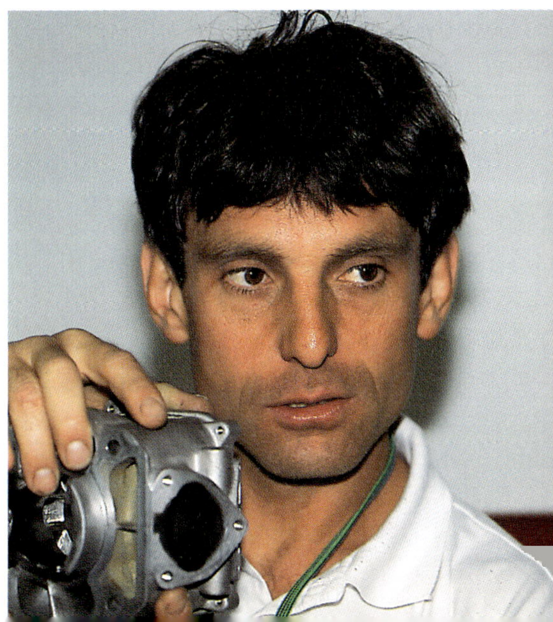

Abschied von den Zweitaktern? Harald Eckl verhandelte mit Kawasaki über einen Job in der Superbike-WM

Ungewisser war die Zukunft der HB 250-Stars. Jürgen Fuchs hatte eine Offerte von Stefan Prein abgelehnt, zögerte zu lange, um einen Platz im Kawasaki-Superbike-WM-Team von Harald Eckl zu ergattern, außerdem schwanden die Aussichten, bei Honda oder Aprilia an eine Werksmaschine zu kommen. Bei Aprilia setzte sich Erhard Just für Fuchs ein, doch war allen Beteiligten klar, daß bei einer Weiterverpflichtung von Max Biaggi sämtliche Kundenmaschinen zweitklassig sein würden.

Bei Honda wurde Fuchs von seinem eigenen Teamchef Dieter Stappert ins Abseits gedrängt. Rücksichtslos intrigierte Stappert beim Hersteller ebenso wie bei möglichen Sponsoren gegen Fuchs und versuchte, für Ralf Waldmann einen Exklusivstatus herauszuschinden.

Trotzdem war auch Waldis Zukunft keinesfalls endgültig geklärt. Stappert schwor zwar weiterhin, auch 1997 ein Budget für Ralf Waldmann auf die Beine stellen zu können und legte einen demonstrativen Strandurlaub ein, statt wie andere mit der Budgetsuche auf Achse zu sein.

Daß Stappert in Wirklichkeit auf dünnem Eis stand, zeigte sich an einem längeren Gespräch mit Stefan Prein. Der redegewandte Wuppertaler, als selbstbewußter HB-Honda-Star einst erbitterter Gegner des autoritären Teamchefs, bot Stappert kurzerhand ein Millionenbudget. Der leicht gedemütigte Stappert bat sich aus, darüber zu schlafen und nahm den Faden danach nicht wieder auf, was bei Prein Verständnislosigkeit hinterließ. »Dieses Team hat ein seriöses Problem, denn Stappert ist nicht der Typ Aufreißer, der die Leute dafür begeistert, Geld auszugeben«, meinte Prein. »Wenn nichts Entscheidendes passiert, wird es diesem Team ergehen wie dem von Carlos Cardús«. Und das ging 1992 bekanntlich pleite.

Angebot an HB-Teamchef Stappert: Docshop-Manager Stefan Prein kokettierte mit Millionenbudgets

HB-Techniker Mike Leitner, Sepp Schlögl: Stolze Vizeweltmeister oder Verlierer im Kampf um den Titel?

An Ralf Waldmann gingen diese Sorgen spurlos vorüber. »Ich habe bereits einen neuen Vertrag vorliegen, und für mich gibt es überhaupt keine Zweifel, daß wir mit unserer jetzigen Mannschaft auch 1997 weitermachen werden«, hakte er das Thema ab und schaffte es ohne sichtliche Nervosität, sich auf das bevorstehende große Finale zu konzentrieren.

Nach ein paar Ruhetagen unter strahlender Frühlingssonne am berühmten Strand von Manly schlug genau rechtzeitig zu Trainingsbeginn auch noch das Wetter um, was ganz und gar Waldis Geschmack entsprach. »Von mir aus kann es so bleiben. Wenn es am Sonntag regnet, bin ich keineswegs unglücklich«, gluckste der Regenspezialist angesichts des ungemütlichen Nieselwetters am Freitagmorgen. Das Radio prophezeite Schlechtwetter fürs gesamte Rennwochenende, und eine nasse Piste hätte im Duell gegen den wasserscheuen Biaggi mit seinem abrupt und giftig einsetzenden Aprilia-Motor die womöglich entscheidende Trumpfkarte bedeutet.

Doch Wetterprognosen sind in Sydney so riskant wie Pferdewetten, und als der Himmel ab Freitagnachmittag wieder aufriß, drehte sich auch die Stimmung der beiden 250 ccm-Stars. Waldi qualifizierte sich als Vierter und wurde immer wortkarger, Biaggi war überlegen Schnellster und redete, als habe er Kreide verschluckt. »Ich habe Druck von allen Seiten, und es ist schwierig, sich

Unerwartete Fahrwerksorgen: Für Jacque und die anderen Honda-Stars blieben Biaggis Fabelzeiten unerreichbar

dem zu entziehen. Doch ich fühle mich gut, und mein Team arbeitet in Harmonie«, schwelgte er und fügte hinzu, der neue, weniger holprige Asphaltbelag auf der Phillip Island-Strecke komme ihm sehr entgegen.

Ralf Waldmann mühte sich dagegen mit seltsamen Fahrwerksschwierigkeiten ab, die allen Honda-Werksfahrern zu schaffen machten. Für die langgezogenen Kurven der Eastern Creek-Piste war die Federung zu weich, doch wenn man sie härter stellte, verlor er zuviel Grip beim Herausbeschleunigen. »Im Abschlußtraining gingen wir beim Set-Up in die falsche Richtung. Im Rennen werden wir auf den Standard vom Freitag zurückrüsten«, meinte er nachdenklich.

Ein Punkt trennte die beiden in der WM-Tabelle und eine Sekunde in der Trainingsliste, doch in diesem Moment schien Waldi um Welten zurückzuliegen, was sein Team in der Box, das Waldis zerlegtes Motorrad mit Akribie zusammensetzte, als nicht ganz fair empfand. »Normalerweise ist es schon eine Sensation, daß wir überhaupt so weit gekommen sind, im Finale um den Titel zu fahren«, meinte Cheftechniker Sepp Schlögl. »Wenn Waldi morgen hinter Biaggi ins Ziel kommt, wird er nicht mehr als bester Honda-Fahrer und Vizeweltmeister gefeiert, sondern als Verlierer dargestellt«, argwöhnte Mike Leitner.

250 ccm: Biaggis Lust aufs Fliegen

Doch damit lag er falsch. Denn Ralf Waldmann schaffte es nicht nur, den vermeintlich übermächtigen Gegner zu einem Duell von Mann gegen Mann zu fordern. Er schaffte es im letzten Kampf der Saison auch, den Ruf des glücklichen Sparringspartners loszuwerden, der nur dann Treffer landen kann, wenn sich der große Champion allzu leichtfertig in Gefahr begibt.

Ganz anders als in vielen Kämpfen bisher, wo Ralf Waldmann schwere k.o.-Niederlagen hatte wegstecken müssen und Max Biaggi uneinholbar über alle

Die unbeschwerte Leichtigkeit des Seins: Max Biaggi, der dreifache Weltmeister

Vierkampf um Platz vier: Tohru Ukawa vor Fuchs, Ruggia und Aoki

Berge auf- und davonstürmte, stand Waldi diesmal über die gesamte Distanz seinen Mann. Ohne auch nur ein einziges Mal zu wanken und angezählt zu werden, versuchte er Runde für Runde von neuem, seinen Gegner aus der Deckung zu locken.

Biaggi gab sich auch keine Blöße und stand nach dem Schlußgong mit knappem Vorsprung als alter und neuer Weltmeister fest. Doch Ralf Waldmann hatte zum ersten Mal gezeigt, daß auch ein gesunder und konzentrierter Max Biaggi nicht unantastbar ist. »Mir wäre es am liebsten, wenn Max bei den 250ern bliebe. Denn dann könnte ich ihn im nächsten Jahr besiegen«, grollte er kämpferisch.

Fast wäre es in diesem Jahr schon geglückt. Max Biaggi ging in der ersten Runde in Führung, Waldi ließ sich nicht abschütteln und klebte an seinem Hinterrad. Die anderen Honda-Stars verloren bei dem Tempo, das die WM-Rivalen anschlugen, alsbald den Anschluß, Waldi ritt dagegen unverdrossen Attacken auf Biaggi und schaffte es in Runde acht und neun sogar, dem Italiener die Führung abzuknöpfen.

Auch, als Biaggi zurückschlug, war der Kampf noch nicht entschieden. Erst in den letzten acht Runden gelang es dem Römer, Handbreit für Handbreit Boden gutzumachen und schließlich 1,7 Sekunden Vorsprung über die Linie zu bringen.

Teammanager Dieter Stappert war schon eine Runde vorher zu seinem Kollegen Carlo Pernat getigert, um zu gratulieren, und danach hätte er wohl auch keine Chance mehr dazu gehabt. Denn das komplette Chesterfield-Aprilia-Team lag sich nun jubelnd in den Armen und wurde von wahren Heerscharen an italienischen Reportern umschwirrt.

Max Biaggi schwenkte die Nationalflagge und spielte mit, indem er ganz ungewohnt zu überschwenglichen Danksagungen an Aprilia, an seinen scheidenden Sponsor Chesterfield und seine phantastischen Techniker ausholte. »Der Druck war so stark, daß ich frühzeitig aus Italien floh und mich hier am Strand versteckte. Doch jetzt ist die Last von meinen Schultern. Ich fühle mich so leicht und beschwingt, daß ich am liebsten wie ein Vogel davonschweben würde«, freute sich der dreifache Weltmeister. »Bei meiner Taktik heute habe ich alles auf eine Karte gesetzt, denn wenn du im Rennen die ganze Zeit führst, passieren Fehler leichter als beim Hinterherfahren. Erst in den letzten acht Runden konnte ich meinen Vor-

Am Ziel der Saison: HB-Teamchef Stappert (rechts) gratuliert Aprilia-Teamdirektor Carlo Pernat

Sieg in der Weltmeisterschaft: Haruchika Aoki stellte den zweiten WM-Titel sicher

sprung etwa ausbauen. Ralf Waldmann war in Topform – er ist ein tolles Rennen gefahren«, lobte er seinen Herausforderer.

»Ich habe alles gegeben«, bestätigte Waldi. »Mein Motorrad war perfekt, auf jeden Fall besser als im Training. Wenn es so schlecht gewesen wäre wie gestern, hätte ich bestimmt nicht so lange mitfahren können. In Runde 20 hatte ich einen kleinen Ausflug ins Gras, aber es hat nur etwas gestaubt und war nicht weiter von Bedeutung. Doch in den letzten sechs Runden hatte ich arge Probleme mit dem Vorderreifen. Weil ich viel schneller gefahren bin als im Training, habe ich ihm zuviel abverlangt. Er war völlig am Ende!«

War es bei ihm der vordere, so hatte Teamkollege Jürgen Fuchs seine Sorgen mit einem zu harten Hinterreifen. »In den ersten Runden war ich mehr neben als auf dem Motorrad«, schilderte er. Während es Olivier Jacque gelang, sich aus dem Verfolgerpulk zu befreien und einsam auf Platz drei zu fahren, blieb Fuchs bis zum Ende in einen abwechslungsreichen Vierkampf verstrickt und belegte hinter Tohru Ukawa und vor Jean-Philippe Ruggia und Nobuatsu Aoki den fünften Platz.

125 ccm: McCoys Überraschungsangriff

War das noch ein akzeptabler Saisonausklang für den ehrgeizigen Bayern, so steckten die deutschen 125 ccm-Asse nochmals eine empfindliche Niederlage ein. »In den ersten fünf Runden kam ich mir vor, als sei ich im Rückwärtsgang. Keine Leistung, kein Topspeed. Das halbe Feld ist auf der Geraden an mir vorbeigedüst«, jammerte Dirk Raudies. Im Endspurt kam er noch auf Platz elf, rutschte in der WM-Endwertung aber auf die undankbare 13. Stelle ab.

Manfred Geissler sackte mit dem dritten Ausfall hintereinander sogar an die 16. Position. Nach einem verheerend verlaufenen Training nur für Startplatz 25 qualifiziert, versuchte er zu ehrgeizig, Boden gutzumachen und stürzte bereits in der vierten Runde beim Herausbeschleunigen aus der ersten Spitzkehre. Geissler fiel schwer auf den Kopf und wurde im Streckenspital wegen

Sieg beim Heimspiel: Garry McCoy ließ eine zünftige Party steigen

Wenn zwei sich streitenj: Doohan (1) und Crivillé (4) stürzten, Capirossi (65) wurde Überraschungssieger

eines gebrochenen Mittelhandknochens verarztet. »Ein Desaster«, murmelte Teamchef Harald Eckl.

Auch bei den deutsch-japanischen Teams herrschte nicht nur eitel Fröhlichkeit. Die Yamaha-Kurz-Truppe verlor Youichi Ui wegen eines Schlüsselbeinbruchs im Training, Teamkollege Yoshiaki Katoh brachte wenigstens einen siebten Platz ins Ziel. Ungewohnt abgeschlagen dagegen Tomomi Manako an neunter Stelle. »Wir hatten unerwartet starke Fahrwerksprobleme. Manakos Rennen war ein einziger Eiertanz. Doch immerhin sind wir auf Platz drei in der WM – das ist nicht schlecht fürs erste gemeinsame Jahr«, zog UGT-Teamchef Mario Rubatto Bilanz.

Doch richtig ausgelassen war die Stimmung nur im Ditter Plastic-Team, wo Cheftechniker Lucas Schmidt eine gewaltige Torte anschnitt, um den 70. Grand Prix und den größten Erfolg in der fünfjährigen Geschichte des Teams zu feiern. Denn Masaki Tokudome zog im letzten Rennen nochmals alle Register. Nach verpatztem Start zunächst an neunter Stelle, boxte er sich bis zur elften Runde an die dritte Stelle vor. Nach sechs weiteren Runden hatte er das enteilte Führungsduo Haruchika Aoki und Garry McCoy gestellt und drängte sich souverän an die Spitze. »Ich war überzeugt, das Rennen gewinnen zu können. Mit Garry McCoy habe ich nicht mehr gerechnet. Er hatte Stahlbremsscheiben drauf und konnte nicht so stark verzögern, vielleicht stach er deshalb so vehement innen rein«, schmunzelte Tokudome über den erfolgreichen Schlußangriff des Australiers, der, spät in der Saison nach einem Wechsel von Bridgestone zu Michelin in Form gekommen, den ersten Sieg des Jahres und seinen ersten Heimsieg in Australien feierte.

Daß in jener letzten Runde auch Haruchika Aoki noch den Weg vorbeifand und ihn auf Platz drei verdrängte, fand Tokudome schon weniger lustig. »Unter normalen Umständen hätte ich nochmals kontern können. Doch mein Motor drehte plötzlich nicht mehr richtig aus und hatte keinen Schub mehr«.

Nur bei einem Ausfall Aokis hätte Tokudome noch Weltmeister werden können, weshalb er auch mit der Vizeweltmeisterschaft hochzufrieden war und sich bereits auf die Testfahrten mit Jose Luis Cardosos Aprilia 250 freute, die sein Team als Vorgeschmack auf die nächste Saison in der 250 ccm-Klasse für die kommenden Tage eingeplant hatte.

Wieviel Glück Tokudome gehabt hatte, zeigte sich, als die Mechaniker den Zylinder abschraubten und einen gebrochenen Kolbenring entdeckten. Wäre das Rennen noch eine Runde länger gegangen, hätte Masaki Tokudome seine Maschine durchs Ziel schieben müssen.

500 ccm: Capirossi, der lachende Dritte

Blieb dieser kleine Zwischenfall den Zuschauern verborgen, so brachte der spektakuläre Sturz von Michael Doohan und Alex Crivillé im Halbliterrennen die Stimmung unter den 53000 Fans zum Kochen.

Crivillé hatte nach den jüngsten Niederlagen gegen seinen Teamkollegen Revanche geschworen und war besessen von der Idee, Doohan in Eastern Creek zu besiegen und ihm bei seinem australischen Heimspiel den Spaß zu verderben. In der ersten Spitzkehre der letzten Runde griff er Doohan außen an, scheiterte aber, weil sich der Weltmeister ziemlich rüde nach außen treiben ließ und Crivillé in die Verkleidung donnerte.

Zornig versuchte es der Spanier eingangs der zweiten Spitzkehre abermals, verkalkulierte sich jedoch und knallte Doohan ins Heck, worauf sich beide im Gras wälzten. Mit schmerzendem Handgelenk schob Crivillé seine Maschine wieder an, schaffte noch Platz sechs und hatte Glück, daß er nicht an die von allen Seiten auf die Strecke stürmenden, Vergeltung fordernden Fans ausgeliefert wurde. Doohan tat sich etwas schwerer, seine Honda wieder in Gang zu setzen und kam mit stotterndem Motor als Achter an.

Mit ihren havarierten Maschinen zurück in der Box, entspann sich ein freundliches Zwiegespräch zwischen den Stallgefährten. »Gratuliere, das hast du fein gemacht«, knurrte der Weltmeister und streckte Alex voll bitterer Ironie die Hand entgegen. »Aber ich sage dir: Dein Verständnis vom Rennsport ist grundfalsch«.

Crivillé wollte das nicht auf sich sitzen lassen. »Du warst der erste, der sich danebenbenommen hat. Als ich ein paar Kurven vorher überholen wollte, bist du mir in die Verkleidung gedonnert und hast knallhart versucht, mich von der Piste zu drängen«.

Jetzt wurde Doohan erst richtig zornig und baute sich zur Drohgebährde auf. »Wenn du in jener Kurve zuerst angekommen wärst, hättest du mich überholen können. Doch du warst Zweiter, punktum. Und auch wenn wir uns bereits zuvor berührt haben: Sind wir dabei gestürzt oder nicht?«

Doohan wiederholte die Frage dreimal, ohne eine Antwort abzuwarten, und stellte Crivillés Fähigkeiten als Rennfahrer in Frage. Crivillé zuckte die Achseln und drehte sich weg.

Teammanager Tatsuo Kurosawa brachte die Streithähne nochmals zusammen und forderte sie auf, sich die Hand zu reichen.

In Interviews schwelte der Krieg zwischen den beiden freilich trotzdem weiter. »Der Sturz war nur eine Konsequenz dessen, was Doohan bei meinem ersten Überholversuch gemacht hat. Er hat ein schmutziges Spiel getrieben, denn als ich überholen wollte, hat er mich nach außen abgedrängt. Er tat alles, was ein Rennfahrer nicht tun sollte, einschließlich mir in die Verkleidung zu treten, nur damit ich nicht vorbeikam. Bei der nächsten Gelegenheit habe ich mich zu ungestüm reingedrängt. Er versuchte, mich abzublocken, ich habe sein Hinterrad berührt und wir gingen beide zu Boden. Ich bin nicht besonders glücklich, daß ich beim Versuch, dieses Rennen zu gewinnen, gestürzt bin, aber als Rennfahrer muß man auch verlieren können. Dieses Talent hat Doohan nicht«.

Schreck laß nach: Mick Doohan

Statt dessen sah sich der Weltmeister als unschuldiges Opfer. »Meines Erachtens zeigt der Sturz nur, wie Alex schon die ganze Saison über gefahren ist. Ich kann schneller fahren als er, und er kann nicht aus eigener Kraft ein Rennen anführen. Wenn er stattdessen zum Rennende hin zu überholen versucht, kommt er von der Ideallinie ab und macht Fehler. Unglücklicherweise nahm er mich diesmal mit. Keine gute Art, eine Saison zu beenden«.

Für Loris Capirossi und sein Marlboro-Yamaha-Team war das Finale hingegen überwältigend. Völlig unverhofft querte der Italiener als Dritter die Ziellinie, der ebenfalls völlig überraschte Teamchef Wayne Rainey trieb seinen Rollstuhl vor lauter Glück auf mindestens hundert Sachen, um rechtzeitig zum Triumph auf dem Podest zu sein. »So ein Tag, so wunderschön wie heute!«, strahlte Capirossi. »Ich versuchte alles, um an den beiden dranzubleiben, doch mein Vorderreifen ließ frühzeitig nach. Es ist unglaublich, was passiert ist – eine komische Art, ein Rennen zu gewinnen! Ich sah, wie sich Mick und Alex bereits in der zweiten Kurve berührten, deshalb machte ich mich darauf gefaßt, der lachende Dritte zu sein«.

Auch Wayne Rainey hatte eine Vorahnung gehabt. »Es ist merkwürdig, wir haben schon heute morgen davon geredet, daß Mick und Alex so etwas tun würden«.

Neben dem drittplazierten Carlos Checa gehörte auch Tadayuki Okada zu den Glückspilzen. Der Japaner schaffte als Zweiter das bislang beste Resultat mit einem Halbliter-Zweizylinder – und kam erstmals vor allen beiden Teamkollegen mit ihren bärenstarken Vierzylindern ins Ziel.

Schocksieg: Loris Capirossi

GP von Shah Alam/MAL

Termin: 31. März 1996, Wetter: bewölkt, Zuschauer: 20.000, Streckenlänge: 3,505 km

125 cm³

STARTAUFSTELLUNG	
Fahrer (Nr)	**Trainingszeit**
1. Sakata (2)	1'31.285
2. Raudies (5)	1'31.410
3. Alzamora (3)	1'31.533
4. Perugini (6)	1'31.627
5. Manako (8)	1'31.738
6. Martinez (55)	1'31.760
7. Aoki (1)	1'31.840
8. Katoh (14)	1'31.958
9. Tokudome (7)	1'31.986
10. Öttl (10)	1'32.014
11. Saito (4)	1'32.167
12. Geissler (15)	1'32.253
13. Rossi (46)	1'32.283
14. Ueda (12)	1'32.334
15. Debbia (27)	1'32.564
16. Cecchinello (13)	1'32.569
17. Hules (24)	1'32.792
18. McCoy (72)	1'32.944
19. Ballerini (21)	1'33.104
20. de Gea (25)	1'33.236
21. Bodelier (35)	1'33.400
22. Tessari (37)	1'33.588
23. Ui (19)	1'33.598
24. Barton (17)	1'33.622
25. Cruciani (30)	1'33.752
26. Goi (26)	1'33.778
27. Sarda (36)	1'33.917
28. Petit (23)	1'34.356
29. Nieto jr. (88)	1'34.593
30. Chee Hou (99)	1'36.142
31. Said (57)	1'36.871
32. Yan Kit (58)	1'38.169
33. Tang (59)	1'39.031

ERGEBNIS nach 29 Runden = 101,645 km			
Schnitt des Siegers: 136,206 km/h		**WM-Stand**	
Fahrer (Nation) Maschine	**Zeit (Min)**	**Fahrer/Punkte**	
1. Stefano Perugini (I) Aprilia	44'46.542	Perugini	25
2. Haruchika Aoki (J) Honda	-0.405	Aoki	20
3. Peter Öttl (D) Aprilia	-0.758	Öttl	16
4. Masaki Tokudome (J) Aprilia	-0.785	Tokudome	13
5. Emilio Alzamora (E) Honda	-1.267	Alzamora	11
6. Valentino Rossi (I) Aprilia	-7.379	Rossi	10
7. Tomomi Manako (J) Honda	-7.406	Manako	9
8. Akira Saito (J) Honda	-7.814	Saito	8
9. Noboru Ueda (J) Honda	-18.034	Ueda	7
10. Kazuto Sakata (J) Aprilia	-35.742	Sakata	6
11. Frédéric Petit (F) Honda	-39.738	Petit	5
12. Garry McCoy (AUS) Aprilia	-39.812	McCoy	4
13. Andrea Ballerini (I) Aprilia	-57.770	Ballerini	3
14. Jaroslav Hules (CZ) Honda	-1'10.237	Hules	2
15. Paolo Tessari (I) Honda	-1'10.772	Tessari	1
16. Ivan Goi (I) Honda	-1'12.419		
17. Stefano Cruciani (I) Aprilia	-1'34.951		
18. Loek Bodelier (NL) Honda	-1 Runde		
19. Josep Sarda (E) Honda	-1 Runde		
20. Y. Tang (MAL) Yamaha	-2 Runden		
Schnellste Runde: Alzamora in 1'31.594 = 137,76 km/h			

AUSFÄLLE: Fahrer (Nation) Maschine (Grund)	in Runde
José David de Gea (E) Honda (Sturz)	1
Darren Barton (GB) Yamaha (Sturz)	4
Jorge Martinez (E) Aprilia (Sturz)	4
Chao Chee Hou (MAL) Yamaha (Sturz)	7
Gabriele Debbia (I) Yamaha (Motorschaden)	7
Lucio Cecchinello (I) Honda (Sturz)	8
Youichi Ui (J) Yamaha (Kolbenklemmer/Sturz)	9
Chow Yan Kit (MAL) Yamaha (Sturz)	9
Yoshiaki Katoh (J) Yamaha (Kolbenklemmer)	10
Manfred Geissler (D) Aprilia (Kolbenklemmer)	13
Yasir Said (MAL) Yamaha (Sturz)	15
Angel Nieto jr. (E) Aprilia (Sturz)	17
Dirk Raudies (D) Honda (Kurbelwelle gebrochen)	18

250 cm³

STARTAUFSTELLUNG	
Fahrer (Nr)	**Trainingszeit**
1. Biaggi (1)	1'25.795
2. Harada (31)	1'26.284
3. Jacque (19)	1'26.772
4. Ruggia (5)	1'26.836
5. Aoki (6)	1'27.234
6. d'Antin (7)	1'27.248
7. Fuchs (11)	1'27.426
8. Ukawa (10)	1'27.538
9. v. d. Goorbergh (12)	1'27.554
10. Robinson (41)	1'28.078
11. Suter (14)	1'28.116
12. Porco (27)	1'28.565
13. Hatakeyama (9)	1'28.591
14. Locatelli (18)	1'28.648
15. Boscoscuro (20)	1'28.657
16. Migliorati (8)	1'29.040
17. Tsujimura (26)	1'29.059
18. Laconi (55)	1'29.074
19. Cardoso (30)	1'29.106
20. Petrucciani (22)	1'29.353
21. Cogan (28)	1'29.512
22. Scalvini (15)	1'29.700
23. Miyazaki (29)	1'29.830
24. Bulega (25)	1'29.946
25. Meng Heng (56)	1'29.986
26. Yuzi (57)	1'30.221
27. Boudinot (23)	1'30.442
28. Barresi (96)	1'31.119
29. Ottobre (21)	1'31.379
30. Gibernau (16)	1'31.475
31. Nizam (58)	1'31.532
32. Waldmann (3)	1'34.954

ERGEBNIS nach 31 Runden = 108,655 km			
Schnitt des Siegers: 144,502 km/h		**WM-Stand**	
Fahrer (Nation) Maschine	**Zeit (Min)**	**Fahrer/Punkte**	
1. Max Biaggi (I) Aprilia	45'06.934	Biaggi	25
2. Tetsuya Harada (J) Yamaha	-14.745	Harada	20
3. Luis d'Antin (E) Honda	-33.058	d'Antin	16
4. Olivier Jacque (F) Honda	-37.121	Jacque	13
5. Jean Philippe Ruggia (F) Honda	-39.478	Ruggia	11
6. Nobuatsu Aoki (J) Honda	-49.988	Aoki	10
7. Jürgen Fuchs (D) Honda	-56.860	Fuchs	9
8. Jürgen v. d. Goorbergh (NL) Honda	-1'06.596	Goorbergh	8
9. Luca Boscoscuro (I) Aprilia	-1'15.716	Boscoscuro	7
10. Roberto Locatelli (I) Aprilia	-1'20.972	Locatelli	6
11. Jamie Robinson (GB) Aprilia	-1'23.754	Robinson	5
12. Takeshi Tsujimura (J) Honda	-1'29.408	Tsujimura	4
13. Cristiano Migliorati (I) Honda	-1 Runde	Migliorati	3
14. Davide Bulega (I) Aprilia	-1 Runde	Bulega	2
15. Osamu Miyazaki (J) Aprilia	-1 Runde	Miyazaki	1
16. Syahrol Yuzi (MAL) Yamaha	-1 Runde		
17. Shahrun Nizam (MAL) Yamaha	-1 Runde		
Schnellste Runde: Biaggi in 1'25.994 = 146,731 km/h			

AUSFÄLLE: Fahrer (Nation) Maschine (Grund)	in Runde
Ralf Waldmann (D) Honda (verletzt/Nichtstarter)	1
Kuang Meng Heng (MAL) Yamaha (Motorprobleme)	3
Oliver Petrucciani (CH) Aprilia (Kolbenklemmer)	3
Tohru Ukawa (J) Honda (Motorprobleme)	3
José Luis Cardoso (E) Aprilia (Motorprobleme)	5
Sete Gibernau (E) Honda (Bremse defekt/Ausritt)	5
Gianluigi Scalvini (I) Honda (Erschöpfung/Aufgabe)	7
José Barresi (YZ) Honda (Sturz)	9
Christian Boudinot (F) Aprilia (Erschöpfung/Aufgabe)	14
Yasumasa Hatakeyama (J) Honda (Sturz)	14
Massimo Ottobre (I) Aprilia (Erschöpfung/Aufgabe)	14
Sebastian Porco (ARG) Aprilia (Sturz)	14
Regis Laconi (F) Honda (Motorprobleme)	17
Eskil Suter (CH) Aprilia (Ausritt/Aufgabe)	18
Christophe Cogan (F) Honda (Getriebe defekt)	28

500 cm³

STARTAUFSTELLUNG	
Fahrer (Nr)	**Trainingszeit**
1. Okada (6)	1'23.987
2. Cadalora (3)	1'24.630
3. Doohan (1)	1'24.908
4. Crivillé (4)	1'24.937
5. Capirossi (65)	1'24.953
6. Barros (7)	1'25.284
7. Abe (9)	1'25.291
8. Romboni (15)	1'25.316
9. Bayle (12)	1'25.391
10. Checa (24)	1'25.532
11. Itoh (41)	1'25.561
12. Puig (17)	1'25.780
13. Russell (11)	1'25.890
14. Protat (27)	1'27.128
15. Borja (8)	1'27.142
16. Haydon (18)	1'27.600
17. Fujiwara (21)	1'28.058
18. Pedercini (22)	1'28.099
19. Arakaki (20)	1'28.228
20. McWilliams (13)	1'28.487
21. Emmett (19)	1'28.649
22. Jeandat (51)	1'28.908
23. Naveau (16)	1'29.059
24. Bosshard (14)	1'29.374
25. McManus (23)	1'30.020

ERGEBNIS nach 33 Runden = 115,665 km			
Schnitt des Siegers: 146,381 km/h		**WM-Stand**	
Fahrer (Nation) Maschine	**Zeit (Min)**	**Fahrer/Punkte**	
1. Luca Cadalora (I) Honda	47'24.151	Cadalora	25
2. Alexandre Barros (BR) Honda	-5.721	Barros	20
3. Carlos Checa (E) Honda	-15.234	Checa	16
4. Scott Russell (USA) Suzuki	-23.393	Russell	13
5. Michael Doohan (AUS) Honda	-26.529	Doohan	11
6. Jean Michel Bayle (F) Yamaha	-27.233	Bayle	10
7. Alberto Puig (E) Honda	-47.603	Puig	9
8. Norifumi Abe (J) Yamaha	-48.555	Abe	8
9. Frédéric Protat (F) ROC-Yamaha	-1'26.583	Protat	7
10. Juan Borja (E) Elf 500	-1'27.515	Borja	6
11. Sean Emmett (GB) Harris-Yamaha	-1'45.301	Emmett	5
12. Lucio Pedercini (I) ROC-Yamaha	-1'58.577	Pedercini	4
13. Laurent Naveau (B) ROC-Yamaha	-2'03.135	Naveau	3
14. Jeremy McWilliams (GB) ROC-Yamaha	-2'13.518	McWilliams	2
15. James Haydon (GB) ROC-Yamaha	-1 Runde	Haydon	1
16. Jean Pierre Jeandat (F) Paton	-1 Runde		
17. Toshi Arakaki (J) Harris-Yamaha	-2 Runden		
Schnellste Runde: Okada in 1'25.102 = 148,269 km/h			

AUSFÄLLE: Fahrer (Nation) Maschine (Grund)	in Runde
Katsuaki Fujiwara (J) Suzuki (Trainingssturz/Nichtstarter)	1
Doriano Romboni (I) Aprilia (Trainingssturz/Nichtstarter)	1
Alex Crivillé (E) Honda (Sturz)	3
Adrian Bosshard (CH) Elf 500 (Motor defekt)	8
Tadayuki Okada (J) Honda (Sturz)	12
Shinichi Itoh (J) Honda (Sturz)	19
Eugene McManus (GB) Yamaha (Sturz)	20
Loris Capirossi (I) Yamaha (Sturz)	30

GP von Sentul/RI

Termin: 7. April 1996, Wetter: heiß, Zuschauer: 65.000, Streckenlänge: 3,965 km

125 cm³

STARTAUFSTELLUNG	
Fahrer (Nr)	**Trainingszeit**
1. Aoki (1)	1'35.138
2. Öttl (10)	1'35.368
3. Tokudome (7)	1'35.760
4. Raudies (5)	1'35.767
5. Manako (8)	1'35.818
6. Perugini (6)	1'35.846
7. Ueda (12)	1'35.904
8. Martinez (55)	1'35.972
9. McCoy (72)	1'36.022
10. Geissler (15)	1'36.120
11. Saito (4)	1'36.136
12. Ballerini (21)	1'36.183
13. Alzamora (3)	1'36.224
14. Cecchinello (13)	1'36.244
15. Hules (24)	1'36.322
16. Petit (23)	1'36.341
17. Katoh (14)	1'36.529
18. Rossi (46)	1'36.577
19. Debbia (27)	1'36.749
20. de Gea (25)	1'36.993
21. Sakata (2)	1'37.074
22. Tessari (37)	1'37.296
23. Goi (26)	1'37.562
24. Barton (17)	1'37.730
25. Sarda (36)	1'37.822
26. Cruciani (30)	1'38.610
27. Ramirez (41)	1'38.758
28. Bodelier (35)	1'39.029
29. Nieto jr. (88)	1'39.493
30. Jayadie (60)	1'40.969
31. Canisius (61)	1'41.493

ERGEBNIS nach 26 Runden = 103,090 km			
Schnitt des Siegers: 148,521 km/h		**WM-Stand**	
Fahrer (Nation) Maschine	**Zeit (Min)**	**Fahrer/Punkte**	
1. Masaki Tokudome (J) Aprilia	41'38.797	Aoki	40
2. Haruchika Aoki (J) Honda	-0.099	Tokudome	38
3. Peter Öttl (D) Aprilia	-7.359	Perugini	33
4. Dirk Raudies (D) Honda	-19.491	Öttl	32
5. Jorge Martinez (E) Aprilia	-22.321	Manako	18
6. Noboru Ueda (J) Honda	-24.197	Ueda	17
7. Tomomi Manako (J) Honda	-24.325	Saito	15
8. Stefano Perugini (I) Aprilia	-31.260	Rossi	15
9. Akira Saito (J) Honda	-33.357	Raudies	13
10. Andrea Ballerini (I) Aprilia	-33.799	Martinez	11
11. Valentino Rossi (I) Aprilia	-34.140	Alzamora	11
12. Lucio Cecchinello (I) Honda	-41.543	Ballerini	9
13. Ivan Goi (I) Honda	-41.706	Sakata	8
14. Kazuto Sakata (J) Aprilia	-51.169	Petit	6
15. Frédéric Petit (F) Honda	-51.445	McCoy	4
16. Darren Barton (GB) Yamaha	-55.425	Cecchinello	4
17. Jaroslav Hules (CZ) Honda	-59.542	Goi	3
18. Paolo Tessari (I) Honda	-1'00.279	Hules	2
19. Josep Sarda (E) Honda	-1'07.873	Tessari	1
20. Petrus Canisius (RI) Yamaha	-1 Runde		
21. Achmad Jayadie (RI) Yamaha	-1 Runde		
Schnellste Runde: Aoki in 1'35.68 = 150,145 km/h			

AUSFÄLLE: Fahrer (Nation) Maschine (Grund)	in Runde
Stefano Cruciani (I) Aprilia (Sturz)	4
Yoshiaki Katoh (J) Yamaha (Sturz)	4
José Ramon Ramirez (E) Yamaha (Kolbenklemmer)	4
José David de Gea (E) Honda (Sturz)	7
Angel Nieto jr. (E) Aprilia (Sturz)	7
Loek Bodelier (NL) Honda (Federungs-Probleme)	12
Emilio Alzamora (E) Honda (Sturz)	14
Garry McCoy (AUS) Aprilia (Endschalldämpfer gebrochen)	17
Gabriele Debbia (I) Yamaha (Motorschaden)	18
Manfred Geissler (D) Aprilia (Sturz)	24

250 cm³

STARTAUFSTELLUNG	
Fahrer (Nr)	**Trainingszeit**
1. Harada (31)	1'29.257
2. Biaggi (1)	1'29.271
3. Waldmann (3)	1'29.830
4. Aoki (6)	1'29.966
5. Fuchs (11)	1'30.043
6. Jacque (19)	1'30.130
7. d'Antin (7)	1'30.430
8. Ukawa (10)	1'30.434
9. Ruggia (5)	1'30.646
10. Suter (14)	1'30.835
11. Porco (27)	1'30.876
12. Ottobre (21)	1'30.937
13. v. d. Goorbergh (12)	1'30.944
14. Locatelli (18)	1'30.944
15. Robinson (41)	1'30.984
16. Hatakeyama (9)	1'31.124
17. Miyazaki (29)	1'31.450
18. Petrucciani (22)	1'31.625
19. Bulega (25)	1'31.711
20. Boscoscuro (20)	1'31.804
21. Gibernau (16)	1'32.105
22. Tsujimura (26)	1'32.180
23. Migliorati (8)	1'32.541
24. Boudinot (23)	1'32.693
25. Scalvini (15)	1'32.930
26. Cardoso (30)	1'33.048
27. Cogan (28)	1'33.384
28. Laconi (55)	1'33.479
29. Barresi (96)	1'36.166

ERGEBNIS nach 28 Runden = 111,020 km			
Schnitt des Siegers: 157,755 km/h		**WM-Stand**	
Fahrer (Nation) Maschine	**Zeit (Min)**	**Fahrer/Punkte**	
1. Tetsuya Harada (J) Yamaha	42'13.486	Harada	45
2. Max Biaggi (I) Aprilia	-1.809	Biaggi	45
3. Ralf Waldmann (D) Honda	-12.658	d'Antin	29
4. Luis d'Antin (E) Honda	-22.728	Jacque	21
5. Nobuatsu Aoki (J) Honda	-22.772	Aoki	21
6. Jürgen Fuchs (D) Honda	-24.407	Fuchs	19
7. Tohru Ukawa (J) Honda	-24.410	Ruggia	17
8. Olivier Jacque (F) Honda	-31.935	Waldmann	16
9. Sebastian Porco (ARG) Aprilia	-36.964	Goorbergh	12
10. Jean Philippe Ruggia (F) Honda	-39.456	Boscoscuro	10
11. Eskil Suter (CH) Aprilia	-53.758	Ukawa	9
12. Jürgen v. d. Goorbergh (NL) Honda	-1'02.343	Porco	7
13. Luca Boscoscuro (I) Aprilia	-1'05.358	Locatelli	6
14. Davide Bulega (I) Aprilia	-1'05.654	Suter	5
15. Yasumasa Hatakeyama (J) Honda	-1'16.014	Robinson	5
16. Regis Laconi (F) Honda	-1'26.536	Tsujimura	4
17. Sete Gibernau (E) Honda	-1'30.048	Bulega	4
18. Gianluigi Scalvini (I) Honda	-1 Runde	Migliorati	3
19. Oliver Petrucciani (CH) Aprilia	-1 Runde	Miyazaki	1
20. Christophe Cogan (F) Honda	-1 Runde	Hatakeyama	1
Schnellste Runde: Harada in 1'29.696 = 159,138 km/h			

AUSFÄLLE: Fahrer (Nation) Maschine (Grund)	in Runde
José Barresi (YZ) Honda (Motorschaden)	2
José Luis Cardoso (E) Aprilia (Vergaser-Probleme)	2
Takeshi Tsujimura (J) Honda (Motorschaden)	2
Roberto Locatelli (I) Aprilia (Motor festgegangen / Sturz)	4
Christian Boudinot (F) Aprilia (Getriebeschaden)	6
Cristiano Migliorati (I) Honda (Motorschaden)	7
Jamie Robinson (GB) Aprilia (Motorschaden)	12
Massimo Ottobre (I) Aprilia (Getriebeschaden)	16
Osamu Miyazaki (J) Aprilia (Kolbenklemmer)	21

500 cm³

STARTAUFSTELLUNG	
Fahrer (Nr)	**Trainingszeit**
1. Doohan (1)	1'26.883
2. Capirossi (65)	1'26.903
3. Okada (6)	1'26.980
4. Checa (24)	1'27.008
5. Cadalora (3)	1'27.091
6. Barros (7)	1'27.213
7. Bayle (12)	1'27.244
8. Puig (17)	1'27.352
9. Crivillé (4)	1'27.358
10. Romboni (15)	1'27.600
11. Russell (11)	1'28.222
12. Itoh (41)	1'28.319
13. Abe (9)	1'28.669
14. Borja (8)	1'28.872
15. McWilliams (13)	1'28.945
16. Arakaki (20)	1'29.182
17. Naveau (16)	1'29.768
18. Protat (27)	1'29.797
19. Haydon (18)	1'30.217
20. McManus (23)	1'30.374
21. Emmett (19)	1'30.604
22. Pedercini (22)	1'30.654
23. Bosshard (14)	1'30.855
24. Jeandat (51)	1'31.275

ERGEBNIS nach 30 Runden = 118,950 km			
Schnitt des Siegers: 162,772 km/h		**WM-Stand**	
Fahrer (Nation) Maschine	**Zeit (Min)**	**Fahrer/Punkte**	
1. Michael Doohan (AUS) Honda	43'50.798	Barros	40
2. Alexandre Barros (BR) Honda	-3.227	Doohan	36
3. Loris Capirossi (I) Yamaha	-6.792	Cadalora	35
4. Alex Crivillé (E) Honda	-7.428	Checa	27
5. Carlos Checa (E) Honda	-10.638	Russell	22
6. Luca Cadalora (I) Honda	-23.768	Bayle	18
7. Scott Russell (USA) Suzuki	-30.754	Capirossi	16
8. Jean Michel Bayle (F) Yamaha	-33.081	Abe	15
9. Norifumi Abe (J) Yamaha	-37.094	Puig	15
10. Alberto Puig (E) Honda	-37.135	Crivillé	13
11. Doriano Romboni (I) Aprilia	-1'03.934	Protat	9
12. Jeremy McWilliams (GB) ROC-Yamaha	-1'07.139	McWilliams	6
13. Shinichi Itoh (J) Honda	-1'08.088	Emmett	6
14. Frédéric Protat (F) ROC-Yamaha	-1 Runde	Borja	6
15. Sean Emmett (GB) Harris-Yamaha	-1 Runde	Romboni	5
16. Laurent Naveau (B) ROC-Yamaha	-1 Runde	Pedercini	4
17. Toshi Arakaki (J) Harris-Yamaha	-1 Runde	Naveau	3
18. James Haydon (GB) ROC-Yamaha	-1 Runde	Itoh	3
Schnellste Runde: Doohan in 1'27.139 = 163,807 km/h			

AUSFÄLLE: Fahrer (Nation) Maschine (Grund)	in Runde
Jean Pierre Jeandat (F) Paton (Trainingssturz / Nichtstarter)	1
Eugene McManus (GB) Yamaha (Motor-Probleme)	4
Tadayuki Okada (J) Honda (Kolbenklemmer)	4
Juan Borja (E) Elf 500 (Auslaßsteuerung klemmt)	19
Lucio Pedercini (I) ROC-Yamaha (Trainingssturz / nicht fit)	19
Adrian Bosshard (CH) Elf 500 (Getriebeschaden)	22

GP von Suzuka/J

Termin: 21. April 1996, Wetter: sonnig, Zuschauer: 51.000, Streckenlänge: 5,864 km

125 cm³

STARTAUFSTELLUNG	
Fahrer (Nr)	Trainingszeit
1. Ueda (12)	2'17.788
2. Aoki (1)	2'17.864
3. Tokudome (7)	2'17.990
4. Sakata (2)	2'18.426
5. Saito (4)	2'18.635
6. Martinez (55)	2'19.191
7. Azuma (52)	2'19.263
8. Öttl (10)	2'19.336
9. Cecchinello (13)	2'19.364
10. Rossi (46)	2'19.695
11. Alzamora (3)	2'19.921
12. Perugini (6)	2'19.990
13. McCoy (72)	2'20.290
14. Takao (54)	2'20.376
15. Katoh (14)	2'20.456
16. Sugaya (56)	2'20.508
17. Geissler (15)	2'20.584
18. Barton (17)	2'20.584
19. Ibaraki (53)	2'20.636
20. Hules (24)	2'21.042
21. Ohashi (31)	2'21.114
22. Ballerini (21)	2'21.114
23. Raudies (5)	2'21.194
24. Manako (8)	2'21.412
25. Tessari (37)	2'21.898
26. Ui (19)	2'22.431
27. Sarda (36)	2'22.618
28. Debbia (27)	2'23.287
29. Goi (26)	2'24.232
30. Cruciani (30)	2'24.280
31. Petit (23)	2'24.328
32. Ono (29)	2'24.984

ERGEBNIS nach 18 Runden = 105,552 km			
Schnitt des Siegers: 151,752 km/h		WM-Stand	
Fahrer (Nation) Maschine	Zeit (Min)	Fahrer/Punkte	
1. Masaki Tokudome (J) Aprilia	41'44.002	Tokudome	63
2. Haruchika Aoki (J) Honda	-1.232	Aoki	60
3. Noboru Ueda (J) Honda	-2.010	Perugini	37
4. Tomomi Manako (J) Honda	-8.126	Ueda	33
5. Manfred Geissler (D) Aprilia	-15.420	Öttl	32
6. Masao Azuma (J) Honda	-16.218	Manako	31
7. Lucio Cecchinello (I) Honda	-16.744	Rossi	20
8. Jorge Martinez (E) Aprilia	-24.449	Martinez	19
9. Darren Barton (GB) Yamaha	-25.354	Saito	15
10. Shigeru Ibaraki (J) Yamaha	-28.019	Cecchinello	13
11. Valentino Rossi (I) Aprilia	-37.463	Raudies	13
12. Stefano Perugini (I) Aprilia	-42.357	Alzamora	11
13. Paolo Tessari (I) Honda	-46.900	Geissler	11
14. Jaroslav Hules (CZ) Honda	-46.950	Azuma	10
15. Shinichi Sugaya (J) Honda	-1'08.334	Ballerini	9
16. Josep Sarda (E) Honda	-1'08.368	Sakata	8
17. Andrea Ballerini (I) Aprilia	-1'24.224	Barton	7
18. Stefano Cruciani (I) Aprilia	-1'25.803	Ibaraki	6
19. Ivan Goi (I) Honda	-1'26.722	Petit	6
20. Frédéric Petit (F) Honda	-1'31.487	McCoy	4
21. Mokoto Ono (J) Honda	-1'34.816	Tessari	4
Schnellste Runde: Sakata in 2'17.055 = 154,029 km/h			

AUSFÄLLE: Fahrer (Nation) Maschine (Grund)	in Runde
Yoshiaki Katoh (J) Yamaha (Kolbenklemmer)	2
Ken Ohashi (I) Honda (Sturz)	2
Youichi Ui (J) Yamaha (Kolbenklemmer)	5
Dirk Raudies (D) Honda (mangelnde Motivation/Aufgabe)	6
Emilio Alzamora (E) Honda (Sturz)	8
Gabriele Debbia (I) Yamaha (Motor defekt)	8
Garry McCoy (AUS) Aprilia (Stein angesaugt/Motor defekt)	9
Peter Öttl (D) Aprilia (Zündkerze gebrochen)	9
Kazuhiro Takao (J) Honda (Motor defekt)	9
Kazuto Sakata (J) Aprilia (Elektrik defekt)	16
Akira Saito (J) Honda (Sturz)	18

250 cm³

STARTAUFSTELLUNG	
Fahrer (Nr)	Trainingszeit
1. Harada (31)	2'10.676
2. Biaggi (1)	2'10.685
3. Numata (52)	2'10.795
4. Jacque (19)	2'11.403
5. Kato (74)	2'11.466
6. Nanba (53)	2'11.482
7. Waldmann (3)	2'11.509
8. Ukawa (10)	2'11.818
9. Aoki (6)	2'11.928
10. Hatakeyama (9)	2'11.948
11. Haga (54)	2'11.948
12. v. d. Goorbergh (12)	2'12.098
13. Ruggia (5)	2'12.102
14. Suter (14)	2'12.158
15. d'Antin (7)	2'12.777
16. Fuchs (11)	2'13.042
17. Tsujimura (26)	2'13.503
18. Locatelli (18)	2'13.507
19. Miyazaki (29)	2'13.513
20. Robinson (41)	2'13.664
21. Laconi (55)	2'13.722
22. Gibernau (16)	2'14.101
23. Boscoscuro (20)	2'14.248
24. Porco (27)	2'14.404
25. Ottobre (21)	2'14.476
26. Bulega (25)	2'14.949
27. Cardoso (30)	2'15.133
28. Migliorati (8)	2'15.138
29. Boudinot (23)	2'15.548
30. Cogan (28)	2'16.235
31. Scalvini (15)	2'16.518
32. Petrucciani (22)	2'16.877
33. Barresi (96)	2'21.304

ERGEBNIS nach 19 Runden = 111,416 km			
Schnitt des Siegers: 160,665 km/h		WM-Stand	
Fahrer (Nation) Maschine	Zeit (Min)	Fahrer/Punkte	
1. Max Biaggi (I) Aprilia	41'36.486	Biaggi	70
2. Noriyasu Numata (J) Suzuki	-13.560	Harada	45
3. Daijiro Kato (J) Honda	-19.839	d'Antin	36
4. Olivier Jacque (F) Honda	-20.280	Jacque	34
5. Tohru Ukawa (J) Honda	-20.446	Aoki	31
6. Nobuatsu Aoki (J) Honda	-24.751	Waldmann	24
7. Kensuke Haga (J) Yamaha	-33.656	Ruggia	23
8. Ralf Waldmann (D) Honda	-38.644	Fuchs	23
9. Luis d'Antin (E) Honda	-44.416	Ukawa	20
10. Jean Philippe Ruggia (F) Honda	-44.542	Numata	20
11. Takeshi Tsujimura (J) Honda	-1'01.951	Kato	16
12. Jürgen Fuchs (D) Honda	-1'02.092	Goorbergh	12
13. Osamu Miyazaki (J) Aprilia	-1'02.484	Boscoscuro	10
14. Regis Laconi (F) Honda	-1'02.778	Tsujimura	9
15. Yasumasa Hatakeyama (J) Honda	-1'02.907	Haga	9
16. Sebastian Porco (ARG) Aprilia	-1'03.014	Porco	7
17. Kyoji Nanba (J) Yamaha	-1'06.271	Locatelli	6
18. Roberto Locatelli (I) Aprilia	-1'14.852	Robinson	5
19. Eskil Suter (CH) Aprilia	-1'15.376	Suter	5
20. Sete Gibernau (E) Honda	-1'22.370	Miyazaki	4
21. Luca Boscoscuro (I) Aprilia	-1'27.027	Bulega	4
22. Jamie Robinson (GB) Aprilia	-1'30.186	Migliorati	3
23. José Luis Cardoso (E) Aprilia	-1'46.856	Hatakeyama	2
24. Oliver Petrucciani (CH) Aprilia	-1'47.046	Laconi	2
25. Christophe Cogan (F) Honda	-1 Runde		
Schnellste Runde: Biaggi in 2'10.492 = 161,775 km/h			

AUSFÄLLE: Fahrer (Nation) Maschine (Grund)	in Runde
José Barresi (YZ) Honda (Motor defekt)	4
Tetsuya Harada (J) Yamaha (Sturz)	4
Christian Boudinot (F) Aprilia (mangelnde Motivation/Aufgabe)	5
Davide Bulega (I) Aprilia (Getriebe defekt)	5
Gianluigi Scalvini (I) Honda (Motor defekt)	8
Cristiano Migliorati (I) Honda (Motor defekt)	11
Massimo Ottobre (I) Aprilia (Sturz)	12
Jürgen v. d. Goorbergh (NL) Honda (Motor defekt)	13

500 cm³

STARTAUFSTELLUNG	
Fahrer (Nr)	Trainingszeit
1. Crivillé (4)	2'08.652
2. Romboni (15)	2'08.753
3. Bayle (12)	2'10.354
4. Fujiwara (21)	2'09.130
5. Aoki (52)	2'09.169
6. Capirossi (65)	2'09.223
7. Doohan (1)	2'09.276
8. Okada (6)	2'09.353
9. Barros (7)	2'09.725
10. Russell (11)	2'10.072
11. Abe (9)	2'10.186
12. Cadalora (3)	2'10.354
13. Roberts jr. (10)	2'10.503
14. Itoh (41)	2'10.715
15. Arakaki (20)	2'10.912
16. Checa (24)	2'11.258
17. Beattie (2)	2'11.291
18. Borja (8)	2'11.449
19. Puig (17)	2'11.471
20. Pedercini (22)	2'12.057
21. Protat (27)	2'14.027
22. McWilliams (13)	2'14.378
23. Bosshard (14)	2'14.380
24. Jeandat (51)	2'14.965
25. Naveau (16)	2'15.398
26. Haydon (18)	2'15.793
27. Emmett (19)	2'16.066
28. McManus (23)	2'17.496

ERGEBNIS nach 21 Runden = 123,144 km			
Schnitt des Siegers: 162,115 km/h		WM-Stand	
Fahrer (Nation) Maschine	Zeit (Min)	Fahrer/Punkte	
1. Norifumi Abe (J) Yamaha	45'34.590	Doohan	46
2. Alex Crivillé (E) Honda	-6.496	Barros	40
3. Scott Russell (USA) Suzuki	-7.140	Abe	40
4. Tadayuki Okada (J) Honda	-11.724	Russell	38
5. Daryl Beattie (AUS) Suzuki	-13.670	Cadalora	35
6. Michael Doohan (AUS) Honda	-19.858	Crivillé	33
7. Doriano Romboni (I) Aprilia	-22.334	Checa	33
8. Jean Michel Bayle (F) Yamaha	-34.456	Bayle	26
9. Alberto Puig (E) Honda	-38.230	Puig	22
10. Carlos Checa (E) Honda	-41.488	Capirossi	16
11. Shinichi Itoh (J) Honda	-43.146	Romboni	14
12. Kenny Roberts jr. (USA) Yamaha	-1'01.450	Okada	13
13. Jeremy McWilliams (GB) ROC-Yamaha	-1'38.718	Beattie	11
14. Toshi Arakaki (J) Harris-Yamaha	-1'38.802	Protat	9
15. James Haydon (GB) ROC-Yamaha	-1'51.385	McWilliams	9
16. Eugene McManus (GB) Yamaha	-1'51.732	Itoh	8
17. Sean Emmett (GB) Harris-Yamaha	-1'52.087	Borja	6
18. Juan Borja (E) Elf 500	-1 Runde	Emmett	6
Schnellste Runde: Abe in 2'09.089 = 163,534 km/h			

AUSFÄLLE: Fahrer (Nation) Maschine (Grund)	in Runde
Lucio Pedercini (I) ROC-Yamaha (Kette gerissen)	1
Frédéric Protat (F) ROC-Yamaha (Auslaßsteuerung defekt)	4
Jean Pierre Jeandat (F) Paton (Motor defekt)	6
Luca Cadalora (I) Honda (Untersteuern/Aufgabe)	8
Laurent Naveau (B) ROC-Yamaha (Motor defekt)	9
Loris Capirossi (I) Yamaha (Schalthebel gebrochen)	11
Alexandre Barros (BR) Honda (Sturz)	12
Katsuaki Fujiwara (J) Suzuki (Zündung defekt)	13
Takuma Aoki (J) Honda (Sturz)	16
Adrian Bosshard (CH) Elf 500 (Sturz)	16

GP von Jerez/E

Termin: 12. Mai 1996, Wetter: sonnig, Zuschauer: 100.000, Streckenlänge: 4,423 km

125 cm^3

STARTAUFSTELLUNG	
Fahrer (Nr)	Trainingszeit
1. Martinez (55)	1'49.945
2. Alzamora (3)	1'50.082
3. Sakata (2)	1'50.170
4. Saito (4)	1'50.206
5. Öttl (10)	1'50.577
6. Perugini (6)	1'50.672
7. Rossi (46)	1'50.710
8. Tokudome (7)	1'50.797
9. Aoki (1)	1'50.838
10. Geissler (15)	1'50.921
11. Ueda (12)	1'50.999
12. Katoh (14)	1'51.244
13. Cecchinello (13)	1'51.488
14. Raudies (5)	1'51.580
15. Manako (8)	1'51.594
16. Goi (26)	1'51.826
17. Barton (17)	1'51.839
18. McCoy (72)	1'51.862
19. Hules (24)	1'51.952
20. Ballerini (21)	1'52.223
21. Bodelier (35)	1'52.646
22. Sarda (36)	1'52.904
23. Ramirez (63)	1'52.981
24. Debbia (27)	1'53.040
25. Torrontegui (11)	1'53.059
26. Ui (19)	1'53.294
27. Petit (23)	1'53.988
28. Molina (64)	1'54.120
29. Cruciani (30)	1'54.164
30. Garcia (62)	1'54.610
31. Nieto jr. (88)	1'54.688
32. Maturana (65)	1'54.812

ERGEBNIS nach 23 Runden = 101,729 km			
Schnitt des Siegers: 143,338 km/h		WM-Stand	
Fahrer (Nation) Maschine	Zeit (Min)	Fahrer/Punkte	
1. Haruchika Aoki (J) Honda	42'34.978	Aoki	85
2. Emilio Alzamora (E) Honda	-0.025	Tokudome	73
3. Noboru Ueda (J) Honda	-0.116	Ueda	49
4. Valentino Rossi (I) Aprilia	-0.162	Perugini	46
5. Kazuto Sakata (J) Aprilia	-0.224	Manako	39
6. Masaki Tokudome (J) Aprilia	-3.096	Öttl	37
7. Stefano Perugini (I) Aprilia	-3.326	Rossi	33
8. Tomomi Manako (J) Honda	-13.464	Alzamora	31
9. Yoshiaki Katoh (J) Yamaha	-13.546	Martinez	19
10. Ivan Goi (I) Honda	-15.430	Sakata	19
11. Peter Öttl (D) Aprilia	-15.943	Raudies	16
12. Manfred Geissler (D) Aprilia	-23.611	Geissler	15
13. Dirk Raudies (D) Honda	-26.878	Saito	15
14. Darren Barton (GB) Yamaha	-32.756	Cecchinello	13
15. José Ramon Ramirez (E) Yamaha	-32.893	Azuma	10
16. Josep Sarda (E) Honda	-43.570	Goi	9
17. Youichi Ui (J) Yamaha	-53.858	Ballerini	9
18. Frédéric Petit (F) Honda	-59.656	Barton	9
19. Andrea Ballerini (I) Aprilia	-59.929	Katoh	7
20. Herri Torrontegui (E) Honda	-1'03.994	Ibaraki	6
21. Loek Bodelier (NL) Honda	-1'04.857	Petit	6
22. Jaroslav Hules (CZ) Honda	-1'07.144	Hules	4
23. Gabriele Debbia (I) Yamaha	-1'10.669	McCoy	4
24. Akira Saito (J) Honda	-1'27.562	Tessari	4
Schnellste Runde: Sakata in 1'49.400 = 145,547 km/h			

AUSFÄLLE: Fahrer (Nation) Maschine (Grund)	in Runde
Lucio Cecchinello (I) Honda (Sturz)	3
Juan Enrique Maturana (E) Yamaha (Motorschaden)	8
Stefano Cruciani (I) Aprilia (Kolbenklemmer)	9
Alvaro Molina (E) Honda (Motorschaden)	9
David Garcia (E) Honda (Kolbenklemmer)	11
Angel Nieto jr. (E) Aprilia (falsche Reifenwahl)	11
Garry McCoy (AUS) Aprilia (Motorschaden)	13
Jorge Martinez (E) Aprilia (Sturz)	22

250 cm^3

STARTAUFSTELLUNG	
Fahrer (Nr)	Trainingszeit
1. Biaggi (1)	1'45.015
2. Waldmann (3)	1'45.216
3. Fuchs (11)	1'45.896
4. Aoki (6)	1'45.964
5. d'Antin (7)	1'46.392
6. Harada (31)	1'46.552
7. Ukawa (10)	1'46.606
8. Ruggia (5)	1'46.608
9. Suter (14)	1'46.630
10. Robinson (41)	1'47.148
11. Locatelli (18)	1'47.169
12. Porco (27)	1'47.226
13. v. d. Goorbergh (12)	1'47.329
14. Jacque (19)	1'47.391
15. Gibernau (16)	1'47.445
16. Miyazaki (29)	1'47.532
17. Laconi (55)	1'47.536
18. Bulega (25)	1'47.557
19. Boscoscuro (20)	1'47.696
20. Ottobre (21)	1'47.818
21. Petrucciani (22)	1'47.880
22. Tsujimura (26)	1'47.966
23. Migliorati (8)	1'48.081
24. Marsella (62)	1'48.100
25. Cogan (28)	1'48.599
26. Scalvini (15)	1'48.643
27. Boudinot (23)	1'48.999
28. Hatakeyama (9)	1'49.848
29. Barresi (96)	1'50.518
30. Tey (64)	1'51.903
31. Esparragoso (65)	1'53.964

ERGEBNIS nach 26 Runden = 114,998 km			
Schnitt des Siegers: 149,664 km/h		WM-Stand	
Fahrer (Nation) Maschine	Zeit (Min)	Fahrer/Punkte	
1. Max Biaggi (I) Aprilia	46'06.154	Biaggi	95
2. Tetsuya Harada (J) Yamaha	-12.238	Harada	65
3. Ralf Waldmann (D) Honda	-15.476	d'Antin	46
4. Jürgen Fuchs (D) Honda	-16.222	Jacque	43
5. Tohru Ukawa (J) Honda	-29.329	Waldmann	40
6. Luis d'Antin (E) Honda	-29.508	Fuchs	36
7. Olivier Jacque (F) Honda	-37.638	Ukawa	31
8. Jean Philippe Ruggia (F) Honda	-44.866	Aoki	31
9. Jamie Robinson (GB) Aprilia	-50.899	Ruggia	31
10. Luca Boscoscuro (I) Aprilia	-52.203	Numata	20
11. Sete Gibernau (E) Honda	-1'06.864	Kato	16
12. Sebastian Porco (ARG) Aprilia	-1'16.662	Boscoscuro	16
13. Cristiano Migliorati (I) Honda	-1'19.461	Goorbergh	12
14. Takeshi Tsujimura (J) Honda	-1'21.196	Robinson	12
15. Osamu Miyazaki (J) Aprilia	-1'21.585	Porco	11
16. Davide Bulega (I) Aprilia	-1'31.868	Tsujimura	11
17. Massimo Ottobre (I) Aprilia	-1'33.071	Haga	9
18. Yasumasa Hatakeyama (J) Honda	-1'33.122	Locatelli	6
19. Gianluigi Scalvini (I) Honda	-2 Runden	Migliorati	6
Schnellste Runde: Biaggi in 1'45.270 = 151,257 km/h			

AUSFÄLLE: Fahrer (Nation) Maschine (Grund)	in Runde
Christian Boudinot (F) Aprilia (Hinterreifen defekt)	5
Vicente Esparragoso (E) Honda (Grund unbekannt)	5
Roberto Locatelli (I) Aprilia (Antriebskette abgesprungen)	5
Nobuatsu Aoki (J) Honda (Sturz)	6
José Barresi (YZ) Honda (Kolbenklemmer)	6
Regis Laconi (F) Honda (Sturz)	7
Christophe Cogan (F) Honda (Hinterreifen defekt)	9
Miguel Tey (E) Honda (Motorprobleme)	12
Oliver Petrucciani (CH) Aprilia (Ausritt/Schaltautomatik defekt)	14
Jürgen v. d. Goorbergh (NL) Honda (Sturz)	15
Javier Marsella (E) Honda (Sturz)	20
Eskil Suter (CH) Aprilia (Kurbelwelle gebrochen)	26

500 cm^3

STARTAUFSTELLUNG	
Fahrer (Nr)	Trainingszeit
1. Doohan (1)	1'43.866
2. Crivillé (4)	1'43.960
3. Okada (6)	1'44.212
4. Romboni (15)	1'44.238
5. Beattie (2)	1'44.383
6. Cadalora (3)	1'44.446
7. Bayle (12)	1'44.450
8. Capirossi (65)	1'44.456
9. Puig (17)	1'44.681
10. Roberts jr. (10)	1'44.982
11. Itoh (41)	1'45.093
12. Barros (7)	1'45.278
13. Borja (8)	1'45.746
14. Abe (9)	1'45.986
15. Russell (11)	1'46.215
16. Checa (24)	1'46.393
17. Pedercini (22)	1'46.421
18. McWilliams (13)	1'46.892
19. Protat (27)	1'47.228
20. Emmett (19)	1'47.329
21. Haydon (18)	1'47.338
22. Bosshard (14)	1'47.949
23. McManus (23)	1'48.576
24. Jeandat (51)	1'48.678
25. Arakaki (20)	1'48.826

ERGEBNIS nach 27 Runden = 119,421 km			
Schnitt des Siegers: 150,950 km/h		WM-Stand	
Fahrer (Nation) Maschine	Zeit (Min)	Fahrer/Punkte	
1. Michael Doohan (AUS) Honda	47'28.64	Doohan	71
2. Luca Cadalora (I) Honda	-2.677	Cadalora	55
3. Tadayuki Okada (J) Honda	-14.644	Barros	48
4. Loris Capirossi (I) Yamaha	-17.030	Abe	40
5. Alberto Puig (E) Honda	-21.534	Checa	39
6. Kenny Roberts jr. (USA) Yamaha	-21.814	Russell	38
7. Jean Michel Bayle (F) Yamaha	-26.312	Bayle	35
8. Alexandre Barros (BR) Honda	-38.120	Crivillé	33
9. Shinichi Itoh (J) Honda	-38.444	Puig	33
10. Carlos Checa (E) Honda	-49.478	Capirossi	29
11. Juan Borja (E) Elf 500	-59.336	Okada	29
12. James Haydon (GB) ROC-Yamaha	-1'08.537	Itoh	15
13. Frédéric Protat (F) ROC-Yamaha	-1'09.082	Romboni	14
14. Jeremy McWilliams (GB) ROC-Yamaha	-1'09.509	Roberts jr.	14
15. Sean Emmett (GB) Harris-Yamaha	-1'21.050	Protat	12
16. Eugene McManus (GB) Yamaha	-1'43.550	Beattie	11
17. Toshi Arakaki (J) Harris-Yamaha	-1 Runde	Borja	11
18. Jean Pierre Jeandat (F) Paton	-1 Runde	McWilliams	11
19. Adrian Bosshard (CH) Elf 500	-1 Runde	Emmett	7
20. Lucio Pedercini (I) ROC-Yamaha	-6 Runden	Haydon	6
Schnellste Runde: Cadalora in 1'44.812 = 151,918 km/h			

AUSFÄLLE: Fahrer (Nation) Maschine (Grund)	in Runde
Scott Russell (USA) Suzuki (verletzt/Nichstarter)	-
Norifumi Abe (J) Yamaha (Sturz)	2
Doriano Romboni (I) Aprilia (Ausritt/Aufgabe)	2
Daryl Beattie (AUS) Suzuki (Sturz)	3
Alex Crivillé (E) Honda (Sturz)	27

GP von Mugello/I

Termin: 26. Mai 1996, Wetter: sonnig, Zuschauer: 50.000, Streckenlänge: 5,245 km

125 cm^3

STARTAUFSTELLUNG	
Fahrer (Nr)	Trainingszeit
1. Tokudome (7)	2'01.292
2. Sakata (2)	2'01.377
3. Manako (8)	2'01.719
4. Raudies (5)	2'01.820
5. Saito (4)	2'01.850
6. Cecchinello (13)	2'01.949
7. Öttl (10)	2'02.028
8. Rossi (46)	2'02.034
9. Aoki (1)	2'02.179
10. Ueda (12)	2'02.182
11. Perugini (6)	2'02.230
12. Katoh (14)	2'02.959
13. Goi (26)	2'03.043
14. Alzamora (3)	2'03.242
15. Geissler (15)	2'03.373
16. Hules (24)	2'03.408
17. Martinez (55)	2'03.530
18. Sarda (36)	2'03.910
19. Tessari (37)	2'03.972
20. Ballerini (21)	2'04.156
21. Giansanti (69)	2'04.193
22. Ui (19)	2'04.514
23. McCoy (72)	2'04.566
24. Petit (23)	2'04.638
25. Debbia (27)	2'04.868
26. Bodelier (35)	2'04.873
27. Bellei (67)	2'04.935
28. Antonelli (68)	2'05.540
29. Torrontegui (11)	2'05.589
30. Barton (17)	2'05.990
31. Borsoi (66)	2'06.010
32. Cruciani (30)	2'07.249
33. Nieto jr. (88)	2'07.766

ERGEBNIS nach 20 Runden = 104,900 km			
Schnitt des Siegers: 153,733 km/h		WM-Stand	
Fahrer (Nation) Maschine	Zeit (Min)	Fahrer/Punkte	
1. Peter Öttl (D) Aprilia	40'56.454	Aoki	105
2. Haruchika Aoki (J) Honda	-1.520	Tokudome	75
3. Kazuto Sakata (J) Aprilia	-1.557	Öttl	62
4. Valentino Rossi (I) Aprilia	-1.635	Ueda	53
5. Akira Saito (J) Honda	-1.672	Perugini	46
6. Lucio Cecchinello (I) Honda	-3.458	Rossi	46
7. Emilio Alzamora (E) Honda	-3.540	Manako	46
8. Ivan Goi (I) Honda	-3.545	Alzamora	40
9. Tomomi Manako (J) Honda	-3.600	Sakata	35
10. Manfred Geissler (D) Aprilia	-3.742	Saito	26
11. Andrea Ballerini (I) Aprilia	-4.472	Checchinello	23
12. Noboru Ueda (J) Honda	-4.746	Martinez	22
13. Jorge Martinez (E) Aprilia	-5.404	Geissler	21
14. Masaki Tokudome (J) Aprilia	-14.516	Goi	17
15. Jaroslav Hules (CZ) Honda	-15.502	Raudies	16
16. Yoshiaki Katoh (J) Yamaha	-23.334	Ballerini	14
17. Josep Sarda (E) Honda	-40.866	Azuma	10
18. Youichi Ui (J) Yamaha	-41.340	Barton	9
19. Roberto Bellei (I) Honda	-55.620	Katoh	7
20. Garry McCoy (AUS) Aprilia	-56.958	Ibaraki	6
21. Gabriele Debbia (I) Yamaha	-1'12.996	Petit	6
22. Darren Barton (GB) Yamaha	-1'19.446	Hules	5
23. Gino Borsoi (I) Aprilia	-1'41.442	McCoy	4
Schnellste Runde: Saitoh in 2'01.139 = 155,871 km/h			

AUSFÄLLE: Fahrer (Nation) Maschine (Grund)	in Runde
Frédéric Petit (F) Honda (Sturz)	2
Paolo Tessari (I) Honda (Sturz)	2
Herri Torrontegui (E) Honda (Motor defekt)	3
Igor Antonelli (I) Honda (verbremst/Aufgabe)	4
Stefano Perugini (I) Aprilia (Elektrik defekt)	4
Stefano Cruciani (I) Aprilia (Sturz)	8
Mirko Giansanti (I) Honda (Sturz)	10
Angel Nieto jr. (E) Aprilia (Motor defekt)	10
Loek Bodelier (NL) Honda (Motor defekt)	12
Dirk Raudies (D) Honda (Sturz)	18

250 cm^3

STARTAUFSTELLUNG	
Fahrer (Nr)	Trainingszeit
1. Biaggi (1)	1'54.456
2. Lucchi (34)	1'55.519
3. Jacque (19)	1'56.114
4. Waldmann (3)	1'56.282
5. Ruggia (5)	1'56.681
6. Aoki (6)	1'56.857
7. Locatelli (18)	1'57.066
8. d'Antin (7)	1'57.116
9. Harada (31)	1'57.304
10. v. d. Goorbergh (12)	1'57.324
11. Laconi (55)	1'57.454
12. Fuchs (11)	1'57.498
13. Antonello (66)	1'57.757
14. Tsujimura (26)	1'57.871
15. Suter (14)	1'57.924
16. Ottobre (21)	1'58.080
17. Migliorati (8)	1'58.218
18. Boscoscuro (20)	1'58.324
19. Petrucciani (22)	1'58.379
20. Porco (27)	1'58.409
21. Miyazaki (29)	1'58.416
22. Ukawa (10)	1'58.425
23. Bulega (25)	1'58.576
24. Hatakeyama (9)	1'58.680
25. Gibernau (16)	1'59.010
26. Boudinot (23)	1'59.068
27. Battaini (68)	1'59.290
28. Cogan (28)	2'00.036
29. Rolfo (67)	2'00.190
30. Robinson (41)	2'00.402
31. Barresi (96)	2'00.527
32. Scalvini (15)	2'01.132
33. Cardoso (30)	2'03.224

ERGEBNIS nach 21 Runden = 110,145 km			
Schnitt des Siegers: 162,755 km/h		WM-Stand	
Fahrer (Nation) Maschine	Zeit (Min)	Fahrer/Punkte	
1. Max Biaggi (I) Aprilia	40'36.299	Biaggi	120
2. Marcellino Lucchi (I) Aprilia	-6.914	Harada	75
3. Ralf Waldmann (D) Honda	-18.294	Waldmann	56
4. Olivier Jacque (F) Honda	-18.605	Jacque	56
5. Jürgen Fuchs (D) Honda	-31.617	d'Antin	53
6. Tetsuya Harada (J) Yamaha	-31.649	Fuchs	47
7. Jean Philippe Ruggia (F) Honda	-31.683	Ruggia	40
8. Nobuatsu Aoki (J) Honda	-47.701	Aoki	39
9. Luis d'Antin (E) Honda	-51.186	Ukawa	31
10. Cristiano Migliorati (I) Honda	-51.556	Numata	20
11. Massimo Ottobre (I) Aprilia	-51.563	Lucchi	20
12. Eskil Suter (CH) Aprilia	-51.613	Boscoscuro	19
13. Luca Boscoscuro (I) Aprilia	-51.617	Kato	16
14. Regis Laconi (F) Honda	-52.394	Goorbergh	13
15. Jürgen v. d. Goorbergh (NL) Honda	-52.569	Robinson	12
16. Sebastian Porco (ARG) Aprilia	-1'03.619	Migliorati	12
17. Jamie Robinson (GB) Aprilia	-1'06.917	Porco	11
18. Oliver Petrucciani (CH) Aprilia	-1'06.945	Tsujimura	11
19. Alessandro Antonello (I) Aprilia	-1'07.099	Haga	9
20. Osamu Miyazaki (J) Aprilia	-1'32.873	Suter	9
21. Davide Bulega (I) Aprilia	-1'32.902	Locatelli	6
22. Yasumasa Hatakeyama (J) Honda	-1'34.039	Gibernau	5
23. Franco Battaini (I) Aprilia	-1'34.363	Ottobre	5
24. Sete Gibernau (E) Honda	-1'34.931	Miyazaki	5
25. Christian Boudinot (F) Aprilia	-1'41.263	Bulega	4
26. José Barresi (YZ) Honda	-1 Runde	Laconi	4
27. Roberto Rolfo (I) Aprilia	-1 Runde	Hatakeyama	2
28. Christophe Cogan (F) Honda	-1 Runde		
Schnellste Runde: Biaggi in 1'54.925 = 164,298 km/h			

AUSFÄLLE: Fahrer (Nation) Maschine (Grund)	in Runde
José Luis Cardoso (E) Aprilia (Nichtstarter)	-
Tohru Ukawa (J) Honda (Nichtstarter)	-
Gianluigi Scalvini (I) Honda (Fahrwerkprobleme/Aufgabe)	7
Roberto Locatelli (I) Aprilia (Auslaßsteuerung defekt)	18
Takeshi Tsujimura (J) Honda (Motor defekt)	19

500 cm^3

STARTAUFSTELLUNG	
Fahrer (Nr)	Trainingszeit
1. Doohan (1)	1'53.260
2. Capirossi (65)	1'53.654
3. Beattie (2)	1'53.744
4. Romboni (15)	1'53.938
5. Crivillé (4)	1'53.939
6. Cadalora (3)	1'54.438
7. Roberts jr. (10)	1'54.476
8. Puig (17)	1'54.569
9. Bayle (12)	1'54.789
10. Barros (7)	1'54.933
11. Okada (6)	1'54.939
12. Rymer (26)	1'55.168
13. Itoh (41)	1'55.812
14. Abe (9)	1'55.936
15. Pedercini (22)	1'56.133
16. Borja (8)	1'56.336
17. Protat (27)	1'56.567
18. Checa (24)	1'56.962
19. McWilliams (13)	1'57.022
20. Emmett (19)	1'57.068
21. Arakaki (20)	1'57.354
22. Haydon (18)	1'57.914
23. Jeandat (51)	1'58.394
24. McManus (23)	1'59.144
25. Bosshard (14)	1'59.886
26. Papa (66)	1'59.943
27. Deletang (25)	2'02.157

ERGEBNIS nach 23 Runden = 120,635 km			
Schnitt des Siegers: 164,237 km/h		WM-Stand	
Fahrer (Nation) Maschine	Zeit (Min)	Fahrer/Punkte	
1. Michael Doohan (AUS) Honda	44'04.252	Doohan	96
2. Alex Crivillé (E) Honda	-0.726	Cadalora	71
3. Luca Cadalora (I) Honda	-7.764	Barros	58
4. Daryl Beattie (AUS) Suzuki	-8.202	Crivillé	53
5. Jean Michel Bayle (F) Yamaha	-19.421	Bayle	46
6. Alexandre Barros (BR) Honda	-21.276	Abe	45
7. Tadayuki Okada (J) Honda	-21.546	Checa	39
8. Shinichi Itoh (J) Honda	-21.754	Russel	38
9. Doriano Romboni (I) Aprilia	-28.733	Okada	38
10. Kenny Roberts jr. (USA) Yamaha	-28.890	Puig	37
11. Norifumi Abe (J) Yamaha	-34.340	Capirossi	29
12. Alberto Puig (E) Honda	-34.523	Beattie	24
13. Lucio Pedercini (I) ROC-Yamaha	-1'06.905	Itoh	23
14. Sean Emmett (GB) Harris-Yamaha	-1'10.338	Romboni	21
15. Frédéric Protat (F) ROC-Yamaha	-1'10.412	Roberts jr.	20
16. Jeremy McWilliams (GB) ROC-Yamaha	-1'19.150	Protat	13
17. James Haydon (GB) ROC-Yamaha	-1'19.166	Borja	11
18. Eugene McManus (GB) Yamaha	-1'19.447	McWilliams	11
19. Marco Papa (I) Harris-Yamaha	-3 Runden	Emmett	9
Schnellste Runde: Crivillé in 1'54.041 = 165,572 km/h			

AUSFÄLLE: Fahrer (Nation) Maschine (Grund)	in Runde
Toshi Arakaki (J) Harris-Yamaha (Nichtstarter/Trainingssturz)	-
Adrian Bosshard (CH) Elf 500 (Nichtstarter/Trainingssturz)	-
Carlos Checa (E) Honda (Nichtstarter/Trainingssturz)	-
Terry Rymer (GB) Suzuki (Ausritt/Sturz)	2
Jean Mark Deletang (F) ROC-Yamaha (Ursache unbekannt)	3
Jean Pierre Jeandat (F) Paton (Zündung defekt)	6
Loris Capirossi (I) Yamaha (Sturz)	11
Juan Borja (E) Elf 500 (Getriebe defekt)	12

Gespanne

STARTAUFSTELLUNG	
Fahrer (Nr)	Trainingszeit
1. Güdel (15)	1'58.500
2. Biland (2)	1'58.717
3. Dixon (1)	1'58.755
4. D. Brindley (6)	1'58.984
5. S. Webster (33)	1'59.050
6. Klaffenböck (7)	1'59.050
7. Abbott (4)	1'59.932
8. Wyssen (17)	2'00.538
9. Kumagaya (9)	2'00.806
10. B. Brindley (5)	2'01.421
11. Bösiger (3)	2'01.770
12. Reddington (14)	2'03.208
13. Schlosser (12)	2'05.080
14. Gälross (11)	2'05.450
15. Neumann (20)	2'05.463
16. Souter (19)	2'06.474
17. Janssen (8)	2'08.564
18. Willford (16)	2'09.066
19. Gray (24)	2'09.973
20. Koster (13)	2'11.173
21. K. Webster (18)	2'13.918
22. Remse (22)	2'13.966
23. Arlati (23)	2'21.536

ERGEBNIS nach 20 Runden = 104,900 km			
Schnitt des Siegers: 157,580 km/h		WM-Stand	
Fahrer (Nation) Maschine	Zeit (Min)	Fahrer/Punkte	
1. P. Güdel/C. Güdel (CH) LCR-BRM	39'56.498	Güdel	25
2. Dixon/Hetherington (GB) Windle-ADM R4	-0.082	Dixon	20
3. S. Webster/James (GB) LCR-ADM R4	-0.098	S. Webster	16
4. Biland/Waltisperg (CH) LCR-BRM	-0.695	Biland	13
5. D. Brindley/Hutchinson (GB) LCR-BRM	-0.773	D. Brindley	11
6. Abbott/Biggs (GB) Windle-ADM R4	-20.572	Abbott	10
7. T. Wyssen/K. Wyssen (CH) LCR-BRM	-39.102	Wyssen	9
8. Bösiger/Höss (CH/D) LCR-ADM R4	-49.005	Bösiger	8
9. Kumagaya/Hopkinson (J/GB) LCR-BRM	-50.060	Kumagaya	7
10. Schlosser/Herzog (CH/D) LCR-BRM	-1'12.238	Schlosser	6
11. Reddington/Crone (GB) LCR-ADM R4	-1'27.396	Reddington	5
12. Janssen/Bloemsma (NL) LCR-Stredor	-1 Runde	Janssen	4
13. Gray/Pointer (GB) LCR-ADM R4	-1 Runde	Gray	3
14. K. Webster/McIntosh (GB) LCR-ADM	-1 Runde	K. Webster	2
15. Remse/Grebensek (SLO) LCR-ADM	-2 Runden	Remse	1
Schnellste Runde: Biland in 1'58.085 = 159,902 km/h			

AUSFÄLLE: Fahrer (Nation) Maschine (Grund)	in Runde
Arlati/Zecchi (I) LCR-Krauser (nicht qualifiziert)	-
Souter/Hänni (AUS/CH) LCR-ADM R4 (Nichtstarter/Trainingssturz)	-
Gälross/Berglund (S) LCR-NGK 500 (Motor festgegangen)	2
Willford/Tomlinson (GB) LCR-ADM R4 (Zündung defekt)	10
B. Brindley/Whiteside (GB) LCR-Yamaha (Motor festgegangen)	12
Koster/Combi (CH) LCR-ADM R4 (Zündung defekt)	13
Neumann/Zillmann (D) LCR-ADM R4 (Batterie defekt)	13
Klaffenböck/Parzer (A) LCR-ADM R4 (Zündung defekt)	18

GP von Paul Ricard/F

Termin: 9. Juni 1996, Wetter: sonnig, Zuschauer: 60.000, Streckenlänge: 3,800 km

125 cm³

STARTAUFSTELLUNG	
Fahrer (Nr)	Trainingszeit
1. Tokudome (7)	1'29.351
2. Ueda (12)	1'29.467
3. Raudies (5)	1'29.523
4. Perugini (6)	1'29.549
5. McCoy (72)	1'29.677
6. Martinez (55)	1'29.692
7. Manako (8)	1'29.710
8. Öttl (10)	1'29.822
9. Barton (17)	1'29.964
10. Katoh (14)	1'29.992
11. Alzamora (3)	1'29.997
12. Aoki (1)	1'30.020
13. Rossi (46)	1'30.155
14. Saito (4)	1'30.174
15. Sakata (2)	1'30.184
16. Geissler (15)	1'30.216
17. Ui (19)	1'30.334
18. Goi (26)	1'30.578
19. Cecchinello (13)	1'30.635
20. Petit (23)	1'30.795
21. Torrontegui (11)	1'30.888
22. Tessari (37)	1'30.910
23. Debbia (27)	1'30.938
24. Hules (24)	1'31.228
25. Bodelier (35)	1'31.387
26. Nieto jr. (88)	1'31.500
27. Stey (73)	1'31.587
28. Sarda (36)	1'31.608
29. Ballerini (21)	1'32.697
30. Vincent (74)	1'33.149
31. Fouet (70)	1'33.387
32. Mizera (71)	1'34.044

ERGEBNIS nach 27 Runden = 102,600 km			
Schnitt des Siegers: 151,096 km/h		WM-Stand	
Fahrer (Nation) Maschine	Zeit (Min)	Fahrer/Punkte	
1. Stefano Perugini (I) Aprilia	40'44.539	Aoki	114
2. Tomomi Manako (J) Honda	-0.373	Tokudome	75
3. Emilio Alzamora (E) Honda	-0.672	Perugini	71
4. Noboru Ueda (J) Honda	-0.708	Manako	66
5. Yoshiaki Katoh (J) Yamaha	-0.929	Ueda	66
6. Dirk Raudies (D) Honda	-2.926	Öttl	62
7. Haruchika Aoki (J) Honda	-3.261	Alzamora	56
8. Kazuto Sakata (J) Aprilia	-4.598	Rossi	46
9. Garry McCoy (AUS) Aprilia	-14.243	Sakata	43
10. Akira Saito (J) Honda	-14.489	Saito	32
11. Manfred Geissler (D) Aprilia	-14.579	Geissler	26
12. Ivan Goi (I) Honda	-18.898	Raudies	26
13. Frédéric Petit (F) Honda	-23.947	Cecchinello	23
14. Herri Torrontegui (E) Honda	-28.271	Martinez	22
15. Youichi Ui (J) Yamaha	-48.262	Goi	21
16. Paolo Tessari (I) Honda	-48.529	Katoh	18
17. Loek Bodelier (NL) Honda	-48.889	Ballerini	14
18. Gabriele Debbia (I) Yamaha	-49.239	McCoy	11
19. Bertrand Stey (F) Honda	-1'00.037	Azuma	10
20. Angel Nieto jr. (E) Aprilia	-1'12.258	Petit	9
21. Gregory Fouet (F) Honda	-1 Runde	Barton	9
Schnellste Runde: Rossi in 1'29.263 = 153,255 km/h			

AUSFÄLLE: Fahrer (Nation) Maschine (Grund)	in Runde
Eric Mizera (F) Aprilia (Nichtstarter/Trainingssturz)	-
Lucio Cecchinello (I) Honda (Sturz)	1
Darren Barton (GB) Yamaha (Plattfuß hinten)	3
Jaroslav Hules (CZ) Honda (Sturz)	7
Jorge Martinez (E) Aprilia (Sturz)	8
Masaki Tokudome (J) Aprilia (Zylinderlauffläche abgeplatzt)	10
Arnaud Vincent (F) Aprilia (Motor defekt)	13
Andrea Ballerini (I) Aprilia (Sturz)	18
Peter Öttl (D) Aprilia (Sturz)	18
Josep Sarda (E) Honda (Sturz)	22
Valentino Rossi (I) Aprilia (Sturz)	25

250 cm³

STARTAUFSTELLUNG	
Fahrer (Nr)	Trainingszeit
1. Biaggi (1)	1'23.378
2. Ruggia (5)	1'24.185
3. Fuchs (11)	1'24.269
4. Harada (31)	1'24.392
5. Waldmann (3)	1'24.462
6. Jacque (19)	1'24.529
7. Ukawa (10)	1'24.690
8. Aoki (6)	1'25.104
9. Boscoscuro (20)	1'25.172
10. Petrucciani (22)	1'25.290
11. Suter (14)	1'25.300
12. Porco (27)	1'25.351
13. Locatelli (18)	1'25.371
14. Gibernau (16)	1'25.427
15. Laconi (55)	1'25.434
16. v. d. Goorbergh (12)	1'25.572
17. d'Antin (7)	1'25.715
18. Tsujimura (26)	1'25.736
19. Miyazaki (29)	1'25.738
20. Migliorati (8)	1'25.956
21. Hatakeyama (9)	1'25.997
22. Scalvini (15)	1'26.054
23. Robinson (41)	1'26.092
24. Bulega (25)	1'26.263
25. Ottobre (21)	1'26.712
26. Barresi (96)	1'26.715
27. Cardoso (30)	1'27.060
28. Boudinot (23)	1'27.073
29. Cogan (28)	1'27.078
30. Gimbert (83)	1'27.216
31. Ferstler (70)	1'28.276
32. Macrez (73)	1'32.603

ERGEBNIS nach 29 Runden = 110,200 km			
Schnitt des Siegers: 160,858 km/h		WM-Stand	
Fahrer (Nation) Maschine	Zeit (Min)	Fahrer/Punkte	
1. Max Biaggi (I) Aprilia	41'06.274	Biaggi	145
2. Ralf Waldmann (D) Honda	-6.894	Harada	91
3. Tetsuya Harada (J) Yamaha	-27.160	Waldmann	76
4. Tohru Ukawa (J) Honda	-36.462	d'Antin	59
5. Nobuatsu Aoki (J) Honda	-36.564	Jacque	56
6. Luca Boscoscuro (I) Aprilia	-36.650	Aoki	50
7. Eskil Suter (CH) Aprilia	-38.284	Fuchs	47
8. Roberto Locatelli (I) Aprilia	-38.440	Ukawa	44
9. Cristiano Migliorati (I) Honda	-39.173	Ruggia	40
10. Luis d'Antin (E) Honda	-39.434	Boscoscuro	29
11. Regis Laconi (F) Honda	-51.144	Numata	20
12. Jürgen v. d. Goorbergh (NL) Honda	-52.228	Lucchi	20
13. Takeshi Tsujimura (J) Honda	-52.726	Migliorati	19
14. Yasumasa Hatakeyama (J) Honda	-54.385	Suter	18
15. Oliver Petrucciani (CH) Aprilia	-54.506	Goorbergh	17
16. Sebastian Porco (ARG) Aprilia	-54.708	Kato	16
17. Davide Bulega (I) Aprilia	-54.932	Locatelli	14
18. Massimo Ottobre (I) Aprilia	-1'04.710	Tsujimura	14
19. Gianluigi Scalvini (I) Honda	-1 Runde	Robinson	12
20. Sebastian Gimbert (F) Honda?	-1 Runde	Porco	11
21. Christophe Cogan (F) Honda	-1 Runde	Laconi	9
22. Gilles Ferstler (F) Honda	-1 Runde	Haga	9
Schnellste Runde: Biaggi in 1'24.189 = 162,492 km/h			

AUSFÄLLE: Fahrer (Nation) Maschine (Grund)	in Runde
Geoffrey Macrez (F) Honda (Nichtstarter/Trainingssturz)	-
Christian Boudinot (F) Aprilia (Sturz)	1
Jamie Robinson (GB) Aprilia (Sturz)	1
Sete Gibernau (E) Honda (Kupplung verbrannt)	2
José Barresi (YZ) Honda (Sturz)	5
Jean Philippe Ruggia (F) Honda (Elektrik defekt)	9
Osamu Miyazaki (J) Aprilia (Motor defekt)	15
José Luis Cardoso (E) Aprilia (Setup unfahrbar/Aufgabe)	16
Jürgen Fuchs (D) Honda (Sturz)	22
Olivier Jacque (F) Honda (Sturz)	22

500 cm³

STARTAUFSTELLUNG	
Fahrer (Nr)	Trainingszeit
1. Crivillé (4)	1'21.448
2. Doohan (1)	1'21.596
3. Romboni (15)	1'22.003
4. Puig (17)	1'22.249
5. Barros (7)	1'22.288
6. Checa (24)	1'22.333
7. Russell (11)	1'22.352
8. Bayle (12)	1'22.394
9. Okada (6)	1'22.439
10. Capirossi (65)	1'22.480
11. Beattie (2)	1'22.606
12. Roberts jr. (10)	1'22.606
13. Borja (8)	1'22.798
14. Protat (27)	1'22.842
15. Abe (9)	1'22.950
16. Itoh (41)	1'23.146
17. Cadalora (3)	1'23.299
18. Costes (28)	1'23.455
19. Pedercini (22)	1'24.089
20. Haydon (18)	1'24.100
21. McWilliams (13)	1'24.186
22. Jeandat (51)	1'24.279
23. Emmett (19)	1'24.670
24. Ferracci (70)	1'24.818
25. McManus (23)	1'24.940
26. Deletang (25)	1'25.689
27. Arakaki (20)	1'25.818

ERGEBNIS nach 31 Runden = 117,800 km			
Schnitt des Siegers: 165,400 km/h		WM-Stand	
Fahrer (Nation) Maschine	Zeit (Min)	Fahrer/Punkte	
1. Michael Doohan (AUS) Honda	42'43.959	Doohan	121
2. Alex Crivillé (E) Honda	-11.539	Cadalora	81
3. Alberto Puig (E) Honda	-26.255	Crivillé	73
4. Norifumi Abe (J) Yamaha	-26.467	Barros	67
5. Scott Russell (USA) Suzuki	-29.739	Abe	58
6. Luca Cadalora (I) Honda	-40.379	Puig	53
7. Alexandre Barros (BR) Honda	-58.435	Russell	49
8. Frédéric Protat (F) ROC-Yamaha	-1'14.962	Bayle	46
9. James Haydon (GB) ROC-Yamaha	-1'19.042	Checa	39
10. Lucio Pedercini (I) ROC-Yamaha	-1 Runde	Okada	38
11. Jeremy McWilliams (GB) ROC-Yamaha	-1 Runde	Capirossi	29
12. Eugene McManus (GB) Yamaha	-1 Runde	Beattie	24
13. Florian Ferracci (F) ROC-Yamaha	-1 Runde	Itoh	23
14. Jean Mark Deletang (F) ROC-Yamaha	-1 Runde	Protat	21
15. Toshi Arakaki (J) Harris-Yamaha	-1 Runde	Romboni	21
Schnellste Runde: Crivillé in 1'22.022 = 166,785 km/h			

AUSFÄLLE: Fahrer (Nation) Maschine (Grund)	in Runde
Daryl Beattie (AUS) Suzuki (Nichtstarter/Trainingssturz)	-
William Costes (F) Elf 500 (Knöchel verstaucht/Nichtstarter)	-
Loris Capirossi (I) Yamaha (Sturz)	2
Jean Pierre Jeandat (F) Paton (Sturz)	5
Jean Michel Bayle (F) Yamaha (Sturz)	6
Carlos Checa (E) Honda (Sturz)	7
Shinichi Itoh (J) Honda (Sturz)	8
Juan Borja (E) Elf 500 (Sturz)	10
Sean Emmett (GB) Harris-Yamaha (Ausritt/Aufgabe)	12
Kenny Roberts jr. (USA) Yamaha (Bremsscheibe hinten gebrochen)	14
Tadayuki Okada (J) Honda (Sturz)	25
Doriano Romboni (I) Aprilia (Motor defekt)	27

GP von Assen/NL

Termin: 29. Juni 1996, Wetter: bewölkt, Zuschauer: 101.000, Streckenlänge: 6,049 km

125 cm³

STARTAUFSTELLUNG

Fahrer (Nr)	Trainingszeit
1. Tokudome (7)	2'14.557
2. Aoki (1)	2'15.096
3. Alzamora (3)	2'15.481
4. Manako (8)	2'15.669
5. Ueda (12)	2'15.711
6. Öttl (10)	2'15.763
7. Raudies (5)	2'15.970
8. Rossi (46)	2'15.987
9. Sakata (2)	2'16.028
10. Cecchinello (13)	2'16.030
11. Martinez (55)	2'16.207
12. Petit (23)	2'16.364
13. Saito (4)	2'16.365
14. Barton (17)	2'16.408
15. Geissler (15)	2'16.600
16. Sarda (36)	2'16.702
17. Debbia (27)	2'16.771
18. Hules (24)	2'16.779
19. Perugini (6)	2'16.860
20. Bodelier (35)	2'17.220
21. Goi (26)	2'17.242
22. Torrontegui (11)	2'17.587
23. McCoy (72)	2'17.597
24. Tessari (37)	2'17.620
25. Ui (19)	2'18.213
26. Katoh (14)	2'18.215
27. Nieto jr. (88)	2'19.842
28. Filart (75)	2'20.927
29. Janssen (78)	2'21.499
30. Rike (77)	2'22.513
31. Ballerini (21)	2'22.748
32. de Rover (76)	2'23.427

ERGEBNIS nach 17 Runden = 102,833 km

Schnitt des Siegers: 157,662 km/h

Fahrer (Nation) Maschine	Zeit (Min)	WM-Stand Fahrer	Punkte
1. Emilio Alzamora (E) Honda	39'08.50	Aoki	130
2. Ivan Goi (I) Honda	-0.728	Alzamora	81
3. Haruchika Aoki (J) Honda	-0.733	Ueda	79
4. Noboru Ueda (J) Honda	-0.790	Manako	77
5. Tomomi Manako (J) Honda	-0.846	Tokudome	75
6. Dirk Raudies (D) Honda	-17.674	Perugini	74
7. Kazuto Sakata (J) Aprilia	-28.082	Öttl	62
8. Manfred Geissler (D) Aprilia	-31.580	Sakata	52
9. Jorge Martinez (E) Aprilia	-32.566	Rossi	46
10. Herri Torrontegui (E) Honda	-32.744	Goi	41
11. Frédéric Petit (F) Honda	-33.194	Raudies	36
12. Loek Bodelier (NL) Honda	-34.812	Geissler	34
13. Stefano Perugini (I) Aprilia	-38.216	Saito	32
14. Youichi Ui (J) Yamaha	-46.038	Martinez	29
15. Gabriele Debbia (I) Yamaha	-46.158	Cecchinello	23
16. Akira Saito (J) Honda	-54.148	Katoh	18
17. Paolo Tessari (I) Honda	-1'03.970	Ballerini	14
18. Garry McCoy (AUS) Aprilia	-1'15.860	Petit	14
19. Benny Janssen (NL) Honda	-1'53.446	McCoy	11
20. Gerard Rike (NL) Honda	-2'03.347	Azuma	10
21. Gilbert de Rover (NL) Honda	-1 Runde	Barton	9

Schnellste Runde: Alzamora in 2'15.857 = 160,289 km/h

AUSFÄLLE: Fahrer (Nation) Maschine (Grund)	in Runde
Peter Öttl (D) Aprilia (Trainingssturz/Nichtstarter)	-
Rob Filart (NL) Honda (Motorschaden)	2
Yoshiaki Katoh (J) Yamaha (Zündkerze gebrochen)	2
Masaki Tokudome (J) Aprilia (Zündkerze gebrochen)	6
Andrea Ballerini (I) Aprilia (Schmerzen/Aufgabe)	7
Darren Barton (GB) Yamaha (Sturz)	8
Jaroslav Hules (CZ) Honda (Reifenprobleme)	9
Valentino Rossi (I) Aprilia (Sturz)	10
Josep Sarda (E) Honda (Sturz)	12
Angel Nieto jr. (E) Aprilia (Sturz)	13
Lucio Cecchinello (I) Honda (Sturz)	16

250 cm³

STARTAUFSTELLUNG

Fahrer (Nr)	Trainingszeit
1. Jacque (19)	2'06.498
2. Biaggi (1)	2'06.947
3. Waldmann (3)	2'06.962
4. v. d. Goorbergh (12)	2'07.302
5. Fuchs (11)	2'07.528
6. Laconi (55)	2'07.653
7. Ukawa (10)	2'07.996
8. Harada (31)	2'08.163
9. Ruggia (5)	2'08.215
10. Petrucciani (22)	2'08.270
11. Miyazaki (29)	2'08.276
12. Robinson (41)	2'08.292
13. d'Antin (7)	2'08.419
14. Migliorati (8)	2'08.537
15. Aoki (6)	2'08.548
16. Locatelli (18)	2'08.615
17. Suter (14)	2'08.694
18. Scalvini (15)	2'09.285
19. Gibernau (16)	2'09.790
20. Porco (27)	2'09.856
21. Boscoscuro (20)	2'09.862
22. Tsujimura (26)	2'09.913
23. Bulega (25)	2'09.988
24. Boudinot (23)	2'10.207
25. Hatakeyama (9)	2'10.414
26. Cardoso (30)	2'10.456
27. Ottobre (21)	2'10.646
28. Bolwerk (75)	2'11.504
29. Cogan (28)	2'12.104
30. Barresi (96)	2'15.196
31. Romein (77)	2'16.091
32. Hoogeven (76)	2'17.514
33. Pieper (78)	2'19.048

ERGEBNIS nach 18 Runden = 108,882 km

Schnitt des Siegers: 169,664 km/h

Fahrer (Nation) Maschine	Zeit (Min)	WM-Stand Fahrer	Punkte
1. Ralf Waldmann (D) Honda	38'30.306	Biaggi	161
2. Jürgen Fuchs (D) Honda	-16.598	Waldmann	101
3. Max Biaggi (I) Aprilia	-20.113	Harada	97
4. Jürgen v. d. Goorbergh (NL) Honda	-28.386	d'Antin	69
5. Eskil Suter (CH) Aprilia	-32.166	Fuchs	67
6. Luis d'Antin (E) Honda	-32.417	Aoki	59
7. Nobuatsu Aoki (J) Honda	-34.246	Jacque	56
8. Osamu Miyazaki (J) Aprilia	-51.169	Ukawa	44
9. Jamie Robinson (GB) Aprilia	-51.258	Ruggia	40
10. Tetsuya Harada (J) Yamaha	-52.824	Boscoscuro	33
11. Cristiano Migliorati (I) Honda	-52.884	Goorbergh	30
12. Luca Boscoscuro (I) Aprilia	-1'00.492	Suter	29
13. Davide Bulega (I) Aprilia	-1'08.339	Migliorati	24
14. Yasumasa Hatakeyama (J) Honda	-1'11.356	Numata	20
15. Massimo Ottobre (I) Aprilia	-1'17.594	Lucchi	20
16. Christophe Cogan (F) Honda	-1'51.595	Robinson	19
17. André Romein (NL) Honda	-1 Runde	Kato	16
18. Jaap Hoogeven (NL) Yamaha	-1 Runde	Locatelli	14

Schnellste Runde: Jacque in 2'07.390 = 170,943 km/h

AUSFÄLLE: Fahrer (Nation) Maschine (Grund)	in Runde
Sete Gibernau (E) Honda (Sturz)	1
Maurice Bolwerk (NL) Honda (Sturz)	2
José Luis Cardoso (E) Aprilia (Sturz)	2
Regis Laconi (F) Honda (Sturz)	2
Oliver Petrucciani (CH) Aprilia (Sturz)	2
Takeshi Tsujimura (J) Honda (Kolbenklemmer)	2
Sebastian Porco (ARG) Aprilia (Kupplung verbrannt)	6
Gianluigi Scalvini (I) Honda (Sturz)	6
José Barresi (YZ) Honda (Kupplung verbrannt)	8
Christian Boudinot (F) Aprilia (Kurbelwelle gebrochen)	8
Roberto Locatelli (I) Aprilia (Sturz)	8
Gert Pieper (NL) Yamaha (Motorschaden)	10
Olivier Jacque (F) Honda (Sturz)	13
Jean Philippe Ruggia (F) Honda (Sturz)	15
Tohru Ukawa (J) Honda (Sturz)	17

500 cm³

STARTAUFSTELLUNG

Fahrer (Nr)	Trainingszeit
1. Crivillé (4)	2'02.262
2. Romboni (15)	2'02.339
3. Doohan (1)	2'02.731
4. Capirossi (65)	2'03.217
5. Okada (6)	2'03.308
6. Bayle (12)	2'03.349
7. Cadalora (3)	2'03.494
8. Roberts jr. (10)	2'03.686
9. Barros (7)	2'03.961
10. Checa (24)	2'04.106
11. Puig (17)	2'04.336
12. Rymer (26)	2'04.538
13. Abe (9)	2'04.938
14. Itoh (41)	2'05.012
15. Russell (11)	2'05.092
16. Borja (8)	2'05.227
17. Pedercini (22)	2'05.444
18. Emmett (19)	2'06.094
19. McWilliams (13)	2'06.457
20. Protat (27)	2'06.750
21. Arakaki (20)	2'07.058
22. Haydon (18)	2'07.339
23. McManus (23)	2'07.401
24. Bosshard (14)	2'09.033
25. Jeandat (51)	2'13.334

ERGEBNIS nach 20 Runden = 120,980 km

Schnitt des Siegers: 174,917 km/h

Fahrer (Nation) Maschine	Zeit (Min)	WM-Stand Fahrer	Punkte
1. Michael Doohan (AUS) Honda	41'29.912	Doohan	146
2. Alex Crivillé (E) Honda	-1.496	Crivillé	93
3. Alexandre Barros (BR) Honda	-17.441	Barros	83
4. Scott Russell (USA) Suzuki	-20.798	Cadalora	81
5. Kenny Roberts jr. (USA) Yamaha	-24.376	Abe	68
6. Norifumi Abe (J) Yamaha	-29.090	Russell	62
7. Terry Rymer (GB) Suzuki	-29.616	Puig	57
8. Jean Michel Bayle (F) Yamaha	-32.604	Bayle	54
9. Juan Borja (E) Elf 500	-38.092	Checa	44
10. Shinichi Itoh (J) Honda	-40.536	Okada	41
11. Carlos Checa (E) Honda	-40.772	Roberts jr.	31
12. Alberto Puig (E) Honda	-46.100	Itoh	29
13. Tadayuki Okada (J) Honda	-48.709	Capirossi	29
14. Jeremy McWilliams (GB) ROC-Yamaha	-1'20.898	Beattie	24
15. Frédéric Protat (F) ROC-Yamaha	-2'21.536	Protat	22

Schnellste Runde: Doohan in 2'02.779 = 177,363 km/h

AUSFÄLLE: Fahrer (Nation) Maschine (Grund)	in Runde
Jean Pierre Jeandat (F) Paton (Nichtstarter)	-
Sean Emmett (GB) Harris-Yamaha (Sturz)	1
Luca Cadalora (I) Honda (Fahrwerkprobleme/Aufgabe)	5
Doriano Romboni (I) Aprilia (Überholmanöver mißglückt/Aufgabe)	5
Eugene McManus (GB) Yamaha (Sturz)	7
Lucio Pedercini (I) ROC-Yamaha (Sturz)	9
Toshi Arakaki (J) Harris-Yamaha (Kupplung verbrannt)	12
Adrian Bosshard (CH) Elf 500 (Zündung defekt)	13
James Haydon (GB) ROC-Yamaha (Sturz)	15
Loris Capirossi (I) Yamaha (Benzinmangel)	19

Gespanne

STARTAUFSTELLUNG

Fahrer (Nr)	Trainingszeit
1. Güdel (15)	2'08.568
2. Biland (2)	2'08.891
3. Dixon (1)	2'09.725
4. S. Webster (33)	2'09.843
5. D. Brindley (6)	2'09.908
6. Klaffenböck (7)	2'10.644
7. Wyssen (17)	2'11.842
8. Kumagaya (9)	2'12.369
9. Bösiger (3)	2'12.665
10. Reddington (14)	2'14.134
11. Bohnhorst (44)	2'14.642
12. Schlosser (12)	2'15.753
13. Lausletho (10)	2'17.365
14. Neumann (20)	2'17.918
15. Gälross (11)	2'20.020
16. Janssen (8)	2'20.138
17. Abbott (4)	2'20.617
18. Smit (25)	2'21.114
19. K. Webster (18)	2'21.196
20. Gray (24)	2'22.011
21. Willford (16)	2'22.014
22. Remse (22)	2'25.142
23. Baker (21)	2'32.001
24. B. Brindley (5)	6'12.138

ERGEBNIS nach 17 Runden = 102,833 km

Schnitt des Siegers: 166,318 km/h

Fahrer (Nation) Maschine	Zeit (Min)	WM-Stand Fahrer	Punkte
1. Dixon/Hetherington (GB) Windle-ADM	37'05.854	Dixon	45
2. S. Webster/James (GB) LCR-ADM R4	-14.478	Güdel	41
3. P. Güdel/C. Güdel (CH) LCR-BRM	-17.174	S. Webster	36
4. Klaffenböck/Parzer (A) LCR-ADM R4	-17.353	Biland	23
5. Abbott/Biggs (GB) Windle-ADM R4	-17.918	Abbott	21
6. Biland/Waltisperg (CH) LCR-BRM	-33.927	Bösiger	16
7. Kumagaya/Hopkinson (J/GB) LCR	-1'02.402	Kumagaya	16
8. Bösiger/Egli (CH) LCR-ADM R4	-1'12.888	Wyssen	16
9. T. Wyssen/K. Wyssen (CH) LCR-BRM	-1'24.144	Klaffenböck	13
10. Bohnhorst/Rösinger (D) LCR-ADM R4	-1'33.192	D. Brindley	11
11. Reddington/Crone (GB) LCR-ADM R4	-1'37.707	Reddington	10
12. Gälross/Berglund (S) LCR-NGK 500	-2'12.101	Schlosser	9
13. Schlosser/Herzog (CH/D) LCR-BRM	-2'16.734	Bohnhorst	6
14. Lausletho/Hofsteenge (SF/NL) LCR	-1 Runde	Janssen	4
15. K. Webster/McIntosh (GB) LCR-ADM R4	-1 Runde	Gälross	4
16. Smit/den Hartog (NL) LCR-Krauser	-1 Runde	K. Webster	3
17. Remse/Grebensek (SLO) LCR-ADM	-3 Runden	Gray	3
18. Janssen/Hänni (NL/CH) LCR-Stredor	-3 Runden	Lausletho	2

Schnellste Runde: Dixon in 2'07.802 = 170,392 km/h

AUSFÄLLE: Fahrer (Nation) Maschine (Grund)	in Runde
Neumann/Zillmann (D) LCR-ADM R4 (Kupplung verbrannt)	1
Baker/Stapleton (GB) Baker-Yamaha (Kupplung verbrannt)	3
B. Brindley/Whiteside (GB) LCR-Yamaha (Zündung defekt)	3
Willford/Tomlinson (GB) LCR-ADM R4 (Zündung defekt)	9
Gray/Pointer (GB) LCR-ADM R4 (Kolbenklemmer)	11
D. Brindley/Hutchinson (GB) LCR-BRM (Kupplung verbrannt)	12

GP auf dem Nürburgring/D

Termin: 7. Juli 1996, Wetter: trocken, Zuschauer: 20.000, Streckenlänge: 4,556 km

125 cm³

STARTAUFSTELLUNG	
Fahrer (Nr)	Trainingszeit
1. Martinez (55)	1'49.894
2. Aoki (1)	1'49.916
3. Tokudome (7)	1'50.005
4. Rossi (46)	1'50.104
5. Manako (8)	1'50.108
6. Perugini (6)	1'50.271
7. Alzamora (3)	1'50.841
8. Ueda (12)	1'50.924
9. Raudies (5)	1'51.100
10. Torrontegui (11)	1'51.360
11. Debbia (27)	1'51.410
12. Sarda (36)	1'51.632
13. Geissler (15)	1'51.765
14. Petit (23)	1'51.773
15. Sakata (2)	1'51.840
16. Katoh (14)	1'51.916
17. Goi (26)	1'51.932
18. Hules (24)	1'51.985
19. McCoy (72)	1'52.144
20. Cecchinello (13)	1'52.588
21. Ui (19)	1'52.589
22. Bodelier (35)	1'52.791
23. Öttl (10)	1'52.820
24. Nieto jr. (88)	1'53.037
25. Kellner (80)	1'53.149
26. Ballerini (21)	1'53.154
27. Tessari (37)	1'53.733
28. Saito (4)	1'53.795
29. Buchner (79)	1'54.026
30. Barton (17)	1'54.845
31. Ober (82)	1'55.812
32. Jenkner (81)	2'09.570

ERGEBNIS nach 23 Runden = 104,788 km			
Schnitt des Siegers: 148,829 km/h		WM-Stand	
Fahrer (Nation) Maschine	Zeit (Min)	Fahrer/Punkte	
1. Masaki Tokudome (J) Aprilia	42'14.721	Aoki	146
2. Stefano Perugini (I) Aprilia	-0.317	Tokudome	100
3. Haruchika Aoki (J) Honda	-0.933	Alzamora	94
4. Emilio Alzamora (E) Honda	-1.691	Perugini	94
5. Valentino Rossi (I) Aprilia	-1.919	Manako	85
6. Peter Öttl (D) Aprilia	-2.067	Ueda	83
7. Jorge Martinez (E) Aprilia	-3.971	Öttl	72
8. Tomomi Manako (J) Honda	-4.509	Rossi	57
9. Manfred Geissler (D) Aprilia	-13.739	Sakata	57
10. Ivan Goi (I) Honda	-14.319	Goi	47
11. Kazuto Sakata (J) Aprilia	-14.792	Geissler	41
12. Noboru Ueda (J) Honda	-14.914	Martinez	38
13. Josep Sarda (E) Honda	-15.917	Raudies	36
14. Lucio Cecchinello (I) Honda	-16.773	Saito	32
15. Frédéric Petit (F) Honda	-18.049	Cecchinello	25
16. Dirk Raudies (D) Honda	-23.732	Katoh	18
17. Jaroslav Hules (CZ) Honda	-25.574	Petit	15
18. Yoshiaki Katoh (J) Yamaha	-26.147	Ballerini	14
19. Akira Saito (J) Honda	-1'04.869	McCoy	11
20. Paolo Tessari (I) Honda	-1'05.242	Azuma	10
21. Herri Torrontegui (E) Honda	-1'05.311	Barton	9
22. Angel Nieto jr. (E) Aprilia	-1'14.357	Torrontegui	8
23. Markus Ober (D) Honda	-1 Runde	Ibaraki	6
Schnellste Runde: Öttl in 1'48.383 = 151,33 km/h			

AUSFÄLLE: Fahrer (Nation) Maschine (Grund)	in Runde
Steve Jenkner (D) Aprilia (Nichtstarter/Trainingssturz)	-
Andrea Ballerini (I) Aprilia (Motorschaden)	4
Loek Bodelier (NL) Honda (Sturz)	4
Emanuel Buchner (D) Aprilia (Sturz)	5
Christian Kellner (D) Honda (Sturz)	8
Gabriele Debbia (I) Yamaha (Sturz)	10
Garry McCoy (AUS) Aprilia (Sturz)	14
Darren Barton (GB) Yamaha (Sturz)	16
Youichi Ui (J) Yamaha (Sturz)	22

250 cm³

STARTAUFSTELLUNG	
Fahrer (Nr)	Trainingszeit
1. Waldmann (3)	1'43.902
2. Biaggi (1)	1'44.141
3. Lucchi (34)	1'44.213
4. Jacque (19)	1'44.319
5. Fuchs (11)	1'44.472
6. Ukawa (10)	1'45.015
7. Ruggia (5)	1'45.072
8. Migliorati (8)	1'45.128
9. v. d. Goorbergh (12)	1'45.251
10. Laconi (55)	1'45.590
11. d'Antin (7)	1'45.672
12. Petrucciani (22)	1'45.695
13. Aoki (6)	1'45.807
14. Miyazaki (29)	1'45.814
15. Robinson (41)	1'45.829
16. Boscoscuro (20)	1'46.011
17. Suter (14)	1'46.095
18. Tsujimura (26)	1'46.841
19. Scalvini (15)	1'46.919
20. Harada (31)	1'47.046
21. Hatakeyama (9)	1'47.506
22. Schulten (80)	1'47.601
23. Bulega (25)	1'47.688
24. Cogan (28)	1'47.868
25. Lingg (82)	1'48.010
26. Boudinot (23)	1'48.020
27. Gibernau (16)	1'48.085
28. Folger (81)	1'48.539
29. Neukirchen (79)	1'49.055
30. Porco (27)	1'49.154
31. Antonello (66)	1'49.267
32. Barresi (96)	1'51.188

ERGEBNIS nach 25 Runden = 113,900 km			
Schnitt des Siegers: 157,895 km/h		WM-Stand	
Fahrer (Nation) Maschine	Zeit (Min)	Fahrer/Punkte	
1. Ralf Waldmann (D) Honda	43'16.908	Biaggi	174
2. Olivier Jacque (F) Honda	-2.022	Waldmann	126
3. Jürgen Fuchs (D) Honda	-3.434	Harada	97
4. Max Biaggi (NL) Honda	-3.860	Fuchs	83
5. Luis d'Antin (E) Honda	-27.378	d'Antin	80
6. Luca Boscoscuro (I) Aprilia	-27.816	Jacque	76
7. Jean Philippe Ruggia (F) Honda	-28.112	Aoki	64
8. Regis Laconi (F) Honda	-33.926	Ukawa	50
9. Cristiano Migliorati (I) Honda	-34.321	Ruggia	49
10. Tohru Ukawa (J) Honda	-35.421	Boscoscuro	43
11. Nobuatsu Aoki (J) Honda	-41.997	Suter	32
12. Osamu Miyazaki (J) Aprilia	-52.820	Migliorati	31
13. Eskil Suter (CH) Aprilia	-59.816	Goorbergh	30
14. Oliver Petrucciani (CH) Aprilia	-1'08.714	Numata	20
15. Yasumasa Hatakeyama (J) Honda	-1'11.238	Lucchi	20
16. Christian Boudinot (F) Aprilia	-1'12.677	Robinson	19
17. Christophe Cogan (F) Honda	-1'15.676	Miyazaki	17
18. Davide Bulega (I) Aprilia	-1'21.112	Laconi	17
19. Sete Gibernau (E) Honda	-1'34.137	Kato	16
20. Sebastian Porco (ARG) Aprilia	-1'44.834	Locatelli	14
Schnellste Runde: Waldmann in 1'42.991 = 159,253 km/h			

AUSFÄLLE: Fahrer (Nation) Maschine (Grund)	in Runde
Alessandro Antonello (I) Aprilia (Sturz)	1
Gianluigi Scalvini (I) Honda (Sturz)	1
Michael Schulten (D) Aprilia (Sturz)	1
Takeshi Tsujimura (J) Honda (Motorschaden)	2
Alexander Folger (D) Aprilia (Grund unbekannt)	4
Jamie Robinson (GB) Aprilia (Aufgabe nach Ausritt)	4
José Barresi (YZ) Honda (Motorschaden)	5
Matthias Neukirchen (D) Yamaha (Sturz)	10
Jürgen v. d. Goorbergh (NL) Honda (Motorschaden)	11
Jürgen Lingg (D) Honda (Sturz)	14
Tetsuya Harada (J) Yamaha (Zündung defekt)	18
Marcellino Lucchi (I) Aprilia (Aufgabe nach Sturz)	20

500 cm³

STARTAUFSTELLUNG	
Fahrer (Nr)	Trainingszeit
1. Crivillé (4)	1'40.347
2. Doohan (1)	1'40.386
3. Russell (11)	1'41.078
4. Romboni (15)	1'41.612
5. Roberts jr. (10)	1'41.905
6. Cadalora (3)	1'42.022
7. Rymer (26)	1'42.067
8. Itoh (41)	1'42.393
9. Barros (7)	1'42.402
10. Abe (9)	1'42.690
11. Bayle (12)	1'42.726
12. Okada (6)	1'42.782
13. Checa (24)	1'42.963
14. Capirossi (65)	1'43.000
15. Borja (8)	1'43.167
16. Puig (17)	1'43.383
17. Pedercini (22)	1'44.197
18. Rudroff (54)	1'44.236
19. Protat (27)	1'44.937
20. McWilliams (13)	1'45.002
21. McManus (23)	1'46.610
22. Naveau (16)	1'47.320
23. Ferracci (70)	1'48.905
24. Bosshard (14)	1'49.731
25. Schmassmann (55)	1'50.339
26. Emmett (19)	2'03.343
27. Arakaki (20)	2'03.725
28. Haydon (18)	2'04.504

ERGEBNIS nach 27 Runden = 123,012 km			
Schnitt des Siegers: 161,864 km/h		WM-Stand	
Fahrer (Nation) Maschine	Zeit (Min)	Fahrer/Punkte	
1. Luca Cadalora (I) Honda	45'35.889	Doohan	166
2. Michael Doohan (AUS) Honda	-0.210	Crivillé	109
3. Alex Crivillé (E) Honda	-0.657	Cadalora	106
4. Scott Russell (USA) Suzuki	-4.916	Barros	91
5. Kenny Roberts jr. (USA) Yamaha	-7.703	Abe	78
6. Norifumi Abe (J) Yamaha	-13.448	Russell	75
7. Tadayuki Okada (J) Honda	-14.060	Puig	62
8. Alexandre Barros (BR) Honda	-17.680	Bayle	60
9. Shinichi Itoh (J) Honda	-34.806	Okada	50
10. Jean Michel Bayle (F) Yamaha	-43.311	Checa	44
11. Alberto Puig (E) Honda	-55.589	Roberts jr.	42
12. Loris Capirossi (I) Yamaha	-59.707	Itoh	36
13. Lucio Pedercini (I) ROC-Yamaha	-1'31.799	Capirossi	33
14. Frédéric Protat (F) ROC-Yamaha	-1'37.657	Beattie	24
15. Eugene McManus (GB) Yamaha	-1 Runde	Protat	24
16. Florian Ferracci (F) Paton	-2 Runden	Romboni	21
17. Niggi Schmassmann (D) Harris-Yam.	-2 Runden	Borja	18
Schnellste Runde: Doohan in 1'40.219 = 163,658 km/h			

AUSFÄLLE: Fahrer (Nation) Maschine (Grund)	in Runde
Toshi Arakaki (J) Harris-Yamaha (Nichtstarter/Trainingssturz)	-
James Haydon (GB) ROC-Yamaha (Nichtstarter/Trainingssturz)	-
Laurent Naveau (B) ROC-Yamaha (Sturz Warm-up-Runde)	-
Michael Rudroff (D) Suzuki (Sturz Besichtigungs-Runde)	-
Carlos Checa (E) Honda (Sturz)	2
Doriano Romboni (I) Aprilia (Sturz)	2
Sean Emmett (GB) Harris-Yamaha (Motorschaden)	9
Jeremy McWilliams (GB) ROC-Yamaha (Sturz)	9
Terry Rymer (GB) Suzuki (Sturz)	9
Juan Borja (E) Elf 500 (Zündung defekt)	17
Adrian Bosshard (CH) Elf 500 (Sturz)	17

Gespanne

STARTAUFSTELLUNG	
Fahrer (Nr)	Trainingszeit
1. S. Webster (33)	2'04.318
2. Dixon (1)	2'06.104
3. Bohnhorst (44)	2'06.134
4. Klaffenböck (7)	2'06.214
5. Abbott (4)	2'06.233
6. Güdel (15)	2'06.290
7. Biland (2)	2'06.347
8. B. Brindley (5)	2'06.956
9. Gälross (11)	2'08.754
10. Bösiger (3)	2'08.914
11. Willford (16)	2'09.018
12. Schlosser (12)	2'09.334
13. Kumagaya (9)	2'09.481
14. Hock (26)	2'10.216
15. Wyssen (17)	2'11.388
16. D. Brindley (6)	2'12.332
17. Lausletho (10)	2'12.475
18. Reddington (14)	2'12.872
19. Janssen (8)	2'13.282
20. Remse (22)	2'13.772
21. Gray (24)	2'15.060
22. Baker (21)	2'15.413
23. Neumann (20)	2'16.559
24. K. Webster (18)	2'18.253

ERGEBNIS nach 23 Runden = 104,788 km			
Schnitt des Siegers: 146,724 km/h		WM-Stand	
Fahrer (Nation) Maschine	Zeit (Min)	Fahrer/Punkte	
1. Dixon/Hetherington (GB) Windle-ADM	42'51.71	Dixon	70
2. Klaffenböck/Parzer (A) LCR-ADM R4	-4.107	Güdel	54
3. S. Webster/James (GB) LCR-ADM R4	-12.443	S. Webster	52
4. P. Güdel/C. Güdel (CH) LCR-BRM	-12.739	Biland	33
5. Abbott/Biggs (GB) Windle-ADM R4	-27.501	Klaffenböck	33
6. Biland/Waltisperg (CH) LCR-BRM	-1'13.162	Abbott	32
7. Bösiger/Egli (CH) LCR-ADM R4	-1'25.183	Bösiger	25
8. Kumagaya/Hopkinson (J/GB) LCR	-1'29.369	Kumagaya	24
9. T. Wyssen/K. Wyssen (CH) LCR-BRM	-1'29.887	Wyssen	23
10. Reddington/Crone (GB) LCR-ADM R4	-1 Runde	Reddington	16
11. Schlosser/Herzog (CH/D) LCR-BRM	-1 Runde	Schlosser	14
12. Janssen/Hänni (NL/CH) LCR-Stredor	-1 Runde	D. Brindley	11
13. K. Webster/McIntosh (GB) LCR-ADM R4	-2 Runden	Janssen	8
14. Remse/Kölsch (SLO/D) LCR-ADM R4	-2 Runden	Bohnhorst	7
15. Bohnhorst/Rösinger (D) LCR-ADM R4	-2 Runden	K. Webster	6
16. Baker/Stapleton (GB) Baker-Yamaha	-2 Runden	Gälross	4
17. Neumann/Zillmann (D) LCR-ADM R4	-3 Runden	Remse	3
Schnellste Runde: Dixon in 1'45.451 = 155,538 km/h			

AUSFÄLLE: Fahrer (Nation) Maschine (Grund)	in Runde
B. Brindley/Whiteside (GB) LCR-Yamaha (Zündung defekt)	2
Gray/Jewell (GB) LCR-ADM R4 (Sturz)	2
D. Brindley/Hutchinson (GB) LCR-BRM (Motorschaden)	3
Gälross/Berglund (S) LCR-NGK 500 (Bremsleitung undicht)	4
Hock/Kasel (D) HP 500 (Kolbenklemmer)	4
Lausletho/Hofsteenge (SF/NL) LCR-ADM R4 (Kette gerissen)	17
Willford/Tomlinson (GB) LCR-ADM R4 (Zylinder gerissen)	17

GP von Donington/GB

Termin: 21. Juli 1996, Wetter: sonnig, Zuschauer: 30.000, Streckenlänge: 4,023 km

125 cm^3

STARTAUFSTELLUNG	
Fahrer (Nr)	**Trainingszeit**
1. Jacque (19)	1'34.397
2. Biaggi (1)	1'34.459
3. Waldmann (3)	1'34.477
4. Ruggia (5)	1'34.873
5. Harada (31)	1'35.029
6. Fuchs (11)	1'35.056
7. Aoki (6)	1'35.520
8. d'Antin (7)	1'35.636
9. Ukawa (10)	1'35.777
10. Suter (14)	1'35.811
11. Petrucciani (22)	1'35.844
12. Tsujimura (26)	1'35.847
13. Lucchi (34)	1'35.872
14. v. d. Goorbergh (12)	1'36.188
15. Boscoscuro (20)	1'36.233
16. Laconi (55)	1'36.247
17. Hatakeyama (9)	1'36.322
18. Migliorati (8)	1'36.354
19. Antonello (66)	1'36.605
20. Robinson (41)	1'36.709
21. Miyazaki (29)	1'36.754
22. Scalvini (15)	1'36.854
23. Vincent (86)	1'36.924
24. Cogan (28)	1'37.200
25. Sawford (84)	1'37.424
26. Gibernau (16)	1'37.442
27. Bulega (25)	1'37.444
28. Boudinot (23)	1'37.886
29. Smart (88)	1'38.046
30. Sainz (37)	1'39.559
31. Dickinson (85)	1'39.682
32. Barresi (96)	1'42.055

ERGEBNIS nach 26 Runden = 104,598 km			
Schnitt des Siegers: 143,630 km/h		**WM-Stand**	
Fahrer (Nation) Maschine	**Zeit (Min)**	**Fahrer/Punkte**	
1. Stefano Perugini (I) Aprilia	43'41.678	Aoki	154
2. Masaki Tokudome (J) Aprilia	-2.653	Tokudome	120
3. Tomomi Manako (J) Honda	-6.624	Perugini	119
4. Jorge Martinez (E) Aprilia	-15.610	Manako	101
5. Kazuto Sakata (J) Aprilia	-17.576	Alzamora	94
6. Noboru Ueda (J) Honda	-18.792	Ueda	93
7. Yoshiaki Katoh (J) Yamaha	-19.115	Öttl	77
8. Haruchika Aoki (J) Honda	-20.757	Sakata	68
9. Lucio Cecchinello (I) Honda	-23.746	Rossi	57
10. Youichi Ui (J) Yamaha	-31.568	Goi	51
11. Peter Öttl (D) Aprilia	-32.210	Martinez	51
12. Ivan Goi (I) Honda	-33.424	Geissler	41
13. Darren Barton (GB) Yamaha	-41.452	Raudies	36
14. Garry McCoy (AUS) Aprilia	-43.091	Saito	32
15. Herri Torrontegui (E) Honda	-48.544	Cecchinello	32
16. Gabriele Debbia (I) Yamaha	-49.859	Katoh	27
17. Paolo Tessari (I) Honda	-51.142	Petit	15
18. Jaroslav Hules (CZ) Honda	-53.440	Ballerini	14
19. Andrea Ballerini (I) Aprilia	-1'07.294	McCoy	13
20. Manfred Geissler (D) Aprilia	-1'16.420	Barton	12
21. Angel Nieto jr. (E) Aprilia	-1'16.921	Azuma	10
22. Chris Palmer (GB) Honda	-1 Runde	Torrontegui	9
23. Robin Appleyard (GB) Honda	-1 Runde	Ui	9
24. Pete Jennings (GB) Honda	-1 Runde	Ibaraki	6
Schnellste Runde: Tokudome in 1'39.704 = 145,258 km/h			

AUSFÄLLE: Fahrer (Nation) Maschine (Grund)	in Runde
Fernando Mendes (GB) Honda (Sturz)	1
Dirk Raudies (D) Honda (Sturz)	1
Josep Sarda (E) Honda (Sturz)	3
Emilio Alzamora (E) Honda (Sturz)	11
Loek Bodelier (NL) Honda (Motor defekt)	16
Akira Saito (J) Honda (Motor defekt)	18
Frédéric Petit (F) Honda (Sturz, Weiterfahrt, Bremsdefekt/Aufgabe)	22
Valentino Rossi (I) Aprilia (Bremsscheibe gebrochen)	25

250 cm^3

STARTAUFSTELLUNG	
Fahrer (Nr)	**Trainingszeit**
1. Jacque (19)	1'34.397
2. Biaggi (1)	1'34.459
3. Waldmann (3)	1'34.477
4. Ruggia (5)	1'34.873
5. Harada (31)	1'35.029
6. Fuchs (11)	1'35.056
7. Aoki (6)	1'35.520
8. d'Antin (7)	1'35.636
9. Ukawa (10)	1'35.777
10. Suter (14)	1'35.811
11. Petrucciani (22)	1'35.844
12. Tsujimura (26)	1'35.847
13. Lucchi (34)	1'35.872
14. v. d. Goorbergh (12)	1'36.188
15. Boscoscuro (20)	1'36.233
16. Laconi (55)	1'36.247
17. Hatakeyama (9)	1'36.322
18. Migliorati (8)	1'36.354
19. Antonello (66)	1'36.605
20. Robinson (41)	1'36.709
21. Miyazaki (29)	1'36.754
22. Scalvini (15)	1'36.854
23. Vincent (86)	1'36.924
24. Cogan (28)	1'37.200
25. Sawford (84)	1'37.424
26. Gibernau (16)	1'37.442
27. Bulega (25)	1'37.444
28. Boudinot (23)	1'37.886
29. Smart (88)	1'38.046
30. Sainz (37)	1'39.559
31. Dickinson (85)	1'39.682
32. Barresi (96)	1'42.055

ERGEBNIS nach 27 Runden = 108,621 km			
Schnitt des Siegers: 151,314 km/h		**WM-Stand**	
Fahrer (Nation) Maschine	**Zeit (Min)**	**Fahrer/Punkte**	
1. Max Biaggi (NL) Honda	43'04.272	Biaggi	199
2. Ralf Waldmann (D) Honda	-4.637	Waldmann	146
3. Olivier Jacque (F) Honda	-15.054	Harada	97
4. Jürgen Fuchs (D) Honda	-29.396	Fuchs	96
5. Tohru Ukawa (J) Honda	-38.724	Jacque	92
6. Takeshi Tsujimura (J) Honda	-41.050	d'Antin	80
7. Regis Laconi (F) Honda	-46.474	Aoki	72
8. Nobuatsu Aoki (J) Honda	-49.074	Ukawa	61
9. Cristiano Migliorati (I) Honda	-1'02.178	Ruggia	49
10. Eskil Suter (CH) Aprilia	-1'11.386	Boscoscuro	43
11. Sete Gibernau (E) Honda	-1'17.734	Suter	38
12. Osamu Miyazaki (J) Aprilia	-1'18.410	Migliorati	38
13. Alessandro Antonello (I) Aprilia	-1'18.498	Goorbergh	30
14. Christophe Cogan (F) Honda	-1'19.478	Laconi	26
15. Davide Bulega (I) Aprilia	-1'19.660	Tsujimura	24
16. Scott Smart (GB) Honda	-1'30.237	Miyazaki	21
17. Steve Sawford (GB) Aprilia	-1 Runde	Numata	20
18. Christian Boudinot (F) Aprilia	-1 Runde	Lucchi	20
19. José Barresi (YZ) Honda	-2 Runden	Robinson	19
Schnellste Runde: Biaggi in 1'34.968 = 152,502 km/h			

AUSFÄLLE: Fahrer (Nation) Maschine (Grund)	in Runde
Oscar Sainz (E) Aprilia (Trainingssturz/Nichtstarter)	-
Lee Dickinson (GB) Honda (Motorprobleme)	1
Tetsuya Harada (J) Yamaha (Kolbenklemmer)	1
Oliver Petrucciani (CH) Aprilia (Sturz)	1
Yasumasa Hatakeyama (J) Honda (Trainingssturz/Aufgabe)	2
Jürgen v. d. Goorbergh (NL) Honda (Motor defekt)	3
Jason Vincent (GB) Honda (Sturz)	4
Luca Boscoscuro (I) Aprilia (Sturz)	7
Jamie Robinson (GB) Aprilia (Sturz)	7
Marcellino Lucchi (I) Aprilia (Trainingssturz/Aufgabe)	13
Gianluigi Scalvini (I) Honda (schlechter Ersatzmotor/Aufgabe)	13
Luis d'Antin (E) Honda (Sturz)	19
Jean Philippe Ruggia (F) Honda (Sturz)	26

500 cm^3

STARTAUFSTELLUNG	
Fahrer (Nr)	**Trainingszeit**
1. Doohan (1)	1'32.426
2. Capirossi (65)	1'33.687
3. Roberts jr. (10)	1'32.794
4. Barros (7)	1'33.224
5. Bayle (12)	1'33.282
6. Abe (9)	1'33.333
7. Crivillé (4)	1'33.403
8. Itoh (41)	1'33.613
9. Okada (6)	1'33.650
10. Cadalora (3)	1'33.662
11. Checa (24)	1'33.663
12. Russell (11)	1'33.762
13. Puig (17)	1'34.043
14. Borja (8)	1'34.218
15. Rymer (26)	1'34.264
16. McWilliams (13)	1'34.983
17. Pedercini (22)	1'35.106
18. McManus (23)	1'35.601
19. Protat (27)	1'35.653
20. Emmett (19)	1'35.787
21. Walker (44)	1'35.990
22. Haydon (18)	1'36.134
23. Jeandat (51)	1'37.838
24. Young (96)	1'39.808

ERGEBNIS nach 30 Runden = 120,690 km			
Schnitt des Siegers: 153,466 km/h		**WM-Stand**	
Fahrer (Nation) Maschine	**Zeit (Min)**	**Fahrer/Punkte**	
1. Michael Doohan (AUS) Honda	47'11.135	Doohan	191
2. Alex Crivillé (E) Honda	-3.319	Crivillé	129
3. Norifumi Abe (J) Yamaha	-9.635	Cadalora	113
4. Tadayuki Okada (J) Honda	-9.781	Barros	100
5. Scott Russell (USA) Suzuki	-10.411	Abe	94
6. Loris Capirossi (I) Yamaha	-24.825	Russell	86
7. Alexandre Barros (BR) Honda	-32.182	Puig	67
8. Juan Borja (E) Elf 500	-32.699	Okada	63
9. Luca Cadalora (I) Honda	-33.620	Bayle	60
10. Shinichi Itoh (J) Honda	-40.040	Checa	48
11. Alberto Puig (E) Honda	-45.832	Capirossi	43
12. Carlos Checa (E) Honda	-46.349	Itoh	42
13. James Haydon (GB) ROC-Yamaha	-1'22.245	Roberts jr.	42
14. Frédéric Protat (F) ROC-Yamaha	-1'24.783	Borja	26
15. Lucio Pedercini (I) ROC-Yamaha	-1'38.843	Protat	26
16. Chris Walker (GB) Elf 500	-1 Runde	Beattie	24
17. Eugene McManus (GB) Yamaha	-1 Runde	Romboni	21
Schnellste Runde: Russell in 1'33.574 = 154,774 km/h			

AUSFÄLLE: Fahrer (Nation) Maschine (Grund)	in Runde
Sean Emmett (GB) Harris-Yamaha (Trainingssturz/Aufgabe)	1
Jeremy McWilliams (GB) ROC-Yamaha (Sturz)	2
Terry Rymer (GB) Suzuki (Sturz)	4
Jean Michel Bayle (F) Yamaha (Sturz)	6
Paul Young (AUS) Harris-Yamaha (Sturz)	8
Kenny Roberts jr. (USA) Yamaha (Sturz)	10
Jean Pierre Jeandat (F) Paton (Motor defekt)	24

Gespanne

STARTAUFSTELLUNG	
Fahrer (Nr)	**Trainingszeit**
1. Biland (2)	1'35.502
2. S. Webster (33)	1'36.152
3. Dixon (1)	1'36.508
4. D. Brindley (6)	1'36.852
5. Abbott (4)	1'37.326
6. Kumagaya (9)	1'37.786
7. Güdel (15)	1'37.834
8. Bösiger (3)	1'38.192
9. Klaffenböck (7)	1'38.776
10. Wyssen (17)	1'39.311
11. B. Brindley (5)	1'40.254
12. Reddington (14)	1'40.648
13. Gälross (11)	1'41.312
14. Neumann (20)	1'41.400
15. Willford (16)	1'41.430
16. Jansen (8)	1'42.024
17. Schlosser (12)	1'42.167
18. Muldoon (28)	1'42.431
19. K. Webster (18)	1'42.683
20. Gray (24)	1'43.850
21. Baker (21)	1'45.140
22. Remse (22)	1'46.890
23. Molyneux (27)	1'49.847

ERGEBNIS nach 26 Runden = 104,598 km			
Schnitt des Siegers: 147,997 km/h		**WM-Stand**	
Fahrer (Nation) Maschine	**Zeit (Min)**	**Fahrer/Punkte**	
1. Dixon/Hetherington (GB) Windle-ADM	42'24.323	Dixon	95
2. Biland/Waltisperg (CH) LCR-BRM	-22.651	S. Webster	68
3. S. Webster/James (GB) LCR-ADM R4	-23.048	Güdel	64
4. Kumagaya/Hopkinson (J/GB) LCR-BRM	-54.183	Biland	53
5. D. Brindley/Hutchinson (GB) LCR-BRM	-1'03.183	Kumagaya	37
6. P. Güdel/C. Güdel (CH) LCR-BRM	-1'04.913	Bösiger	34
7. Bösiger/Egli (CH) LCR-ADM R4	-1 Runde	Abbott	33
8. Reddington/Crone (GB) LCR-ADM R4	-1 Runde	Klaffenböck	33
9. Schlosser/Herzog (CH/D) LCR-BRM	-1 Runde	Reddington	24
10. Janssen/Hänni (NL/CH) LCR-Stredor	-1 Runde	Wyssen	23
11. Neumann/Zillmann (D) LCR-ADM R4	-1 Runde	D. Brindley	22
12. K. Webster/McIntosh (GB) LCR-ADM	-1 Runde	Schlosser	21
13. Gray/Pointer (GB) LCR-ADM R4	-2 Runden	Janssen	14
14. Muldoon/Hill (GB) LCR-Yamaha	-5 Runden	K. Webster	10
Schnellste Runde: Abbott in 1'36.489 = 150,098 km/h			

AUSFÄLLE: Fahrer (Nation) Maschine (Grund)	in Runde
Baker/Stapleton (GB) Baker-Yamaha (nicht qualifiziert/Nichtstarter)	-
Molyneux/Hill (GB) Windle-ADM R4 (nicht qualifiziert/Nichtstarter)	-
Remse/Kölsch (SLO/D) LCR-ADM R4 (nicht qualifiziert/Nichtstarter)	-
B. Brindley/Whiteside (GB) LCR-Yamaha (Leistungsverlust)	8
Willford/Hallam (GB) LCR-ADM R4 (Zündung defekt)	10
Gälross/Berglund (S) LCR-NGK 500 (Hinterreifen defekt)	12
Klaffenböck/Parzer (A) LCR-ADM R4 (Lenkerstummel gebrochen)	13
Abbott/Biggs (GB) Windle-ADM R4 (Bremsdefekt)	19
T. Wyssen/K. Wyssen (CH) LCR-BRM (Benzinzufuhr unterbrochen)	19

GP am A1-Ring/A

Termin: 4. August 1996, Wetter: bewölkt, Zuschauer: 32.000, Streckenlänge: 4,319 km

125 cm³

STARTAUFSTELLUNG

Fahrer (Nr)	Trainingszeit
1. Tokudome (7)	1'41.254
2. Alzamora (3)	1'41.262
3. Rossi (46)	1'41.338
4. Öttl (10)	1'41.596
5. Martinez (55)	1'41.838
6. Perugini (6)	1'41.994
7. Manako (8)	1'42.182
8. Goi (26)	1'42.247
9. Raudies (5)	1'42.327
10. Katoh (14)	1'42.418
11. Sakata (2)	1'43.074
12. Ui (19)	1'43.099
13. Petit (23)	1'43.126
14. Cecchinello (13)	1'43.167
15. Sarda (36)	1'43.192
16. Ueda (12)	1'43.258
17. Barton (17)	1'43.347
18. Debbia (27)	1'43.417
19. Hules (24)	1'43.451
20. Tessari (37)	1'43.570
21. Geissler (15)	1'43.693
22. Aoki (1)	1'44.208
23. McCoy (72)	1'44.269
24. Saito (4)	1'44.480
25. Bodelier (35)	1'44.506
26. Torrontegui (11)	1'44.567
27. Ballerini (21)	1'44.631
28. Nieto jr. (88)	1'44.839
29. Danninger (89)	1'44.885
30. Holzleitner (91)	1'47.421
31. Hofer (90)	1'47.750
32. Scharl (92)	1'48.609

ERGEBNIS nach 24 Runden = 103,656 km
Schnitt des Siegers: 148,621 km/h

Fahrer (Nation) Maschine	Zeit (Min)	WM-Stand Fahrer	Punkte
1. Ivan Goi (I) Honda	41'50.829	Aoki	154
2. Dirk Raudies (D) Honda	-0.767	Tokudome	133
3. Valentino Rossi (I) Aprilia	-2.322	Perugini	119
4. Masaki Tokudome (J) Aprilia	-2.739	Manako	109
5. Peter Öttl (D) Aprilia	-4.341	Ueda	98
6. Jorge Martinez (E) Aprilia	-4.910	Alzamora	94
7. Youichi Ui (J) Yamaha	-17.385	Öttl	88
8. Tomomi Manako (J) Honda	-19.464	Goi	76
9. Kazuto Sakata (J) Aprilia	-20.971	Sakata	75
10. Manfred Geissler (D) Aprilia	-26.469	Rossi	73
11. Noboru Ueda (J) Honda	-27.666	Martinez	61
12. Akira Saito (J) Honda	-27.687	Raudies	56
13. Herri Torrontegui (E) Honda	-38.933	Geissler	47
14. Josep Sarda (E) Honda	-42.917	Saito	36
15. Frédéric Petit (F) Honda	-46.979	Cecchinello	32
16. Yoshiaki Katoh (J) Yamaha	-51.963	Katoh	27
17. Jaroslav Hules (CZ) Honda	-55.754	Ui	18
18. Lucio Cecchinello (I) Honda	-58.003	Petit	16
19. Harald Danninger (A) Honda	-1'17.416	Ballerini	14
20. Loek Bodelier (NL) Honda	-1'18.116	McCoy	13
21. Angel Nieto jr. (E) Aprilia	-1'32.504	Barton	12
22. Gerwin Hofer (A) Honda	-1 Runde	Torrontegui	12
23. Georg Scharl (A) Honda	-1 Runde	Azuma	10

Schnellste Runde: Raudies in 1'42.002 = 152,432 km/h

AUSFÄLLE: Fahrer (Nation) Maschine (Grund)	in Runde
Gabriele Debbia (I) Yamaha (Bremse defekt)	8
Andrea Ballerini (I) Aprilia (Motor defekt)	9
Darren Barton (GB) Yamaha (Aufgabe/Spätstart)	13
Emilio Alzamora (E) Honda (Kolbenklemmer)	14
Bernd Holzleitner (A) Yamaha (Motorprobleme)	14
Garry McCoy (AUS) Aprilia (Motor defekt)	17
Stefano Perugini (I) Aprilia (Zündkerze gebrochen)	17
Haruchika Aoki (J) Honda (Aufgabe/Krankheit)	20
Paolo Tessari (I) Honda (Sturz)	21

250 cm³

STARTAUFSTELLUNG

Fahrer (Nr)	Trainingszeit
1. Jacque (19)	1'33.700
2. Biaggi (1)	1'34.051
3. Waldmann (3)	1'34.238
4. Fuchs (11)	1'34.392
5. d'Antin (7)	1'34.426
6. Ukawa (10)	1'34.844
7. Ruggia (5)	1'35.062
8. Suter (14)	1'35.116
9. Locatelli (18)	1'35.262
10. Boscoscuro (20)	1'35.352
11. Migliorati (8)	1'35.377
12. Miyazaki (29)	1'35.486
13. Harada (31)	1'35.610
14. Antonello (66)	1'35.709
15. Aoki (6)	1'35.855
16. Tsujimura (26)	1'35.918
17. Porco (27)	1'35.966
18. Petrucciani (22)	1'36.213
19. Laconi (55)	1'36.259
20. Scalvini (15)	1'36.434
21. Gibernau (16)	1'36.756
22. Hatakeyama (9)	1'36.920
23. Bulega (25)	1'36.932
24. Robinson (41)	1'37.061
25. Boudinot (23)	1'37.281
26. v. d. Goorbergh (12)	1'37.697
27. Cogan (28)	1'37.705
28. Cardoso (30)	1'37.936
29. Bolterauer (89)	1'39.247
30. Barresi (96)	1'39.818
31. Wolfsteiner (92)	1'40.546
32. Stadler (91)	1'41.485
33. Haidegger (90)	1'42.752

ERGEBNIS nach 26 Runden = 112,294 km
Schnitt des Siegers: 162,406 km/h

Fahrer (Nation) Maschine	Zeit (Min)	WM-Stand Fahrer	Punkte
1. Ralf Waldmann (D) Honda	41'29.190	Biaggi	199
2. Luis d'Antin (E) Honda	-16.374	Waldmann	171
3. Jürgen Fuchs (D) Honda	-21.140	Fuchs	112
4. Tohru Ukawa (J) Honda	-22.979	d'Antin	100
5. Jean Philippe Ruggia (F) Honda	-27.805	Harada	97
6. Nobuatsu Aoki (J) Honda	-37.712	Jacque	92
7. Luca Boscoscuro (I) Aprilia	-37.756	Aoki	82
8. Jürgen v. d. Goorbergh (NL) Honda	-52.913	Ukawa	74
9. Regis Laconi (F) Honda	-54.232	Ruggia	60
10. Takeshi Tsujimura (J) Honda	-1'01.608	Boscoscuro	52
11. Oliver Petrucciani (CH) Aprilia	-1'03.950	Suter	38
12. Alessandro Antonello (I) Aprilia	-1'04.462	Migliorati	38
13. Sebastian Porco (ARG) Aprilia	-1'17.335	Goorbergh	38
14. Christian Boudinot (F) Aprilia	-1'22.534	Laconi	33
15. Yasumasa Hatakeyama (J) Honda	-1'26.589	Tsujimura	30
16. Gianluigi Scalvini (I) Honda	-1'28.269	Miyazaki	21
17. Jamie Robinson (GB) Aprilia	-1 Runde	Numata	20
18. Sete Gibernau (E) Honda	-1 Runde	Lucchi	20
19. Christophe Cogan (F) Honda	-1 Runde	Robinson	19
20. Richard Haidegger (A) Aprilia	-1 Runde	Kato	16
21. Uwe Bolterauer (A) Honda	-1 Runde	Porco	14
22. Thomas Stadler (A) Yamaha	-1 Runde	Locatelli	14

Schnellste Runde: Waldmann in 1'34.866 = 163,899 km/h

AUSFÄLLE: Fahrer (Nation) Maschine (Grund)	in Runde
José Barresi (YZ) Honda (Kolbenklemmer)	1
Max Biaggi (NL) Honda (Sturz)	1
Olivier Jacque (F) Honda (Sturz)	1
Johann Wolfsteiner (A) Aprilia (Motorprobleme)	4
Tetsuya Harada (J) Yamaha (Motor defekt)	5
Cristiano Migliorati (I) Honda (Kupplung defekt)	7
Osamu Miyazaki (J) Aprilia (Sturz)	8
Davide Bulega (I) Aprilia (Motor defekt)	10
Roberto Locatelli (I) Aprilia (Lenker Igelockert)	11
José Luis Cardoso (E) Aprilia (Motor defekt)	14
Eskil Suter (CH) Aprilia (Kühler defekt)	15

500 cm³

STARTAUFSTELLUNG

Fahrer (Nr)	Trainingszeit
1. Doohan (1)	1'29.430
2. Crivillé (4)	1'30.126
3. Cadalora (3)	1'30.157
4. Okada (6)	1'30.446
5. Puig (17)	1'30.491
6. Abe (9)	1'30.621
7. Russell (11)	1'30.722
8. Barros (7)	1'31.005
9. Checa (24)	1'31.176
10. Roberts jr. (10)	1'31.288
11. Bayle (12)	1'31.339
12. Capirossi (65)	1'31.466
13. Rymer (26)	1'31.781
14. Borja (8)	1'32.220
15. McWilliams (13)	1'32.346
16. Lucchi (29)	1'32.672
17. Itoh (41)	1'32.798
18. Pedercini (22)	1'33.302
19. Protat (27)	1'33.351
20. Haydon (18)	1'33.498
21. McManus (23)	1'33.530
22. Walker (44)	1'33.985
23. Bosshard (14)	1'34.819
24. Emmett (19)	1'35.008
25. Young (96)	1'35.278
26. Jeandat (51)	1'35.591
27. Truchsess (69)	1'37.132

ERGEBNIS nach 28 Runden = 120,932 km
Schnitt des Siegers: 170,259 km/h

Fahrer (Nation) Maschine	Zeit (Min)	WM-Stand Fahrer	Punkte
1. Alex Crivillé (E) Honda	42'37.240	Doohan	211
2. Michael Doohan (AUS) Honda	-0.500	Crivillé	154
3. Norifumi Abe (J) Yamaha	-4.534	Cadalora	126
4. Luca Cadalora (I) Honda	-19.470	Barros	111
5. Alexandre Barros (BR) Honda	-20.936	Abe	110
6. Scott Russell (USA) Suzuki	-21.058	Russell	96
7. Carlos Checa (E) Honda	-25.632	Puig	70
8. Loris Capirossi (I) Yamaha	-25.701	Okada	68
9. Jean Michel Bayle (F) Yamaha	-25.986	Bayle	67
10. Juan Borja (E) Elf 500	-28.046	Checa	57
11. Tadayuki Okada (J) Honda	-32.446	Capirossi	51
12. Terry Rymer (GB) Suzuki	-38.616	Itoh	42
13. Alberto Puig (E) Honda	-39.031	Roberts jr.	42
14. Jeremy McWilliams (GB) ROC-Yamaha	-1'18.224	Borja	32
15. Chris Walker (GB) Elf 500	-1'20.212	Protat	26
16. Lucio Pedercini (I) ROC-Yamaha	-1 Runde	Beattie	24
17. James Haydon (GB) ROC-Yamaha	-1 Runde	Romboni	21
18. Marcellino Lucchi (I) Aprilia	-1 Runde	McWilliams	20
19. Eugene McManus (GB) Yamaha	-1 Runde	Pedercini	17
20. Paul Young (AUS) Harris-Yamaha	-1 Runde	Haydon	16
21. Jean Pierre Jeandat (F) Paton	-1 Runde	Rymer	13

Schnellste Runde: Crivillé in 1'30.112 = 172,545 km/h

AUSFÄLLE: Fahrer (Nation) Maschine (Grund)	in Runde
Karl Truchsess (A) ROC-Yamaha (Nichtstarter/keine Motivation)	1
Kenny Roberts jr. (USA) Yamaha (Sturz)	2
Frédéric Protat (F) ROC-Yamaha (Motor defekt)	12
Sean Emmett (GB) Harris-Yamaha (Benzinzufuhr unterbrochen)	18
Adrian Bosshard (CH) Elf 500 (Aufgabe/Ausritt)	20
Shinichi Itoh (J) Honda (Reifenprobleme)	21

Gespanne

STARTAUFSTELLUNG

Fahrer (Nr)	Trainingszeit
1. Biland (2)	1'35.730
2. Dixon (1)	1'36.538
3. S. Webster (33)	1'37.089
4. Klaffenböck (7)	1'37.218
5. Güdel (15)	1'37.648
6. Wyssen (17)	1'37.880
7. Kumagaya (9)	1'38.607
8. Abbott (4)	1'38.845
9. D. Brindley (6)	1'39.206
10. B. Brindley (5)	1'39.986
11. Reddington (14)	1'41.199
12. Bösiger (3)	1'41.292
13. Schlosser (12)	1'41.551
14. Neumann (20)	1'41.606
15. Gälross (11)	1'41.855
16. Muldoon (28)	1'42.980
17. Janssen (8)	1'42.982
18. Willford (16)	1'43.284
19. K. Webster (18)	1'44.665
20. Remse (22)	1'47.958

ERGEBNIS nach 24 Runden = 103,656 km
Schnitt des Siegers: 135,705 km/h

Fahrer (Nation) Maschine	Zeit (Min)	WM-Stand Fahrer	Punkte
1. P. Güdel/C. Güdel (CH) LCR-BRM	45'49.803	Dixon	115
2. Dixon/Hetherington (GB) Windle-ADM	-0.293	Güdel	89
3. Biland/Waltisperg (CH) LCR-BRM	-8.216	S. Webster	79
4. Abbott/Biggs (GB) Windle-ADM R4	-8.325	Biland	69
5. S. Webster/James (GB) LCR-ADM R4	-50.961	Abbott	46
6. Klaffenböck/Parzer (A) LCR-ADM R4	-54.244	Kumagaya	45
7. B. Brindley/Whiteside (GB) LCR-Yamaha	-1'02.969	Klaffenböck	43
8. Kumagaya/Hopkinson (J/GB) LCR	-1'24.259	Bösiger	41
9. Bösiger/Egli (CH) LCR-ADM R4	-1'53.545	Schlosser	27
10. Schlosser/Herzog (CH/D) LCR-BRM	-1'57.119	Reddington	25
11. Willford/Hallam (GB) LCR-ADM R4	-1 Runde	Wyssen	25
12. Neumann/Zillmann (D) LCR-ADM R4	-1 Runde	D. Brindley	22
13. Janssen/Hänni (NL/CH) LCR-Stredor	-1 Runde	Janssen	17
14. T. Wyssen/K. Wyssen (CH) LCR-BRM	-1 Runde	K. Webster	10
15. Reddington/Crone (GB) LCR-ADM R4	-1 Runde	Neumann	9
16. Gälross/Berglund (S) LCR-NGK 500	-1 Runde	B. Brindley	9
17. K. Webster/McIntosh (GB) LCR-ADM R4	-1 Runde	Bohnhorst	7
18. Muldoon/Gusman (GB) LCR-Yamaha	-5 Runden	Gray	6

Schnellste Runde: Güdel in 1'52.083 = 138,722 km/h

AUSFÄLLE: Fahrer (Nation) Maschine (Grund)	in Runde
Remse/Kölsch (SLO/D) LCR-ADM R4 (Bremse defekt)	9
D. Brindley/Hutchinson (GB) LCR-BRM (Zündung defekt)	22

GP von Brünn/CZ

Termin: 18. August 1996, Wetter: trocken, Zuschauer: 70.000, Streckenlänge: 5,403 km

125 cm^3

STARTAUFSTELLUNG	
Fahrer (Nr)	Trainingszeit
1. Rossi (46)	2'11.140
2. Martinez (55)	2'11.670
3. Perugini (6)	2'11.702
4. Tokudome (7)	2'11.760
5. Sakata (2)	2'12.240
6. Aoki (1)	2'12.264
7. Alzamora (3)	2'12.341
8. Cecchinello (13)	2'12.388
9. Öttl (10)	2'12.768
10. Goi (26)	2'12.779
11. Ui (19)	2'12.845
12. Ueda (12)	2'12.971
13. Manako (8)	2'13.027
14. Raudies (5)	2'13.047
15. McCoy (72)	2'13.094
16. Barton (17)	2'13.262
17. Saito (4)	2'13.297
18. Hules (24)	2'13.511
19. Katoh (14)	2'13.729
20. Debbia (27)	2'13.794
21. Geissler (15)	2'13.794
22. Tessari (37)	2'14.052
23. Bodelier (35)	2'14.301
24. Danninger (89)	2'14.786
25. Petit (23)	2'15.012
26. Torrontegui (11)	2'15.141
27. Ballerini (21)	2'15.510
28. Nieto jr. (88)	2'15.910
29. Sarda (36)	2'19.139
30. Slegl (93)	2'23.649

ERGEBNIS nach 19 Runden = 102,657 km			
Schnitt des Siegers: 145,714 km/h		WM-Stand	
Fahrer (Nation) Maschine	Zeit (Min)	Fahrer/Punkte	
1. Valentino Rossi (I) Aprilia	42'16.229	Aoki	164
2. Jorge Martinez (E) Aprilia	-0.245	Tokudome	136
3. Tomomi Manako (J) Honda	-2.389	Manako	125
4. Kazuto Sakata (J) Aprilia	-2.423	Perugini	121
5. Emilio Alzamora (E) Honda	-2.446	Alzamora	105
6. Haruchika Aoki (J) Honda	-2.511	Rossi	98
7. Peter Öttl (D) Aprilia	-4.075	Ueda	98
8. Lucio Cecchinello (I) Honda	-20.559	Öttl	97
9. Ivan Goi (I) Honda	-22.224	Sakata	88
10. Dirk Raudies (D) Honda	-22.447	Goi	83
11. Garry McCoy (AUS) Aprilia	-22.569	Martinez	81
12. Yoshiaki Katoh (J) Yamaha	-23.637	Raudies	62
13. Masaki Tokudome (J) Aprilia	-27.937	Geissler	47
14. Stefano Perugini (I) Aprilia	-28.097	Cecchinello	40
15. Akira Saito (J) Honda	-35.339	Saito	37
16. Manfred Geissler (D) Aprilia	-37.217	Katoh	31
17. Jaroslav Hules (CZ) Honda	-45.260	Ui	18
18. Frédéric Petit (F) Honda	-47.428	McCoy	18
19. Herri Torrontegui (E) Honda	-47.778	Petit	16
20. Paolo Tessari (I) Honda	-49.849	Ballerini	14
21. Angel Nieto jr. (E) Aprilia	-51.113	Barton	12
22. Harald Danninger (A) Honda	-51.649	Torrontegui	12
23. Gabriele Debbia (I) Yamaha	-53.475	Azuma	10
24. Loek Bodelier (NL) Honda	-1'03.977	Ibaraki	6
Schnellste Runde: Martinez in 2'11.816 = 147,56 km/h			

AUSFÄLLE: Fahrer (Nation) Maschine (Grund)	in Runde
Josep Sarda (E) Honda (Nichtstarter/Trainingssturz)	-
Noboru Ueda (J) Honda (Sturz)	3
Antonin Slegl (CZ) Honda (Motorprobleme)	5
Darren Barton (GB) Yamaha (Zündkerze gebrochen)	7
Youichi Ui (J) Yamaha (Sturz)	8
Andrea Ballerini (I) Aprilia (Motor defekt)	12

250 cm^3

STARTAUFSTELLUNG	
Fahrer (Nr)	Trainingszeit
1. Biaggi (1)	2'04.626
2. Waldmann (3)	2'05.514
3. Jacque (19)	2'05.543
4. Fuchs (11)	2'05.629
5. Ukawa (10)	2'05.961
6. Aoki (6)	2'06.440
7. Ruggia (5)	2'06.499
8. Miyazaki (29)	2'06.506
9. Suter (14)	2'06.644
10. Petrucciani (22)	2'06.661
11. Locatelli (18)	2'07.068
12. Robinson (41)	2'07.232
13. Porco (27)	2'07.257
14. d'Antin (7)	2'07.275
15. Harada (31)	2'07.288
16. Migliorati (8)	2'07.387
17. v. d. Goorbergh (12)	2'07.428
18. Gibernau (16)	2'07.649
19. Laconi (55)	2'07.823
20. Boscoscuro (20)	2'08.015
21. Tsujimura (26)	2'08.203
22. Boudinot (23)	2'08.209
23. Cardoso (30)	2'08.283
24. Hatakeyama (9)	2'08.645
25. Scalvini (15)	2'08.730
26. Bulega (25)	2'09.010
27. Stasa (93)	2'09.172
28. Cogan (28)	2'10.024
29. Antonello (66)	2'10.680
30. Castka (94)	2'10.757
31. Barresi (96)	2'12.280

ERGEBNIS nach 20 Runden = 108,060 km			
Schnitt des Siegers: 153,185 km/h		WM-Stand	
Fahrer (Nation) Maschine	Zeit (Min)	Fahrer/Punkte	
1. Max Biaggi (NL) Honda	42'19.509	Biaggi	224
2. Olivier Jacque (F) Honda	-5.901	Waldmann	187
3. Ralf Waldmann (D) Honda	-8.317	Fuchs	123
4. Tohru Ukawa (J) Honda	-8.517	Jacque	112
5. Jürgen Fuchs (D) Honda	-8.662	d'Antin	108
6. Jean Philippe Ruggia (F) Honda	-22.095	Harada	104
7. Eskil Suter (CH) Aprilia	-37.969	Aoki	87
8. Luis d'Antin (E) Honda	-38.309	Ukawa	87
9. Tetsuya Harada (J) Yamaha	-38.418	Ruggia	70
10. Roberto Locatelli (I) Aprilia	-38.502	Boscoscuro	53
11. Nobuatsu Aoki (J) Honda	-39.177	Suter	47
12. Cristiano Migliorati (I) Honda	-43.563	Migliorati	42
13. Oliver Petrucciani (CH) Aprilia	-43.895	Goorbergh	38
14. Sete Gibernau (E) Honda	-44.034	Laconi	33
15. Luca Boscoscuro (I) Aprilia	-51.376	Tsujimura	30
16. Regis Laconi (F) Honda	-52.275	Miyazaki	21
17. Jürgen v. d. Goorbergh (NL) Honda	-52.336	Numata	20
18. Yasumasa Hatakeyama (J) Honda	-1'10.761	Locatelli	20
19. Davide Bulega (I) Aprilia	-1'11.303	Lucchi	20
20. Christophe Cogan (F) Honda	-1'47.010	Robinson	19
21. Vladimir Castka (CZ) Honda	-1'57.111	Kato	16
22. José Barresi (YZ) Honda	-1 Runde	Porco	14
Schnellste Runde: Biaggi in 2'06.067 = 154,289 km/h			

AUSFÄLLE: Fahrer (Nation) Maschine (Grund)	in Runde
Alessandro Antonello (I) Aprilia (Nichtstarter)	-
Sebastian Porco (ARG) Aprilia (Zündung defekt)	3
José Luis Cardoso (E) Aprilia (Getriebe defekt)	6
Takeshi Tsujimura (J) Honda (Motor defekt)	6
Jamie Robinson (GB) Aprilia (Kollision/Aufgabe)	7
Buhumil Stasa (CZ) Honda (Motor defekt)	7
Christian Boudinot (F) Aprilia (Motor defekt)	9
Osamu Miyazaki (J) Aprilia (Sturz)	12
Gianluigi Scalvini (I) Honda (Sturz)	15

500 cm^3

STARTAUFSTELLUNG	
Fahrer (Nr)	Trainingszeit
1. Bayle (12)	2'02.834
2. Doohan (1)	2'02.914
3. Crivillé (4)	2'02.983
4. Roberts jr. (10)	2'03.104
5. Cadalora (3)	2'03.397
6. Itoh (41)	2'03.765
7. Barros (7)	2'03.817
8. Lucchi (29)	2'03.840
9. Russell (11)	2'03.890
10. Okada (6)	2'03.932
11. Capirossi (65)	2'03.960
12. Abe (9)	2'04.076
13. Rymer (26)	2'04.223
14. Checa (24)	2'04.238
15. Puig (17)	2'04.462
16. McWilliams (13)	2'05.052
17. Pedercini (22)	2'05.318
18. Borja (8)	2'05.500
19. McManus (23)	2'06.065
20. Bosshard (14)	2'06.263
21. Emmett (19)	2'06.328
22. Protat (27)	2'06.738
23. Jeandat (51)	2'07.027
24. Haydon (18)	2'07.161
25. Walker (44)	2'07.488
26. Young (96)	2'08.373

ERGEBNIS nach 22 Runden = 118,866 km			
Schnitt des Siegers: 156,238 km/h		WM-Stand	
Fahrer (Nation) Maschine	Zeit (Min)	Fahrer/Punkte	
1. Alex Crivillé (E) Honda	45'38.884	Doohan	231
2. Michael Doohan (AUS) Honda	-0.002	Crivillé	179
3. Scott Russell (USA) Suzuki	-2.870	Cadalora	126
4. Kenny Roberts jr. (USA) Yamaha	-4.419	Barros	118
5. Loris Capirossi (I) Yamaha	-6.753	Abe	115
6. Jean Michel Bayle (F) Yamaha	-6.858	Russell	112
7. Tadayuki Okada (J) Honda	-8.892	Bayle	77
8. Carlos Checa (E) Honda	-9.148	Okada	77
9. Alexandre Barros (BR) Honda	-13.334	Puig	74
10. Shinichi Itoh (J) Honda	-13.776	Checa	65
11. Norifumi Abe (J) Yamaha	-25.009	Capirossi	62
12. Alberto Puig (E) Honda	-26.482	Roberts jr.	55
13. Terry Rymer (GB) Suzuki	-26.828	Itoh	48
14. Jeremy McWilliams (GB) ROC-Yamaha	-49.242	Borja	32
15. Marcellino Lucchi (I) Aprilia	-49.608	Protat	26
16. Lucio Pedercini (I) ROC-Yamaha	-53.456	Beattie	24
17. Sean Emmett (GB) Harris-Yamaha	-1'08.488	McWilliams	22
18. Eugene McManus (GB) Yamaha	-1'13.285	Romboni	21
19. Frédéric Protat (F) ROC-Yamaha	-1'13.472	Pedercini	17
20. Chris Walker (GB) Elf 500	-1'28.250	Rymer	16
21. Adrian Bosshard (CH) Elf 500	-1'29.684	Haydon	16
22. Jean Pierre Jeandat (F) Paton	-2'01.578	Emmett	9
23. Paul Young (AUS) Harris-Yamaha	-1 Runde	McManus	5
Schnellste Runde: Crivillé in 2'02.791 = 158,406 km/h			

AUSFÄLLE: Fahrer (Nation) Maschine (Grund)	in Runde
Juan Borja (E) Elf 500 (Nichtstarter/Trainingssturz)	-
James Haydon (GB) ROC-Yamaha (Kurbelwelle gebrochen)	2
Luca Cadalora (I) Honda (Grund unbekannt)	4

Gespanne

STARTAUFSTELLUNG	
Fahrer (Nr)	Trainingszeit
1. Dixon (1)	2'04.955
2. S. Webster (33)	2'05.678
3. Biland (2)	2'06.287
4. Abbott (4)	2'06.803
5. D. Brindley (6)	2'07.218
6. Güdel (15)	2'07.241
7. Klaffenböck (7)	2'07.777
8. Wyssen (17)	2'07.826
9. Kumagaya (9)	2'09.093
10. Bösiger (3)	2'09.108
11. B. Brindley (5)	2'09.276
12. Bohnhorst (44)	2'09.705
13. Schlosser (12)	2'09.874
14. Reddington (14)	2'11.613
15. Gälross (11)	2'12.156
16. Janssen (8)	2'12.274
17. Neumann (20)	2'12.307
18. Molyneux (27)	2'14.027
19. Willford (16)	2'14.275
20. K. Webster (18)	2'14.362
21. Muldoon (28)	2'14.400

ERGEBNIS nach 17 Runden = 91,851 km			
Schnitt des Siegers: 130,721 km/h		WM-Stand	
Fahrer (Nation) Maschine	Zeit (Min)	Fahrer/Punkte	
1. Biland/Waltisperg (CH) LCR-BRM	42'09.534	Dixon	128
2. S. Webster/James (GB) LCR-ADM R4	-45.672	S. Webster	99
3. Willford/Hallam (GB) LCR-ADM R4	-57.816	Güdel	98
4. Dixon/Hetherington (GB) Windle-ADM R4	-58.378	Biland	94
5. Abbott/Biggs (GB) Windle-ADM R4	-1'17.455	Abbott	57
6. Molyneux/Hill (GB) Windle-ADM R4	-1'17.904	Kumagaya	49
7. P. Güdel/C. Güdel (CH) LCR-BRM	-1'21.218	Bösiger	44
8. Janssen/Hänni (NL/CH) LCR-Stredor	-2'23.442	Klaffenböck	43
9. Reddington/Crone (GB) LCR-ADM R4	-2'26.117	Reddington	32
10. Neumann/Zillmann (D) LCR-ADM R4	-1 Runde	D. Brindley	27
11. D. Brindley/Hutchinson (GB) LCR-BRM	-1 Runde	Schlosser	27
12. Kumagaya/Hopkinson (J/GB) LCR	-1 Runde	Janssen	25
13. Bösiger/Egli (CH) LCR-ADM R4	-1 Runde	Wyssen	25
14. Gälross/Berglund (S) LCR-NGK 500	-1 Runde	Willford	21
15. B. Brindley/Whiteside (GB) LCR-Yam.	-1 Runde	Neumann	15
16. T. Wyssen/K. Wyssen (CH) LCR-BRM	-1 Runde	Molyneux	10
17. K. Webster/McIntosh (GB) LCR-ADM	-3 Runden	B. Brindley	10
Schnellste Runde: Biland in 2'26.913 = 132,397 km/h			

AUSFÄLLE: Fahrer (Nation) Maschine (Grund)	in Runde
Bohnhorst/Rösinger (D) LCR-ADM R4 (Kollision mit Schlosser)	2
Muldoon/Gusman (GB) LCR-Yamaha (Kollision mit Schlosser)	2
Schlosser/Herzog (CH/D) LCR-BRM (Dreher/Sturz)	7
Klaffenböck/Parzer (A) LCR-ADM R4 (überbremst/Ausritt)	10

GP von Imola/I

Termin: 1. September 1996, Wetter: trocken, Zuschauer: 28.000, Streckenlänge: 4,892 km

125 cm³

STARTAUFSTELLUNG

Fahrer (Nr)	Trainingszeit
1. Martinez (55)	2'00.818
2. Rossi (46)	2'01.206
3. Perugini (6)	2'01.498
4. Alzamora (3)	2'01.522
5. Tokudome (7)	2'01.866
6. Öttl (10)	2'02.086
7. Cecchinello (13)	2'02.278
8. McCoy (72)	2'02.316
9. Ui (19)	2'02.507
10. Ueda (12)	2'02.526
11. Geissler (15)	2'02.835
12. Manako (8)	2'02.851
13. Goi (26)	2'02.880
14. Sakata (2)	2'02.956
15. Katoh (14)	2'03.014
16. Barton (17)	2'03.084
17. Debbia (27)	2'03.544
18. Torrontegui (11)	2'03.551
19. Hules (24)	2'03.854
20. Petit (23)	2'04.099
21. Sarda (36)	2'04.216
22. Bodelier (35)	2'04.281
23. Raudies (5)	2'04.380
24. Saito (4)	2'05.067
25. Tessari (37)	2'05.083
26. Ancona (94)	2'05.314
27. Nieto jr. (88)	2'05.499
28. Cremonini (95)	2'05.562
29. Cucchiarini (96)	2'05.887
30. Zappa (97)	2'06.034
31. Ballerini (21)	2'06.096
32. Aoki (1)	2'07.706

ERGEBNIS nach 21 Runden = 102,732 km

Schnitt des Siegers: 144,033 km/h		WM-Stand	
Fahrer (Nation) Maschine	Zeit (Min)	Fahrer/Punkte	
1. Masaki Tokudome (J) Aprilia	42'47.711	Aoki	164
2. Emilio Alzamora (E) Honda	-0.374	Tokudome	161
3. Jorge Martinez (E) Aprilia	-1.220	Manako	135
4. Garry McCoy (AUS) Aprilia	-3.581	Alzamora	125
5. Valentino Rossi (I) Aprilia	-8.925	Perugini	121
6. Tomomi Manako (J) Honda	-15.196	Rossi	109
7. Ivan Goi (I) Honda	-17.475	Ueda	103
8. Yoshiaki Katoh (J) Yamaha	-24.575	Öttl	97
9. Manfred Geissler (D) Aprilia	-27.519	Martinez	97
10. Frédéric Petit (F) Honda	-29.605	Sakata	92
11. Noboru Ueda (J) Honda	-31.021	Goi	92
12. Kazuto Sakata (J) Aprilia	-39.332	Raudies	64
13. Jaroslav Hules (CZ) Honda	-40.450	Geissler	54
14. Dirk Raudies (D) Honda	-47.489	Cecchinello	40
15. Herri Torrontegui (E) Honda	-47.967	Katoh	39
16. Akira Saito (J) Honda	-55.443	Saito	37
17. Paolo Tessari (I) Honda	-55.669	McCoy	31
18. Darren Barton (GB) Yamaha	-55.862	Petit	22
19. Angel Nieto jr. (E) Aprilia	-1'03.588	Ui	18
20. Andrea Ballerini (I) Aprilia	-1'13.158	Ballerini	14
21. Gabriele Debbia (I) Yamaha	-1'14.440	Torrontegui	13
22. Andrea Zappa (I) Aprilia	-1'14.453	Barton	12
23. Luigi Ancona (I) Honda	-1'14.782	Azuma	10
24. Ivan Cremonini (I) Honda	-1'27.373	Hules	8
25. Maurizio Cucchiarini (I) Honda	-1 Runde	Ibaraki	6
Schnellste Runde: Rossi in 2'00.362 = 146,319 km/h			

AUSFÄLLE: Fahrer (Nation) Maschine (Grund)	in Runde
Stefano Perugini (I) Aprilia (Motor festgegangen)	1
Josep Sarda (E) Honda (Schmerzen/Aufgabe)	6
Haruchika Aoki (J) Honda (Schaltgestänge defekt)	7
Loek Bodelier (NL) Honda (Motor- und Motivationsprobleme)	7
Peter Öttl (D) Aprilia (Motor festgegangen)	8
Lucio Cecchinello (I) Honda (Sturz)	9
Youichi Ui (J) Yamaha (Sturz)	13

250 cm³

STARTAUFSTELLUNG

Fahrer (Nr)	Trainingszeit
1. Biaggi (1)	1'54.078
2. Jacque (19)	1'54.140
3. Fuchs (11)	1'54.274
4. Ukawa (10)	1'54.469
5. Ruggia (5)	1'54.640
6. Lucchi (34)	1'54.662
7. Aoki (6)	1'54.684
8. Migliorati (8)	1'54.774
9. Laconi (55)	1'55.052
10. Waldmann (3)	1'55.184
11. v. d. Goorbergh (12)	1'55.268
12. d'Antin (7)	1'55.310
13. Petrucciani (22)	1'55.406
14. Miyazaki (29)	1'55.741
15. Bulega (25)	1'55.796
16. Robinson (41)	1'55.932
17. Suter (14)	1'56.040
18. Tsujimura (26)	1'56.130
19. Hatakeyama (9)	1'56.151
20. Boscoscuro (20)	1'56.320
21. Cardoso (30)	1'56.412
22. Locatelli (18)	1'56.448
23. Scalvini (15)	1'56.490
24. Harada (31)	1'56.602
25. Battaini (68)	1'56.730
26. Gibernau (16)	1'56.986
27. Porco (27)	1'57.075
28. Cogan (28)	1'57.131
29. Rolfo (67)	1'58.349
30. Fiorillo (69)	1'59.483
31. Boudinot (23)	2'00.258
32. Barresi (96)	2'02.612
33. Cotti (71)	2'04.076

ERGEBNIS nach 23 Runden = 112,516 km

Schnitt des Siegers: 153,279 km/h		WM-Stand	
Fahrer (Nation) Maschine	Zeit (Min)	Fahrer/Punkte	
1. Ralf Waldmann (D) Honda	44'02.620	Biaggi	224
2. Olivier Jacque (F) Honda	-4.770	Waldmann	212
3. Tohru Ukawa (J) Honda	-5.298	Fuchs	136
4. Jürgen Fuchs (D) Honda	-24.132	Jacque	132
5. Marcellino Lucchi (I) Aprilia	-24.404	d'Antin	118
6. Luis d'Antin (E) Honda	-37.644	Harada	104
7. Takeshi Tsujimura (J) Honda	-42.854	Ukawa	103
8. Jürgen v. d. Goorbergh (NL) Honda	-47.826	Aoki	87
9. Jamie Robinson (GB) Aprilia	-52.416	Ruggia	70
10. Davide Bulega (I) Aprilia	-59.142	Boscoscuro	55
11. Gianluigi Scalvini (I) Honda	-1'01.610	Suter	47
12. Roberto Locatelli (I) Aprilia	-1'01.786	Goorbergh	46
13. José Luis Cardoso (E) Aprilia	-1'02.000	Migliorati	42
14. Luca Boscoscuro (I) Aprilia	-1'04.224	Tsujimura	39
15. Yasumasa Hatakeyama (J) Honda	-1'07.722	Laconi	33
16. Osamu Miyazaki (J) Aprilia	-1'08.290	Lucchi	31
17. Oliver Petrucciani (CH) Aprilia	-1'08.710	Robinson	26
18. Sete Gibernau (E) Honda	-1'08.836	Locatelli	24
19. Franco Battaini (I) Aprilia	-1'13.476	Miyazaki	21
20. Christophe Cogan (F) Honda	-1'13.526	Numata	20
21. Giuseppe Fiorillo (I) Aprilia	-1'22.800	Kato	16
22. Roberto Rolfo (I) Aprilia	-1'32.978	Bulega	14
23. José Barresi (YZ) Honda	-1 Runde	Porco	14
Schnellste Runde: Waldmann in 1'53.594 = 155,036 km/h			

AUSFÄLLE: Fahrer (Nation) Maschine (Grund)	in Runde
Regis Laconi (F) Honda (Sturz)	1
Cristiano Migliorati (I) Honda (Sturz)	1
Eskil Suter (CH) Aprilia (Sturz)	1
Christian Boudinot (F) Aprilia (Handling-Probleme)	3
Jean Philippe Ruggia (F) Honda (gebr. Auspuff/Motor festgegangen)	3
Nobuatsu Aoki (J) Honda (Antriebsritzel abgeschert)	4
Filippo Cotti (I) Aprilia (Vorderradgabel problematisch)	6
Sebastian Porco (ARG) Aprilia (Zündung defekt)	8
Max Biaggi (I) Aprilia (Sturz)	11
Tetsuya Harada (J) Yamaha (Zündung defekt)	11

500 cm³

STARTAUFSTELLUNG

Fahrer (Nr)	Trainingszeit
1. Doohan (1)	1'50.250
2. Bayle (12)	1'50.727
3. Abe (9)	1'50.858
4. Cadalora (3)	1'51.006
5. Crivillé (4)	1'51.075
6. Russell (11)	1'51.287
7. Okada (6)	1'51.528
8. Checa (24)	1'51.588
9. Barros (7)	1'51.784
10. Itoh (41)	1'51.857
11. Roberts jr. (10)	1'51.908
12. Puig (17)	1'52.076
13. Capirossi (65)	1'52.223
14. Rymer (26)	1'52.612
15. Romboni (15)	1'53.030
16. Pedercini (22)	1'53.353
17. McWilliams (13)	1'53.534
18. Borja (8)	1'54.332
19. Emmett (19)	1'54.838
20. McManus (23)	1'54.847
21. Haydon (18)	1'55.178
22. Walker (44)	1'55.288
23. Protat (27)	1'56.088
24. Jeandat (51)	1'56.456
25. Bosshard (14)	1'56.991
26. Young (96)	1'57.862
27. Papa (66)	2'02.380

ERGEBNIS nach 16 Runden = 78,272 km

Schnitt des Siegers: 158,238 km/h		WM-Stand	
Fahrer (Nation) Maschine	Zeit (Min)	Fahrer/Punkte	
1. Michael Doohan (AUS) Honda	29'40.732	Doohan	256
2. Alex Crivillé (E) Honda	-0.104	Crivillé	199
3. Tadayuki Okada (J) Honda	-2.286	Cadalora	136
4. Jean Michel Bayle (F) Yamaha	-10.041	Barros	126
5. Norifumi Abe (J) Yamaha	-12.232	Abe	126
6. Luca Cadalora (I) Honda	-12.366	Russell	121
7. Scott Russell (USA) Suzuki	-15.473	Okada	93
8. Alexandre Barros (BR) Honda	-16.328	Bayle	90
9. Shinichi Itoh (J) Honda	-18.499	Puig	78
10. Kenny Roberts jr. (USA) Yamaha	-18.810	Checa	70
11. Carlos Checa (E) Honda	-20.592	Capirossi	62
12. Alberto Puig (E) Honda	-37.194	Roberts jr.	61
13. Lucio Pedercini (I) ROC-Yamaha	-51.547	Itoh	55
14. Doriano Romboni (I) Aprilia	-1'00.108	Borja	32
15. Eugene McManus (GB) Yamaha	-1'01.792	Protat	26
16. Sean Emmett (GB) Harris-Yamaha	-1'26.742	Beattie	24
17. Jean Pierre Jeandat (F) Paton	-1'36.087	Romboni	23
18. Marco Papa (I) Paton	-2 Runden	McWilliams	22
Schnellste Runde: Crivillé in 1'50.191 = 159,824 km/h			

AUSFÄLLE: Fahrer (Nation) Maschine (Grund)	in Runde
Chris Walker (GB) Elf 500 (Sturz)	1
Juan Borja (E) Elf 500 (Hinterradbremse defekt)	2
Adrian Bosshard (CH) Elf 500 (Kupplung verbrannt)	4
Loris Capirossi (I) Yamaha (Schikane verpaßt/Aufgabe)	4
James Haydon (GB) ROC-Yamaha (Sturz)	5
Terry Rymer (GB) Suzuki (Schmerzen/Aufgabe)	8
Paul Young (AUS) Harris-Yamaha (Motor defekt)	11
Frédéric Protat (F) ROC-Yamaha (Gangwechsel-Probleme)	13
Jeremy McWilliams (GB) ROC-Yamaha (Getriebe defekt)	15

GP von Montmelo/E

Termin: 15. September 1996, Wetter: sonnig, Zuschauer: 62.500, Streckenlänge: 4,727 km

125 cm³

STARTAUFSTELLUNG	
Fahrer (Nr)	**Trainingszeit**
1. Ui (19)	1'54.536
2. Alzamora (3)	1'54.560
3. Manako (8)	1'54.569
4. McCoy (72)	1'54.620
5. Rossi (46)	1'54.740
6. Öttl (10)	1'54.780
7. Perugini (6)	1'54.823
8. Martinez (55)	1'54.836
9. Tokudome (7)	1'55.066
10. Cecchinello (13)	1'55.166
11. Katoh (14)	1'55.367
12. Goi (26)	1'55.486
13. Geissler (15)	1'55.615
14. Aoki (1)	1'55.636
15. Petit (23)	1'55.802
16. Raudies (5)	1'55.990
17. Saito (4)	1'56.056
18. Hules (24)	1'56.141
19. Ueda (12)	1'56.158
20. Torrontegui (11)	1'56.317
21. Giansanti (69)	1'56.620
22. Debbia (27)	1'56.721
23. Nieto jr. (88)	1'56.734
24. Sarda (36)	1'56.813
25. Bodelier (35)	1'56.972
26. Ramirez (63)	1'57.131
27. Borsoi (66)	1'57.217
28. Barton (17)	1'57.404
29. Maturana (44)	1'57.512
30. Garcia (62)	1'57.937
31. Ribalta (45)	1'58.385
32. Sakata (2)	2'00.803

ERGEBNIS nach 22 Runden = 103,994 km			
Schnitt des Siegers: 147,09 km/h		**WM-Stand**	
Fahrer (Nation) Maschine	**Zeit (Min)**	**Fahrer/Punkte**	
1. Tomomi Manako (J) Honda	42'25.228	Aoki	175
2. Garry McCoy (AUS) Aprilia	-1.190	Tokudome	161
3. Kazuto Sakata (J) Aprilia	-6.606	Manako	160
4. Emilio Alzamora (E) Honda	-6.754	Alzamora	138
5. Haruchika Aoki (J) Honda	-6.920	Perugini	121
6. Youichi Ui (J) Yamaha	-6.962	Rossi	109
7. Yoshiaki Katoh (J) Yamaha	-6.998	Ueda	108
8. Jorge Martinez (E) Aprilia	-7.244	Sakata	108
9. Ivan Goi (I) Honda	-8.828	Martinez	105
10. Dirk Raudies (D) Honda	-13.303	Goi	99
11. Noboru Ueda (J) Honda	-17.744	Öttl	97
12. Herri Torrontegui (E) Honda	-19.034	Raudies	70
13. Jaroslav Hules (CZ) Honda	-39.015	Geissler	54
14. Mirko Giansanti (I) Honda	-40.142	McCoy	51
15. Gabriele Debbia (I) Yamaha	-40.194	Katoh	48
16. Angel Nieto jr. (E) Aprilia	-49.499	Cecchinello	40
17. Daniel Ribalta (E) Honda	-58.692	Saito	37
18. David Garcia (E) Honda	-1'15.975	Ui	28
Schnellste Runde: Manako in 1'54.307 = 148,873 km/h			

AUSFÄLLE: Fahrer (Nation) Maschine (Grund)	in Runde
Gino Borsoi (I) Aprilia (Nichtstarter/Trainingssturz)	-
Lucio Cecchinello (I) Honda (Sturz)	1
Valentino Rossi (I) Aprilia (Sturz)	1
Akira Saito (J) Honda (Sturz)	1
Masaki Tokudome (J) Aprilia (Sturz)	1
Loek Bodelier (NL) Honda (Motor defekt)	2
José Ramon Ramirez (E) Honda (Sturz)	2
Darren Barton (GB) Yamaha (Sturz)	4
Peter Öttl (D) Aprilia (Sturz)	4
Frédéric Petit (F) Honda (Sturz)	4
Juan Enrique Maturana (E) Yamaha (Kolbenklemmer)	15
Josep Sarda (E) Honda (Sturz)	21
Manfred Geissler (D) Aprilia (Sturz)	22
Stefano Perugini (I) Aprilia (Sturz)	22

250 cm³

STARTAUFSTELLUNG	
Fahrer (Nr)	**Trainingszeit**
1. Biaggi (1)	1'47.757
2. Jacque (19)	1'48.744
3. Lucchi (34)	1'49.064
4. Ukawa (10)	1'49.183
5. Aoki (6)	1'49.186
6. Waldmann (3)	1'49.273
7. Fuchs (11)	1'49.458
8. Suter (14)	1'50.093
9. Laconi (55)	1'50.151
10. d'Antin (7)	1'50.208
11. v. d. Goorbergh (12)	1'50.226
12. Ruggia (5)	1'50.448
13. Migliorati (8)	1'50.616
14. Cardoso (30)	1'50.658
15. Bulega (25)	1'50.676
16. Gibernau (16)	1'50.692
17. Porco (27)	1'51.046
18. Scalvini (15)	1'51.097
19. Tsujimura (26)	1'51.178
20. Hatakeyama (9)	1'51.203
21. Miyazaki (29)	1'51.231
22. Robinson (41)	1'51.239
23. Cogan (28)	1'51.275
24. Petrucciani (22)	1'51.942
25. Antonello (66)	1'52.162
26. Boscoscuro (20)	1'52.281
27. Boudinot (23)	1'53.115
28. Tey (64)	1'54.159
29. Barresi (96)	1'54.516
30. Battaini (68)	1'54.619
31. Riquelme (44)	1'54.660
32. Esparragoso (65)	1'56.582
33. Bonilla (45)	1'57.464

ERGEBNIS nach 23 Runden = 108,721 km			
Schnitt des Siegers: 155,123 km/h		**WM-Stand**	
Fahrer (Nation) Maschine	**Zeit (Min)**	**Fahrer/Punkte**	
1. Max Biaggi (I) Aprilia	42'03.123	Biaggi	249
2. Olivier Jacque (F) Honda	-10.188	Waldmann	228
3. Ralf Waldmann (D) Honda	-13.476	Jacque	152
4. Tohru Ukawa (J) Honda	-14.291	Fuchs	147
5. Jürgen Fuchs (D) Honda	-14.433	d'Antin	121
6. Marcellino Lucchi (I) Aprilia	-18.269	Ukawa	116
7. Nobuatsu Aoki (J) Honda	-25.600	Harada	104
8. Cristiano Migliorati (I) Honda	-34.269	Aoki	96
9. Eskil Suter (CH) Aprilia	-38.493	Ruggia	70
10. Regis Laconi (F) Honda	-40.120	Boscoscuro	55
11. Takeshi Tsujimura (J) Honda	-40.150	Suter	54
12. Sebastian Porco (ARG) Aprilia	-46.555	Migliorati	50
13. Luis d'Antin (E) Honda	-48.011	Goorbergh	48
14. Jürgen v. d. Goorbergh (NL) Honda	-49.391	Tsujimura	44
15. Osamu Miyazaki (J) Aprilia	-53.953	Lucchi	41
16. Gianluigi Scalvini (I) Honda	-54.143	Laconi	39
17. Davide Bulega (I) Aprilia	-54.369	Robinson	26
18. Luca Boscoscuro (I) Aprilia	-54.621	Locatelli	24
19. Alessandro Antonello (I) Aprilia	-1'08.015	Miyazaki	22
20. Francisco Riquelme (E) Honda	-1 Runde	Numata	20
21. Ismael Bonilla (E) Honda	-1 Runde	Porco	18
22. Vicente Esparragoso (E) Honda	-1 Runde	Kato	16
Schnellste Runde: Biaggi in 1'48.490 = 156,855 km/h			

AUSFÄLLE: Fahrer (Nation) Maschine (Grund)	in Runde
Yasumasa Hatakeyama (J) Honda (Sturz)	1
Christian Boudinot (F) Aprilia (Sturz)	2
Sete Gibernau (E) Honda (Kette abgesprungen)	2
Franco Battaini (I) Aprilia (Trainingssturz/Aufgabe)	3
Jean Philippe Ruggia (F) Honda (Sturz)	3
José Barresi (YZ) Honda (Motor defekt)	7
Christophe Cogan (F) Honda (Sturz)	14
Miguel Tey (E) Honda (Motor defekt)	14
Oliver Petrucciani (CH) Aprilia (Trainingssturz/Aufgabe)	17
Jamie Robinson (GB) Aprilia (Kolbenklemmer)	20
José Luis Cardoso (E) Aprilia (Motor defekt)	22

500 cm³

STARTAUFSTELLUNG	
Fahrer (Nr)	**Trainingszeit**
1. Doohan (1)	1'46.201
2. Crivillé (4)	1'46.309
3. Cadalora (3)	1'46.442
4. Checa (24)	1'46.512
5. Bayle (12)	1'46.837
6. Barros (7)	1'46.928
7. Puig (17)	1'47.074
8. Roberts jr. (10)	1'47.137
9. Capirossi (65)	1'47.465
10. Itoh (41)	1'47.570
11. Okada (6)	1'47.792
12. Russell (11)	1'47.798
13. Abe (9)	1'48.063
14. Borja (8)	1'48.427
15. Beattie (2)	1'48.685
16. Pedercini (22)	1'49.162
17. Emmett (19)	1'49.239
18. Protat (27)	1'49.264
19. McWilliams (13)	1'49.368
20. Bosshard (14)	1'49.730
21. Stroud (30)	1'49.958
22. McManus (23)	1'50.378
23. Jeandat (51)	1'51.458
24. Walker (44)	1'51.650
25. Young (96)	1'51.805

ERGEBNIS nach 25 Runden = 118,175 km			
Schnitt des Siegers: 157,749 km/h		**WM-Stand**	
Fahrer (Nation) Maschine	**Zeit (Min)**	**Fahrer/Punkte**	
1. Carlos Checa (E) Honda	44'56.885	Doohan	276
2. Michael Doohan (AUS) Honda	-6.591	Crivillé	215
3. Alex Crivillé (E) Honda	-6.640	Cadalora	149
4. Luca Cadalora (I) Honda	-7.048	Barros	134
5. Tadayuki Okada (J) Honda	-7.129	Abe	132
6. Shinichi Itoh (J) Honda	-21.867	Russell	126
7. Alberto Puig (E) Honda	-25.939	Okada	104
8. Alexandre Barros (BR) Honda	-26.875	Checa	95
9. Loris Capirossi (I) Yamaha	-27.105	Bayle	90
10. Norifumi Abe (J) Yamaha	-58.628	Puig	87
11. Scott Russell (USA) Suzuki	-1'02.111	Capirossi	69
12. Jeremy McWilliams (GB) ROC-Yamaha	-1'25.019	Itoh	65
13. Frédéric Protat (F) ROC-Yamaha	-1'39.079	Roberts jr.	61
14. Paul Young (AUS) Harris-Yamaha	-1 Runde	Borja	32
15. Chris Walker (GB) Elf 500	-1 Runde	Protat	29
Schnellste Runde: Checa in 1'47.183 = 158,768 km/h			

AUSFÄLLE: Fahrer (Nation) Maschine (Grund)	in Runde
Jean Pierre Jeandat (F) Paton (Nichtstarter/Trainingssturz)	-
Adrian Bosshard (CH) Elf 500 (Kupplung verbrannt)	3
Sean Emmett (GB) Harris-Yamaha (Pleuel gerissen)	3
Lucio Pedercini (I) ROC-Yamaha (Sturz)	9
Andrew Stroud (NZ) ROC-Yamaha (Sturz)	10
Daryl Beattie (AUS) Suzuki (Fahrwerkprobleme/Aufgabe)	14
Juan Borja (E) Elf 500 (Kurbelwellenlager defekt)	14
Eugene McManus (GB) Yamaha (Sturz)	15
Jean Michel Bayle (F) Yamaha (Sturz)	18
Kenny Roberts jr. (USA) Yamaha (Sturz)	24

Gespanne

STARTAUFSTELLUNG	
Fahrer (Nr)	**Trainingszeit**
1. S. Webster (33)	1'48.378
2. Biland (2)	1'48.504
3. Dixon (1)	1'50.390
4. Abbott (4)	1'50.478
5. D. Brindley (6)	1'50.592
6. Wyssen (17)	1'50.822
7. Klaffenböck (7)	1'50.872
8. Güdel (15)	1'51.078
9. Kumagaya (9)	1'52.512
10. Bösiger (3)	1'52.714
11. B. Brindley (5)	1'52.873
12. Reddington (14)	1'53.550
13. Gälross (11)	1'54.077
14. Neumann (20)	1'54.782
15. Molyneux (27)	1'54.940
16. K. Webster (18)	1'55.724
17. Schlosser (12)	1'55.836
18. Muldoon (28)	1'56.653
19. Nikkanen (29)	1'57.533
20. Janssen (8)	1'59.898
21. Willford (16)	2'03.592

ERGEBNIS nach 22 Runden = 103,994 km			
Schnitt des Siegers: 153,269 km/h		**WM-Stand**	
Fahrer (Nation) Maschine	**Zeit (Min)**	**Fahrer/Punkte**	
1. Biland/Waltisperg (CH) LCR-BRM	40'42.623	Dixon	141
2. Klaffenböck/Parzer (A) LCR-ADM R4	-8.578	Biland	119
3. Abbott/Biggs (GB) Windle-ADM R4	-11.525	S. Webster	110
4. Dixon/Hetherington (GB) Windle-ADM	-17.851	Güdel	108
5. S. Webster/James (GB) LCR-ADM R4	-19.717	Abbott	73
6. P. Güdel/C. Güdel (CH) LCR-BRM	-26.253	Klaffenböck	63
7. Bösiger/Egli (CH) LCR-ADM R4	-44.025	Kumagaya	56
8. T. Wyssen/K. Wyssen (CH) LCR-BRM	-46.156	Bösiger	53
9. Kumagaya/Hopkinson (J/GB) LCR	-1'27.278	Reddington	35
10. Schlosser/Herzog (CH/D) LCR-BRM	-1'27.568	Wyssen	33
11. K. Webster/McIntosh (GB) LCR-ADM	-1'57.079	Schlosser	33
12. Molyneux/Hill (GB) Windle-ADM R4	-1 Runde	D. Brindley	27
13. Reddington/Crone (GB) LCR-ADM R4	-1 Runde	Janssen	26
14. J. Nikkanen/J. Nikkanen (SF) LCR-Hon.	-1 Runde	Willford	21
Schnellste Runde: Biland in 1'49.596 = 155,272 km/h			

AUSFÄLLE: Fahrer (Nation) Maschine (Grund)	in Runde
Gälross/Berglund (S) LCR-NGK 500 (Getriebe defekt)	2
D. Brindley/Hutchinson (GB) LCR-BRM (Dreher/Beifahrer verloren)	3
Willford/Hallam (GB) LCR-ADM R4 (Verletzung/Aufgabe)	3
Neumann/Zillmann (D) LCR-ADM R4 (Getriebe defekt)	11
B. Brindley/Whiteside (GB) LCR-Yamaha (Seitenwagenrad verloren)	13
Muldoon/Gusman (GB) LCR-Yamaha (Zündung defekt)	15
Janssen/v. Kessel (NL) LCR-Stredor (Zylinder gerissen)	17

GP von Jacarepagua/BR

Termin: 6. Oktober 1996, Wetter: heiß, Zuschauer: 2.000, Streckenlänge: 4,933 km

125 cm^3

STARTAUFSTELLUNG	
Fahrer (Nr)	**Trainingszeit**
1. Aoki (1)	2'01.583
2. Perugini (6)	2'01.918
3. Manako (8)	2'02.631
4. Ueda (12)	2'02.651
5. Tokudome (7)	2'02.668
6. Alzamora (3)	2'02.788
7. Martinez (55)	2'03.005
8. McCoy (72)	2'03.155
9. Petit (23)	2'03.170
10. Raudies (5)	2'03.272
11. Rossi (46)	2'03.315
12. Ui (19)	2'03.581
13. Sakata (2)	2'03.854
14. Cecchinello (13)	2'03.930
15. Goi (26)	2'04.024
16. Hules (24)	2'04.480
17. Geissler (15)	2'04.783
18. Sarda (36)	2'04.797
19. Giansanti (69)	2'04.844
20. Katoh (14)	2'05.263
21. Ancona (94)	2'05.382
22. Debbia (27)	2'05.396
23. Bodelier (35)	2'05.658
24. Torrontegui (11)	2'05.973
25. Saito (4)	2'06.014

ERGEBNIS nach 21 Runden = 103,593 km			
Schnitt des Siegers: 145,175 km/h		WM-Stand	
Fahrer (Nation) Maschine	**Zeit (Min)**	**Fahrer/Punkte**	
1. Haruchika Aoki (J) Honda	42'48.872	Aoki	200
2. Emilio Alzamora (E) Honda	-8.440	Tokudome	177
3. Masaki Tokudome (J) Aprilia	-19.076	Manako	160
4. Jorge Martinez (E) Aprilia	-22.674	Alzamora	158
5. Garry McCoy (AUS) Aprilia	-23.336	Perugini	128
6. Noboru Ueda (J) Honda	-30.056	Ueda	118
7. Lucio Cecchinello (I) Honda	-30.206	Martinez	118
8. Youichi Ui (J) Yamaha	-30.866	Sakata	113
9. Stefano Perugini (I) Aprilia	-32.286	Rossi	109
10. Dirk Raudies (D) Honda	-32.614	Goi	99
11. Kazuto Sakata (J) Aprilia	-40.169	Öttl	97
12. Yoshiaki Katoh (J) Yamaha	-41.346	Raudies	76
13. Josep Sarda (E) Honda	-47.504	McCoy	62
14. Frédéric Petit (F) Honda	-53.882	Geissler	54
15. Jaroslav Hules (CZ) Honda	-57.356	Katoh	52
16. Manfred Geissler (D) Aprilia	-1'01.915	Cecchinello	49
17. Akira Saito (J) Honda	-1'02.175	Saito	37
18. Luigi Ancona (I) Aprilia	-1'17.212	Ui	36
19. Gabriele Debbia (I) Yamaha	-1'19.526	Petit	24
Schnellste Runde: Aoki in 2'01.306 = 146,397 km/h			

AUSFÄLLE: Fahrer (Nation) Maschine (Grund)	in Runde
Loek Bodelier (NL) Honda (Kupplung verbrannt)	1
Ivan Goi (I) Honda (Sturz)	1
Valentino Rossi (I) Aprilia (Sturz)	1
Tomomi Manako (J) Honda (Sturz)	5
Herri Torrontegui (E) Honda (Fahrwerk-Probleme/Aufgabe)	5
Mirko Giansanti (I) Honda (Zündung defekt)	15

250 cm^3

STARTAUFSTELLUNG	
Fahrer (Nr)	**Trainingszeit**
1. Jacque (19)	1'55.955
2. Waldmann (3)	1'56.190
3. Fuchs (11)	1'56.447
4. Aoki (6)	1'56.495
5. Ruggia (5)	1'56.753
6. Biaggi (1)	1'56.762
7. Tsujimura (26)	1'56.944
8. Ukawa (10)	1'57.332
9. d'Antin (7)	1'57.650
10. Migliorati (8)	1'57.773
11. v. d. Goorbergh (12)	1'57.790
12. Laconi (55)	1'57.794
13. Porco (27)	1'57.875
14. Scalvini (15)	1'57.881
15. Gibernau (16)	1'58.088
16. Locatelli (18)	1'58.136
17. Cogan (28)	1'58.155
18. Robinson (41)	1'58.202
19. Petrucciani (22)	1'58.262
20. Antonello (66)	1'58.433
21. Bulega (25)	1'58.553
22. Cardoso (30)	1'58.978
23. Boscoscuro (20)	1'59.241
24. Hatakeyama (9)	1'59.276
25. Suter (14)	1'59.470
26. Miyazaki (29)	1'59.854
27. Gartner (59)	1'59.975
28. Boudinot (23)	2'00.516
29. Payten (48)	2'00.940
30. Flores (60)	2'04.106
31. Barresi (96)	2'04.339

ERGEBNIS nach 22 Runden = 108,526 km			
Schnitt des Siegers: 151,165 km/h		WM-Stand	
Fahrer (Nation) Maschine	**Zeit (Min)**	**Fahrer/Punkte**	
1. Olivier Jacque (F) Honda	43'04.546	Biaggi	249
2. Ralf Waldmann (D) Honda	-4.578	Waldmann	248
3. Jürgen Fuchs (D) Honda	-5.497	Jacque	177
4. Tohru Ukawa (J) Honda	-24.476	Fuchs	163
5. Jean Philippe Ruggia (F) Honda	-24.865	d'Antin	130
6. Roberto Locatelli (I) Aprilia	-33.748	Ukawa	129
7. Luis d'Antin (E) Honda	-35.589	Harada	104
8. Sete Gibernau (E) Yamaha	-37.501	Aoki	96
9. Luca Boscoscuro (I) Aprilia	-41.514	Ruggia	81
10. Takeshi Tsujimura (J) Honda	-46.790	Boscoscuro	62
11. Gianluigi Scalvini (I) Honda	-50.619	Suter	55
12. Sebastian Porco (ARG) Aprilia	-55.979	Goorbergh	51
13. Jürgen v. d. Goorbergh (NL) Honda	-1'03.284	Migliorati	50
14. Oliver Petrucciani (CH) Aprilia	-1'06.316	Tsujimura	50
15. Eskil Suter (CH) Aprilia	-1'07.372	Lucchi	41
16. Yasumasa Hatakeyama (J) Honda	-1'07.416	Laconi	39
17. Alessandro Antonello (I) Aprilia	-1'15.215	Locatelli	34
18. Christophe Cogan (F) Honda	-1'16.079	Robinson	26
19. Marcus Payten (F) Honda	-1'43.484	Miyazaki	22
20. Juan Gartner (RA) Honda	-1'45.934	Porco	22
Schnellste Runde: Jacque in 1'56.004 = 153,088 km/h			

AUSFÄLLE: Fahrer (Nation) Maschine (Grund)	in Runde
Regis Laconi (F) Honda (Sturz)	1
Jamie Robinson (GB) Aprilia (Kolbenklemmer)	1
Nobuatsu Aoki (J) Honda (Sturz)	2
Cristiano Migliorati (I) Honda (Sturz)	3
Osamu Miyazaki (J) Aprilia (Trainingssturz/Aufgabe)	4
José Barresi (YZ) Honda (Grund unbekannt)	5
Christian Boudinot (F) Aprilia (Reifen-Probleme/Aufgabe)	5
Max Biaggi (I) Aprilia (Sturz)	6
Davide Bulega (I) Aprilia (Sturz)	8
José Luis Cardoso (E) Aprilia (Motor defekt)	9
Fernando Flores (RA) Honda (Motor festgegangen)	9

500 cm^3

STARTAUFSTELLUNG	
Fahrer (Nr)	**Trainingszeit**
1. Doohan (1)	1'53.293
2. Abe (9)	1'53.404
3. Bayle (12)	1'54.253
4. Checa (24)	1'54.286
5. Cadalora (3)	1'54.316
6. Okada (6)	1'54.389
7. Crivillé (4)	1'54.418
8. Russell (11)	1'54.446
9. Barros (7)	1'54.496
10. Roberts jr. (10)	1'54.676
11. Puig (17)	1'55.115
12. Itoh (41)	1'55.272
13. Pedercini (22)	1'55.374
14. Capirocci (66)	1'55.810
15. Borja (8)	1'56.028
16. McManus (23)	1'57.579
17. Protat (27)	1'57.602
18. Walker (44)	1'57.788
19. McWilliams (13)	1'57.831
20. Young (96)	1'57.983
21. Beattie (2)	1'58.121
22. Naveau (16)	1'58.710
23. Taylor (33)	1'59.373
24. Mertens (32)	2'00.031
25. Arakaki (20)	2'01.235

ERGEBNIS nach 24 Runden = 118,392 km			
Schnitt des Siegers: 154,601 km/h		WM-Stand	
Fahrer (Nation) Maschine	**Zeit (Min)**	**Fahrer/Punkte**	
1. Michael Doohan (AUS) Honda	45'56.850	Doohan	301
2. Alex Crivillé (E) Honda	-0.465	Crivillé	235
3. Norifumi Abe (J) Yamaha	-5.202	Cadalora	159
4. Carlos Checa (E) Honda	-13.020	Abe	148
5. Alexandre Barros (BR) Honda	-13.662	Barros	145
6. Luca Cadalora (I) Honda	-14.478	Russell	133
7. Jean Michel Bayle (F) Yamaha	-16.175	Okada	112
8. Tadayuki Okada (J) Honda	-17.118	Checa	108
9. Scott Russell (USA) Suzuki	-20.021	Bayle	99
10. Alberto Puig (E) Honda	-38.910	Puig	93
11. Shinichi Itoh (J) Honda	-41.322	Capirossi	73
12. Loris Capirossi (I) Yamaha	-49.364	Itoh	70
13. Kenny Roberts jr. (USA) Yamaha	-1'04.048	Roberts jr.	64
14. Juan Borja (E) Elf 500	-1'16.168	Borja	34
15. Lucio Pedercini (I) ROC-Yamaha	-1'16.552	Protat	29
16. Frédéric Protat (F) ROC-Yamaha	-1'44.430	McWilliams	26
17. Chris Walker (GB) Elf 500	-1'45.162	Beattie	24
18. Laurent Naveau (B) ROC-Yamaha	-1'58.087	Romboni	23
19. Stephane Mertens (B) Harris-Yamaha	-1 Runde	Pedercini	21
Schnellste Runde: Doohan in 1'53.602 = 156,325 km/h			

AUSFÄLLE: Fahrer (Nation) Maschine (Grund)	in Runde
Daryl Beattie (AUS) Suzuki (Nichtstarter/Verletzung)	-
Chris Taylor (USA) ROC-Yamaha (Nichtstarter/Trainingssturz)	-
Eugene McManus (GB) Yamaha (Kupplung verbrannt)	2
Toshi Arakaki (J) Paton (Sturz)	22
Paul Young (AUS) Harris-Yamaha (Reifen-Probleme/Aufgabe)	22
Jeremy McWilliams (GB) ROC-Yamaha (Sturz)	24

GP von Eastern Creek/AUS

Termin: 20. Oktober 1996, Wetter: trocken, Zuschauer: 30.000, Streckenlänge: 3,930 km

125 cm^3

STARTAUFSTELLUNG	
Fahrer (Nr)	Trainingszeit
1. Aoki (1)	1'36.080
2. Sakata (2)	1'36.379
3. Perugini (6)	1'36.796
4. McCoy (72)	1'36.840
5. Alzamora (3)	1'36.914
6. Cecchinello (13)	1'36.945
7. Tokudome (7)	1'36.966
8. Martinez (55)	1'37.128
9. Manako (8)	1'37.230
10. Raudies (5)	1'37.302
11. Ueda (12)	1'37.463
12. Rossi (46)	1'37.734
13. Ancona (94)	1'37.840
14. Saito (4)	1'37.873
15. Hules (24)	1'37.946
16. Goi (26)	1'37.990
17. Bodelier (35)	1'38.039
18. Katoh (14)	1'38.203
19. Ui (19)	1'38.254
20. Debbia (27)	1'38.436
21. Sarda (36)	1'38.605
22. Petit (23)	1'38.729
23. Torrontegui (11)	1'38.819
24. Giansanti (69)	1'38.876
25. Geissler (15)	1'38.956
26. Duke (47)	1'41.492
27. Willy (49)	1'42.124
28. van Vliet (48)	1'44.052
29. Porter (50)	1'47.381

ERGEBNIS nach 26 Runden = 102,180 km			
Schnitt des Siegers: 145,228 km/h		WM-Endstand	
Fahrer (Nation) Maschine	Zeit (Min)	Fahrer/Punkte	
1. Garry McCoy (AUS) Aprilia	42'12.903	Aoki	220
2. Haruchika Aoki (J) Honda	-0.049	Tokudome	193
3. Masaki Tokudome (J) Aprilia	-0.247	Manako	167
4. Jorge Martinez (E) Aprilia	-0.533	Alzamora	158
5. Ivan Goi (I) Honda	-9.741	Martinez	131
6. Lucio Cecchinello (I) Honda	-10.037	Perugini	128
7. Yoshiaki Katoh (J) Yamaha	-11.987	Ueda	126
8. Noboru Ueda (J) Honda	-18.127	Sakata	113
9. Tomomi Manako (J) Honda	-19.405	Rossi	111
10. Akira Saito (J) Honda	-22.643	Goi	110
11. Dirk Raudies (D) Honda	-22.780	Öttl	97
12. Frédéric Petit (F) Honda	-27.259	McCoy	87
13. Luigi Ancona (I) Aprilia	-38.669	Raudies	81
14. Valentino Rossi (I) Aprilia	-51.772	Katoh	61
15. Herri Torrontegui (E) Honda	-56.713	Cecchinello	59
16. Mirko Giansanti (I) Honda	-1'01.819	Geissler	54
17. Gabriele Debbia (I) Yamaha	-1'06.325	Saito	43
18. Andrew Duke (AUS) Aprilia	-1 Runde	Ui	36
19. Andrew Willy (AUS) Yamaha	-1 Runde	Petit	28
20. Jason van Vliet (AUS) Honda	-2 Runden	Torrontegui	18
Schnellste Runde: Aoki in 1'36.272 = 146,959 km/h			

AUSFÄLLE: Fahrer (Nation) Maschine (Grund)	in Runde
Ricky Porter (NZ) Yamaha (Nichtstarter)	-
Josep Sarda (E) Honda (Nichtstarter/Trainingssturz)	-
Youichi Ui (J) Yamaha (Nichtstarter/Trainingssturz)	-
Manfred Geissler (D) Aprilia (Sturz)	4
Loek Bodelier (NL) Honda (Motor defekt)	6
Jaroslav Hules (CZ) Honda (Sturz)	6
Stefano Perugini (I) Aprilia (Kolbenklemmer)	6
Emilio Alzamora (E) Honda (Sturz)	7
Kazuto Sakata (J) Aprilia (Motor defekt)	11

250 cm^3

STARTAUFSTELLUNG	
Fahrer (Nr)	Trainingszeit
1. Biaggi (1)	1'31.718
2. Jacque (19)	1'32.148
3. Fuchs (11)	1'32.443
4. Waldmann (3)	1'32.773
5. Ukawa (10)	1'32.882
6. Aoki (6)	1'32.889
7. Ruggia (5)	1'33.248
8. Locatelli (18)	1'33.602
9. v. d. Goorbergh (12)	1'33.605
10. Bulega (25)	1'33.706
11. d'Antin (7)	1'33.719
12. Suter (14)	1'33.870
13. Laconi (55)	1'33.886
14. Payten (48)	1'33.981
15. Robinson (41)	1'33.988
16. Gibernau (16)	1'34.066
17. Migliorati (8)	1'34.271
18. Tsujimura (26)	1'34.289
19. Cardoso (30)	1'34.324
20. Hatakeyama (9)	1'34.339
21. Petrucciani (22)	1'34.424
22. Antonello (66)	1'34.483
23. Porco (27)	1'34.500
24. Scalvini (15)	1'34.526
25. Boscoscuro (20)	1'34.593
26. Cogan (28)	1'35.124
27. Miyazaki (29)	1'35.679
28. Connell (47)	1'35.985
29. Boudinot (23)	1'36.114
30. Watts (50)	1'36.396
31. Barresi (96)	1'40.515

ERGEBNIS nach 28 Runden = 110,040 km			
Schnitt des Siegers: 152,271 km/h		WM-Endstand	
Fahrer (Nation) Maschine	Zeit (Min)	Fahrer/Punkte	
1. Max Biaggi (I) Aprilia	43'21.574	Biaggi	274
2. Ralf Waldmann (D) Honda	-1.730	Waldmann	268
3. Olivier Jacque (F) Honda	-18.762	Jacque	193
4. Tohru Ukawa (J) Honda	-25.226	Fuchs	174
5. Jürgen Fuchs (D) Honda	-25.725	Ukawa	142
6. Jean Philippe Ruggia (F) Honda	-26.034	d'Antin	138
7. Nobuatsu Aoki (J) Honda	-29.606	Aoki	105
8. Luis d'Antin (E) Honda	-46.399	Harada	104
9. Roberto Locatelli (I) Aprilia	-46.610	Ruggia	91
10. Takeshi Tsujimura (J) Honda	-59.280	Boscoscuro	62
11. Jürgen v. d. Goorbergh (NL) Honda	-59.748	Goorbergh	56
12. Regis Laconi (F) Honda	-59.828	Tsujimura	56
13. Sebastian Porco (ARG) Aprilia	-1'16.258	Suter	55
14. Marcus Payten (F) Honda	-1'26.544	Migliorati	50
15. Alessandro Antonello (I) Aprilia	-1'29.720	Laconi	43
16. Alan Watts (AUS) Honda	-1 Runde	Lucchi	41
Schnellste Runde: Biaggi in 1'32.84 = 153,642 km/h			

AUSFÄLLE: Fahrer (Nation) Maschine (Grund)	in Runde
Osamu Miyazaki (J) Aprilia (Nichtstarter/Trainingssturz)	-
Luca Boscoscuro (I) Aprilia (Sturz)	1
Gianluigi Scalvini (I) Honda (Sturz)	1
José Barresi (YZ) Honda (Motor defekt)	2
Christian Boudinot (F) Aprilia (Reifenprobleme)	3
Craig Connell (AUS) Yamaha (Sturz)	4
Cristiano Migliorati (I) Honda (Zündung defekt)	6
Christophe Cogan (F) Honda (Fahrwerkabstimmung untauglich)	7
José Luis Cardoso (E) Aprilia (Motor defekt)	9
Sete Gibernau (E) Yamaha (Sturz)	10
Jamie Robinson (GB) Aprilia (Motor defekt)	12
Eskil Suter (CH) Aprilia (Kolbenklemmer)	14
Yasumasa Hatakeyama (J) Honda (Zündung defekt)	19
Davide Bulega (I) Aprilia (Auslaßsteuerung defekt)	23
Oliver Petrucciani (CH) Aprilia (Kolbenklemmer)	24

500 cm^3

STARTAUFSTELLUNG	
Fahrer (Nr)	Trainingszeit
1. Crivillé (4)	1'30.478
2. Capirossi (65)	1'30.553
3. Doohan (1)	1'30.589
4. Cadalora (3)	1'30.622
5. Bayle (12)	1'30.751
6. Okada (6)	1'30.889
7. Checa (24)	1'31.073
8. Barros (7)	1'31.180
9. Roberts jr. (10)	1'31.302
10. Abe (9)	1'31.374
11. Russell (11)	1'31.516
12. Itoh (41)	1'31.896
13. Pedercini (22)	1'32.142
14. Borja (8)	1'32.253
15. Goddard (42)	1'32.294
16. Cragill (48)	1'32.329
17. McWilliams (13)	1'33.043
18. Protat (27)	1'33.153
19. McManus (23)	1'33.540
20. Stroud (30)	1'34.422
21. Young (96)	1'34.463
22. Naveau (16)	1'35.059
23. Mertens (32)	1'35.291
24. Arakaki (20)	1'35.318

ERGEBNIS nach 30 Runden = 117,900 km			
Schnitt des Siegers: 154,462 km/h		WM-Endstand	
Fahrer (Nation) Maschine	Zeit (Min)	Fahrer/Punkte	
1. Loris Capirossi (I) Yamaha	45'47.858	Doohan	309
2. Tadayuki Okada (J) Honda	-10.980	Crivillé	245
3. Carlos Checa (E) Honda	-11.397	Cadalora	168
4. Alexandre Barros (BR) Honda	-11.438	Barros	158
5. Jean Michel Bayle (F) Yamaha	-12.424	Abe	148
6. Alex Crivillé (E) Honda	-20.394	Russell	133
7. Luca Cadalora (I) Honda	-22.064	Okada	132
8. Michael Doohan (AUS) Honda	-22.134	Checa	124
9. Shinichi Itoh (J) Honda	-29.821	Bayle	110
10. Peter Goddard (AUS) Suzuki	-32.744	Capirossi	98
11. Kenny Roberts jr. (USA) Yamaha	-33.519	Puig	93
12. Lucio Pedercini (I) ROC-Yamaha	-1 Runde	Itoh	77
13. Frédéric Protat (F) ROC-Yamaha	-1 Runde	Roberts jr.	69
14. Andrew Stroud (NZ) ROC-Yamaha	-1 Runde	Borja	34
15. Toshi Arakaki (J) Paton	-1 Runde	Protat	32
16. Stephane Mertens (B) Harris-Yamaha	-1 Runde	McWilliams	26
Schnellste Runde: Crivillé in 1'30.359 = 156,575 km/h			

AUSFÄLLE: Fahrer (Nation) Maschine (Grund)	in Runde
Eugene McManus (GB) Yamaha (Disqualifikation)	-
Paul Young (AUS) Harris-Yamaha (Reifenprobleme)	6
Scott Russell (USA) Suzuki (Fahrwerkprobleme)	18
Martin Cragill (AUS) Elf 500 (Bremse defekt)	19
Norifumi Abe (J) Yamaha (Sturz)	20
Jeremy McWilliams (GB) ROC-Yamaha (Ölverlust)	24
Laurent Naveau (B) ROC-Yamaha (Kolbenklemmer)	28
Juan Borja (E) Elf 500 (Zylinderkopf gerissen)	29

Chronik der Motorrad-Weltmeisterschaft

Klasse 500 cm3

1949	Leslie Graham	AJS
1950	Umberto Masetti	Gilera
1951	Geoff Duke	Norton
1952	Umberto Mesette	Gilera
1953	Geoff Duke	Gilera
1954	Geoff Duke	Gilera
1955	Geoff Duke	Gilera
1956	John Surtees	MV Agusta
1957	Libero Liberati	Gilera
1958	John Surtees	MV Agusta
1959	John Surtees	MV Agusta
1960	John Surtees	MV Agusta
1961	Gary Hocking	MV Agusta
1962	Mike Hailwood	MV Agusta
1963	Mike Hailwood	MV Agusta
1964	Mike Hailwood	MV Agusta
1965	Mike Hailwood	MV Agusta
1966	Giacomo Agostini	MV Agusta
1967	Giacomo Agostini	MV Agusta
1968	Giacomo Agostini	MV Agusta
1969	Giacomo Agostini	MV Agusta
1970	Giacomo Agostini	MV Agusta
1971	Giacomo Agostini	MV Agusta
1972	Giacomo Agostini	MV Agusta
1973	Phil Read	MV Agusta
1974	Phil Read	MV Agusta
1975	Giacomo Agostini	Yamaha
1976	Barry Sheene	Suzuki
1977	Barry Sheene	Suzuki
1978	Kenny Roberts	Yamaha
1979	Kenny Roberts	Yamaha
1980	Kenny Roberts	Yamaha
1981	Marco Lucchinelli	Suzuki
1982	Franco Uncini	Suzuki
1983	Freddie Spencer	Honda
1984	Eddie Lawson	Yamaha
1985	Freddie Spencer	Honda
1986	Eddie Lawson	Yamaha
1987	Wayne Gradner	Honda
1988	Eddie Lawson	Yamaha
1989	Eddie Lawson	Yamaha
1990	Wayne Rainey	Yamaha
1991	Wayne Rainey	Yamaha
1992	Wayne Rainey	Yamaha
1993	Kevin Schwantz	Suzuki
1994	Michael Doohan	Honda
1995	Michael Doohan	Honda
1996	MIchael Doohan	Honda

Klasse 250 cm³

1949	Bruno Ruffo	Moto Guzzi
1950	Dario Ambrosini	Benelli
1951	Bruno Ruffo	Moto Guzzi
1952	Enrico Lorenzetti	Moto Guzzi
1953	Werner Haas	NSU
1954	Werner Haas	NSU
1955	H.-P. Müller	NSU
1956	Carlo Ubbiali	MV Agusta
1957	Cecil Sandford	Mondial
1958	Tarquinio Provini	MV Agusta
1959	Carlo Ubbiali	MV Agusta
1960	Carlo Ubbiali	MV Agusta
1961	Mike Hailwood	Honda
1962	Jim Redmann	Honda
1963	Jim Redmann	Honda
1964	Phil Read	Yamaha
1965	Phil Read	Yamaha
1966	Mike Hailwood	Honda
1967	Mike Hailwood	Honda
1968	Phil Read	Yamaha
1969	Kel Carruthers	Benelli
1970	Rod Gould	Yamaha
1971	Phil Read	Yamaha
1972	Jarno Saarinen	Yamaha
1973	Dieter Braun	Yamaha
1974	Walter Villa	Harl.-Dav.
1975	Walter Villa	Harl.-Dav.
1976	Walter Villa	Harl.-Dav.
1977	Mario Lega	Morbidelli
1978	Kork Ballington	Kawasaki
1979	Kork Ballington	Kawasaki
1980	Anton Mang	Kawasaki
1981	Anton Mang	Kawasaki
1982	J.-L. Tournadre	Yamaha
1983	Carlos Lavado	Yamaha
1984	Christian Sarron	Yamaha
1985	Freddie Spencer	Honda
1986	Carlos Lavado	Yamaha
1987	Anton Mang	Honda
1988	Sito Pons	Honda
1989	Sito Pons	Honda
1990	John Kocinski	Yamaha
1991	Luca Cadalora	Honda
1992	Luca Cadalora	Honda
1993	Tetsuya Harada	Yamaha
1994	Massimiliano Biaggi	Aprilia
1995	Massimiliano Biaggi	Aprilia
1996	Massimiliano Biaggi	Aprilia

Klasse 125 cm³

1949	Nello Pagani	Mondial
1950	Bruno Ruffo	Mondial
1951	Carlo Ubbiali	Mondial
1952	Cecil Sandford	MV Agusta
1953	Werner Haas	NSU
1954	Ruppert Hollaus	NSU
1955	Carlo Ubbiali	MV Agusta
1956	Carlo Ubbiali	MV Agusta
1957	Tarquinio Provini	Mondial
1958	Carlo Ubbiali	MV Agusta
1959	Carlo Ubbiali	MV Agusta
1960	Carlo Ubbiali	MV Agusta
1961	Tom Phillis	Honda
1962	Luigi Taveri	Honda
1963	Hugh Anderson	Suzuki
1964	Luigi Taveri	Honda
1965	Hugh Anderson	Suzuki
1966	Luigi Taveri	Honda
1967	Bill Ivy	Yamaha
1968	Phil Read	Yamaha
1969	Dave Simmonds	Kawasaki
1970	Dieter Braun	Suzuki
1971	Angel Nieto	Derbi
1972	Angel Nieto	Derbi
1973	Kent Andersson	Yamaha
1974	Kent Andersson	Yamaha
1975	Pier-Paolo Pileri	Morbidelli
1976	Pier-Paolo Pileri	Morbidelli
1977	Pier-Paolo Pileri	Morbidelli
1978	Eugenio Lazzarini	MBA
1979	Angel NIeto	Minarelli
1980	Pier-Paolo Pileri	MBA
1981	Angel Nieto	Minarelli
1982	Angel Nieto	Garelli
1983	Angel Nieto	Garelli
1984	Angel Nieto	Garelli
1985	Fausto Gresini	Garelli
1986	Luca Cadalora	Garelli
1987	Fausto Gresini	Garelli
1988	Jorge Martinez	Derbi
1989	Alex Crivillé	JJ Cobas
1990	Loris Capirossi	Honda
1991	Loris Capirossi	Honda
1992	Alessandro Gramigni	Aprilia
1993	Dirk Raudies	Honda
1994	Kazuto Sakata	Aprilia
1995	Haruchika Aoki	Honda
1996	Haruchika Aoki	Honda

Gespanne:

1949	Oliver/Jenkinson	Norton
1950	Oliver/Dobelli	Norton
1951	Oliver/Dobelli	Norton
1952	Smith/Clements	Norton
1953	Oliver/Dibben	Norton
1954	Noll/Cron	BMW
1955	Faust/Remmert	BMW
1956	Noll/Cron	BMW
1957	Hillebrand/Grundwald	BMW
1958	Schneider/Strauss	BMW
1959	Schneider/Strauss	BMW
1960	Fath/Wohlgemut	BMW
1961	Deubel/Hörner	BMW
1962	Deubel/Hörner	BMW
1963	Deubel/Hörner	BMW
1964	Deubel/Hörner	BMW
1965	Scheidegger/Robinson	BMW
1966	Scheidegger/Robinson	BMW
1967	Enders/Engelhardt	BMW
1968	Fath/Kalauch	URS
1969	Enders/Engelhardt	BMW
1970	Enders/Engelhardt/Kalauch	BMW
1971	Owesle/Rutterford	Münch URS
1972	Enders/Engelhardt	BMW
1973	Enders/Engelhardt	BMW
1974	Enders/Engelhardt	HBM
1975	Steinhausen/Huber	König
1976	Steinhausen/Huber	Busch/König
1977	O'Dell/Holland/Arthur	Yamaha
1978	Biland/Williams	BEO
1979	B2 A Biland/Williams	SCR
	B2 B Bolzer/Meierhans	LCR
1980	Taylor/Johansson	Fowler-Yamaha
1981	Biland/Waltisperg	LCR-Yamaha
1982	Schwärzel/Huber	Yamaha
1983	Biland/Waltisperg	LCR-Yamaha
1984	Streuer/Schnieders	LCR-Yamaha
1985	Streuer/Schnieders	LCR-Yamaha
1986	Streuer/Schnieders	LCR-Yamaha
1987	Webster/Hewitt	LCR-Krauser
1988	Webster/Hewitt	LCR-Krauser
1989	Webster/Hewitt	LCR-Krauser
1990	Michel/Birchall	LCR
1991	Webster/Simmons	LCR-Krauser
1992	Biland/Waltisperg	LCR-Krauser
1993	Biland/Waltisperg	LCR-Krauser
1994	Biland/Waltisperg	LCR-Krauser
1995	Dixon/Hetherington	Windle-ADM
1996	Dixon/Hetherington	Windle-ADM

Klasse 80 cm³

1984	Stefan Dörflinger	Zündapp
1985	Stefan Dörflinger	Zündapp
1986	Jorge Martinez	Derbi
1987	Jorge Martinez	Derbi
1988	Jorge Martinez	Derbi
1989	Manuel Herreros	Derbi

Weltmeisterschaft 1997

13.4.	Shah Alam/MAL
20.4.	Suzuka/J
4.5.	Jerez/E
18.5.	Mugello/I
1.6.	Zeltweg/A
8.6.	Le Castellet/F
28.6.	Assen/NL
6.7.	Imola/I
20.7.	Nürburgring/D
3.8.	Rio/BR, Buenos Aires/ARG oder Zhuhai/China
17.8.	Donington Park/GB
31.8.	Brünn/CZ
14.9.	Montmeló/CAT
28.9.	Sentul/RI
12.10.	Phillip Island/AUS

(Die Termine waren bei Redaktionsschluß noch vorläufig)

Klasse 350 cm³

1949	Freddy Frith	Velocette
1950	Bob Forster	Velocette
1951	Geoff Duke	Norton
1952	Geoff Duke	Norton
1953	Fergus Anderson	Moto Guzzi
1954	Fergus Anderson	Moto Guzzi
1955	Bill Lomas	Moto Guzzi
1956	Bill Lomas	Moto Guzzi
1957	Keith Campbell	Moto Guzzi
1958	John Surtees	MV Agusta
1959	John Surtees	MV Agusta
1960	John Surtees	MV Agusta
1961	Gary Hocking	MV Agusta
1962	Jim Redmann	Honda
1963	Jim Redmann	Honda
1964	Jim Redmann	Honda
1965	Jim Redmann	Honda
1966	Mike Hailwood	Honda
1967	Mike Hailwood	Honda
1968	Giacomo Agostini	MV Agusta
1969	Giacomo Agostini	MV Agusta
1970	Giacomo Agostini	MV Agusta
1971	Giacomo Agostini	MV Agusta
1972	Giacomo Agostini	MV Agusta
1973	Giacomo Agostini	MV Agusta
1974	Giacomo Agostini	Yamaha
1975	Jonny Cecotto	Yamaha
1976	Walter Villa	Harl.-Dav.
1977	Takazumi Katayama	Yamaha
1978	Kork Ballington	Kawasaki
1979	Kork Ballington	Kawasaki
1980	Jon Ekerold	Yamaha
1981	Anton Mang	Kawasaki
1982	Anton Mang	Kawasaki

Tourist Trophy

	Formel I	*Formel II*	*Formel III*
1978	Mike Hailwood, Ducati	Alan Jackson, Honda	Bill Smith, Honda
1979	Ron Haslam, Honda	Alan Jackson, Honda	Barry Smith, Yamaha
1980	Graeme Crosby, Suzuki	Charly Williams, Yamaha	Ron Haslam, Honda
1981	Graeme Crosby, Suzuki	Tony Rutter, Ducati	Barry Smith, Yamaha
1982	Joey Dunlop, Honda	Tony Rutter, Ducati	
1983	Joey Dunlop, Honda	Tony Rutter, Ducati	
1984	Joey Dunlop, Honda	Tony Rutter, Ducati	
1985	Joey Dunlop, Honda	Brian Reid, Yamaha	
1986	Joey Dunlop, Honda	Brian Reid, Yamaha	
1987	Virginio Ferrari, Bimota		
1988	Carl Fogarty, Honda		
1989	Carl Fogarty, Honda		

Klasse 50 cm³:

1962	Ernst Degner	Suzuki
1963	Hugh Anderson	Suzuki
1964	Hugh Anderson	Suzuki
1965	Ralph Bryans	Honda
1966	H.-G. Anscheidt	Suzuki
1967	H.-G. Anscheidt	Suzuki
1968	H.-G. Anscheidt	Suzuki
1969	Angel Nieto	Derbi
1970	Angel Nieto	Derbi
1971	Jan de Vries	Kreidler
1972	Angel Nieto	Derbi
1973	Jan de Vries	Kreidler
1974	Henk van Kessel	Kreidler
1975	Angel Nieto	Kreidler
1976	Angel Nieto	Bultaco
1977	Angel Nieto	Bultaco
1978	RicardoTormo	Bultaco
1979	Eugenio Lazzarini	Kreidler
1980	Eugenio Lazzarini	Iprem
1981	Ricardo Tormo	Bultaco
1982	Stefan Dörflinger	Kreidler
1983	Stefan Dörflinger	Kreidler

Klasse 750 cm³:

1977	Steve Baker	Yamaha
1978	Johnny Cecotto	Yamaha
1979	Patrick Pons	Yamaha

Superbikes:

1988	Fred Merkel	Honda
1989	Fred Merkel	Honda
1990	Raymond Roche	Ducati
1991	Doug Polen	Ducati
1992	Doug Polen	Ducati
1993	Scott Russell	Kawasaki
1994	Carl Fogarty	Ducati
1995	Carl Fogarty	Ducati
1996	Troy Corser	Ducati

Endstand der WM-Punktewertung

500 cm³:

		MAL	RI	J	E	I	F	NL	D	GB	A	CZ	MO	CAT	BR	AUS
1. Michael Doohan (AUS) Honda	309	11	25	10	25	25	25	25	20	25	20	20	25	20	25	8
2. Alex Crivillé (E) Honda	245		13	20		20	20	20	16	20	25	25	20	16	20	10
3. Luca Cadalora (I) Honda	168	25	10		20	16	10		25	7	13		10	13	10	9
4. Alexandre Barros (BR) Honda	158	20	20		8	10	9	16	8	9	11	7	8	8	11	13
5. Norifumi Abe (J) Yamaha	148	8	7	25		5	13	10	10	16	16	5	11	6	16	
6. Scott Russell (USA) Suzuki	133	13	9	16			11	13	13	11	10	16	9	5	7	
7. Tadayuki Okada (J) Honda	132			13	16	9		3	9	13	5	9	16	11	8	20
8. Carlos Checa (E) Honda	124	16	11	6	6			5		4	9	8	5	25	13	16
9. Jean-Michel Bayle (F) Yamaha	110	10	8	8	9	11		8	6		7	10	13		9	11
10. Loris Capirossi (I) Yamaha	98		16		13				4	10	8	11		7	4	25
11. Alberto Puig (E) Honda	93	9	6	7	11	4	16	4	5	5	3	4	4	9	6	
12. Shinichi Itoh (J) Honda	77		3	5	7	8		6	7	6		6	7	10	5	7
13. Kenny Roberts jr. (USA) Yamaha	69			4	10	6		11	11			13	6		3	5
14. Juan Borja (E) elf	34	6			5			7		8	6				2	

15. Frederic Protat (F) ROC-Yamaha 32; 16. Jeremy McWilliams (GB) ROC-Yamaha 26; 17. Lucio Pedercini (I) ROC-Yamaha 25; 18. Daryl Beattie (AUS) Suzuki 24; 19. Doriano Romboni (I) Aprilia 23; 20. Terry Rymer (GB) Suzuki 16; 21. James Haydon (GB) ROC-Yamaha 16; 22. Sean Emmett (GB) Harris-Yamaha 9; 23. Peter Goddard (AUS) Suzuki 6; 24. Eugene McManus (GB) Yamaha 6; 25. Toshi Arakaki (J) Yamaha 4; 26. Laurent Naveau (B) ROC-Yamaha 3; 27. Florian Ferracci (F) ROC-Yamaha 3; 28. Jean Mark Deletang (F) ROC-Yamaha 2; 29. Paul Young (GB) Harris-Yamaha 2; 30. Andrew Stroud (NZ) ROC-Yamaha 2; 31. Chris Walker (GB) elf 2; 32. Marcellino Lucchi (I) Aprilia 1

Markenweltmeisterschaft:

		MAL	RI	J	E	I	F	NL	D	GB	A	CZ	IMO	CAT	BR	AUS
1. Honda	365	25	25	20	25	25	25	25	25	25	25	25	25	25	25	20
2. Yamaha	216	10	16	25	13	11	13	11	11	16	16	13	13	7	16	25
3. Suzuki	152	13	9	16		13	11	13	13	11	10	16	9	5	7	6
4. ROC-Yamaha	53	7	4	3	4	3	8	2	3	3	2	2	3	4	1	4
5. elf 500	35	6			5			7		8	6			1	2	
6. Aprilia	24		5	9		7							1	2		
7. Harris-Yamaha	11	5	1		1	2									2	
8. Paton	1															1

250 cm³:

		MAL	RI	J	E	I	F	NL	D	GB	A	CZ	IMO	CAT	BR	AUS
1. Max Biaggi (I) Aprilia	274	25	20	25	25	25	25	16	13	25		25		25		25
2. Ralf Waldmann (D) Honda	268		16	8	16	16	20	25	25	20	25	16	25	16	20	20
3. Olivier Jacque (F) Honda	193	13	8	13	9	13			20	16		20	20	20	25	16
4. Jürgen Fuchs (D) Honda	174	9	10	4	13	11		20	16	13	16	11	13	11	16	11
5. Tohru Ukawa (J) Honda	142		9	11	11		13		6	11	13	13	16	13	13	13
6. Luis d´Antin (E) Honda	138	16	13	7	10	7	6	10	11		20	8	10	3	9	8
7. Nobuatsu Aoki (J) Honda	105	10	11	10		8	11	9	5	8	10	5		9		9
8. Tetsuya Harada (J) Yamaha	104	20	25		20	10	16	6				7				
9. Jean-Philippe Ruggia (F) Honda	91	11	6	6	8	9			9		11	10			11	10
10. Luca Boscoscuro (I) Aprilia	62	7	3		6	3	10	4	10		9	1	2		7	
11. Jürgen vd. Goorbergh (NL) Honda	56	8	4			1	4	13			8		8	2	3	5
12. Takeshi Tsujimura (J) Honda	56	4		5	2		3			10	6		9	5	6	6
13. Eskil Suter (CH) Aprilia	55		5			4	9	11	3	6		9		7	1	
14. Cristiano Migliorati (I) Honda	50	3			3	6	7	5	7	7		4		8		

15. Regis Laconi (F) Honda 43; 16. Marcellino Lucchi (I) Aprilia 41; 17. Roberto Locatelli (I) Aprilia 41; 18. Jamie Robinson (GB) Aprilia 26; 19. Sebastian Porco (RA) Aprilia 25; 20. Sete Gibernau (E) Honda 20; 23. Daijiro Kato (J) Honda 16; 24. Davide Bulega (I) Aprilia 14; 25. Oliver Petrucciani (CH) Aprilia 13; 26. Gianluigi Scalvini (I) Honda 10; 27. Kensuke Haga (J) Yamaha 9; 28. Yasumasa Hatakeyama (J) Honda 9; 29. Alessandro Antonello (I) 8; 30. Massimo Ottobre (I) Aprilia 6; 31. Jose-Luis Cardoso (E) Aprilia 3; 32. Christophe Cogan (F) Honda 2; 33. Christian Boudinot (F) Aprilia 2; 34. Marcus Payten (AUS) Honda 2.

Markenweltmeisterschaft:

		MAL	RI	J	E	I	F	NL	D	GB	A	CZ	IMO	CAT	BR	AUS
1. Honda	305	16	16	16	16	16	20	25	25	20	25	20	25	20	25	20
2. Aprilia	304	25	20	25	25	25	25	16	13	25	9	25	11	25	10	25
3. Yamaha	121	20	25	9	20	10	16	6				7			8	
4. Suzuki	20			20												

125 cm³:

		MAL	RI	J	E	I	F	NL	D	GB	A	CZ	MO	CAT	BR	AUS
1. Haruchika Aoki (J) Honda	220	20	20	20	25	20	9	16	16	8		10		11	25	20
2. Masaki Tokudome (J) Aprilia	193	13	25	25	10	2			25	20	13	3	25		16	16
3. Tomomi Manako (J) Honda	167	9	9	13	8	7	20	11	8	16	8	16	10	25		7
4. Emilio Alzamora (E) Honda	158	11			20	9	16	25	13			11	20	13	20	
5. Jorge Martínez (E) Aprilia	131		11	8		3		7	9	13	10	20	16	8	13	13
6. Stefano Perugini (I) Aprilia	128	25	8	4	9		25	3	20	25		2			7	
7. Noboru Ueda (J) Honda	126	7	10	16	16	4	13	13	4	10	5		5	5	10	8
8. Kazuto Sakata (J) Aprilia	113	6	2		11	16	8	9	5	11	7	13	4	16	5	
9. Valentino Rossi (I) Aprilia	111	10	5	5	13	13			11		16	25	11			2
10. Ivan Goi (I) Honda	110		3		6	8	4	20	6	4	25	7	9	7		11
11. Peter Öttl (D) Aprilia	97	16	16		5	25			10	5	11	9				
12. Garry McCoy (AUS) Aprilia	87	4					7			2		5	13	20	11	25
13. Dirk Raudies (D) Honda	81		13		3		10	10			20	6	2	6	6	5
14. Yoshiaki Katoh (J) Yamaha	61				7		11			9		4	8	9	4	9
15. Lucio Cecchinello (I) Honda	59		4	9		10			2	7		8			9	10

16. Manfred Geissler (D) Aprilia 54; 17. Akira Saito (J) Honda 43; 18. Youichi Ui (J) Yamaha 36; 19. Frederic Petit 28; 20. Herri Torrontegui (E) Honda 18; 21. Andrea Ballerini (I) Aprilia 14 ; 22. Darren Barton (GB) Aprilia 12; 23. Jaroslav Hules (CZ) Honda 12; 24. Masao Azuma (J) Honda 10; 25. Josep Sarda (E) Honda 8; 26. Shigeru Ibaraki (J) Yamaha 6; 27. Loek Bodelier (NL) Honda 4; 28. Paolo Tessari (I) Honda 4; 29. Luigi Ancona (I) 3; 30. Mirko Giansanti (I) Honda 2; 31. Gabriele Debbia (I) Yamaha 2; 32. Shinichi Sugaya (J) Honda 1; 33. Jose Ramon Ramirez (E) Yamaha 1.

Markenweltmeisterschaft:

		MAL	RI	J	E	I	F	NL	D	GB	A	CZ	IMO	CAT	BR	AUS
1. Aprilia	324	25	25	25	13	25	25	9	25	25	16	25	25	20	16	25
2. Honda	313	20	20	20	25	20	20	25	16	16	25	16	20	25	25	20
3. Yamaha	83	6	7	11	2	9	9	4	8	10	8	9				

Gespanne:

		I	NL	D	GB	A	CZ	CAT
1. Darren Dixon/Andy Hetherington (GB) Windle-ADM R4	141	20	25	25	25	20	13	13
2. Rolf Biland/Kurt Waltisberg (CH) LCR-BRM Swissauto	119	13	10	10	20	16	25	25
3. Steve Webster/David James (GB) LCR-ADM R4	110	16	20	16	16	11	20	11
4. Paul Güdel/Charly Güdel (CH) LCR-BRM Swissauto	108	25	16	13	10	25	9	10
5. Steve Abgott/Jamie Biggs (GB) Windle-ADM R4	72	10	11	11		13	11	16
6. Klaus Klaffenböck/Christian Parzer (A) LCR-ADM R4	63		13	20		10		20
7. Yoshisada Kumagaya/Trevor Hopkinson (J/GB) LCR-BRM Swissauto	56	7	9	8	13	8	4	7
8. Markus Bösiger/Jörg Egli (CH) LCR-ADM R4	53	8	8	9	9	7	3	9
9. Mark Reddington/Trevor Crone (GB) LCR-ADM R4	35	5	5	6	8	1	7	3
10. Tony Wyssen/Kilian Wyssen (CH) LCR-BRM Swissauto	33	9	7	7		2		8
11. Markus Schlosser/Thomas Herzog (CH/D) LCR-BRM Swissauto	33	6	3	5	7	6		6
12. Derek Brindley/Paul Hutchinson (GB) LCR-BRM Swissauto	27	11			11		5	
13. Benny Janssen/Frans Geurts (NL) LCR- Stredor	25	4		4	6	3	8	
14. Ian Wilford/Craig Hallam (GB) LCR-ADM R4	21					5	16	
15. Marcus Neumann/Siegfried Zillmann (D) LCR-ADM R4	15				5	4	6	

16. Kevin Webster/Rob McIntosh (GB) LCR-Yamaha 15, 17. Dave Molyneux/Peter Hill (GB) Windle-ADM R4 14, 18. Barry Brindley/ScottWhiteside (GB) LCR-Yamaha 10, 19. RalfBohnhorst/Eckart Rösinger (D) LCR-ADM R4 7, 20. Billy Gälross/Peter Berglund (S) LCR-NGK 500 6, 21. Brian Gray/Doug Jewell (GB) LCR-ADM R4 6, 22. Janez Remse/Axel Kölsch (SLO/D) LCR-ADM R4 3, 23. Jukka Lauslehto/Harry Hofsteenge (SF/NL) LCR-ADM R4 2, 24. Stuart Muldoon/Chris Gusman (GB) LCR-ADM Honda 2, 25.Jari Nikkanen/Jarno Nikkanen (SF) LCR-ADM R4 2

Markenweltmeisterschaft:

		I	NL	D	GB	A	CZ	CAT
1. LCR-BRM-Swissauto	149	25	16	13	20	25	25	25
2. Windle-ADM R4	144	20	25	25	25	20	13	16
3. LCR-ADM R4	123	16	20	20	16	11	20	20
4. LCR-Stredor	25	4		4	6	3	8	
5. LCR-Yamaha	12				2	9	1	
6. LCR-NGK 500	6		4				2	

Olivier Jacque

Marcello Lucci

Tomomi Manako

Peter Öttl & Manfred Geissler

Tadayuki Okada

Dirk Raudies

Kenny Roberts jr.

Doriano Romboni

Rossi, Goi, Perugini